로마서
묵상일기

Meditation Diary on Romans

로마서
묵상일기

펴낸날 2025년 5월 9일

지은이 이경만
펴낸이 주계수 | **편집책임** 이슬기 | **꾸민이** 이해린

펴낸곳 밥북 | **출판등록** 제 2014-000085 호
주소 서울특별시 마포구 양화로 156 LG팰리스빌딩 917호
전화 02-6925-0370 | **팩스** 02-6925-0380
홈페이지 www.bobbook.co.kr | **이메일** bobbook@hanmail.net

© 이경만, 2025.
ISBN 979-11-7223-073-9 (03230)

헌정사(獻呈辭)
Dedication

고(故) 유지순 권사님의 헌신과 사랑을 가슴 깊이 기억하며,
천국에서 영원한 생명과 복락을 누리시길 간절히 기원합니다.
이에 이 책을 영전에 삼가 헌정합니다.

In cherished memory of the late Exhorter Ji—soon Yu,
I deeply honor her unwavering devotion and love,
fervently praying for her eternal life and blessed joy
in Heaven. With profound respect, this book is humbly
dedicated to her memory.

수필집

로마서
묵상일기

Meditation Diary on Romans

이경만

믿음으로 의롭게 되며, 의인의 삶은 거룩하다!
기독교의 핵심 진리와 거룩한 삶의 길로 인도하는 성경 속의 보배인 '로마서'를 묵상하다.

Be Justified by Faith, and the Life of the Righteous is Holy!
Meditate on the Book of Romans, a Treasure in the Bible,
a Letter that Leads to the Core Truth of Christianity and a Holy Life.

추천사

김진홍	금천교회 원로목사
안상욱	제자교회 담임목사
신철수	중원경교회 은퇴장로
홍은익	생명의빛교회 담임목사
정해우	신양교회 위임목사
전용근	성심교회 위임목사
신경민	금천교회 위임목사

김진홍 목사 금천교회 원로목사, 금천설교아카데미 원장, 충북노회장(105-106회기),
목회학박사, 명예신학박사

'펜은 칼보다 강하다(The pen is mightier than the sword)'라는 말이 있다. 이 말은 인간 사회에서 사고, 언론, 저술, 정보와 같은 소프트웨어적 문(文)의 전달이 무력적인 힘(폭력)보다 사람들에게 영향력이 더욱 크다는 것을 환유(換喩, metonymy)한 말이다. 이 말을 인용하는 것은 이경만 목사님의 글에 그처럼 강한 힘이 있다는 말이다. 이 목사님은 사회적으로 다양한 경력이 있다. 그 다양한 사회 경력을 마치고 결국, 늦은 나이에 목사가 되었다. 그리고 저자가 5년간 부목사로 있던 금천교회에서 나는 담임목사로 함께 지냈다.

그런데 이번에 이 목사님이 기독교 교리(敎理)가 담뿍 담겨있음으로 인해 언뜻 이해하기 어려운 '로마서'를 누구나 쉽게 이해할 수 있도록 수필식으로 집필하였다는 것이 참으로 소중하고 감사하다. 보편적으로 학자들은 어렵게 글을 쓴다. 하지만, 이 목사님은 로마서를 평신도들도 쉽게 이해할 수 있도록 현시대를 적용하면서 흥미롭게 집필하였다. 이 책 『로마서 묵상일기』는 '인간의 구원(救援)은 어떻게 이루어지는가?' 또는 '2천 년 전에 있었던 예수 그리스도의 십자가가 오늘 나와의 관계에서 어떻게 하나가 될 수 있는가?'를 간결하지만, 소상(昭詳)하게 말해주고 있다. 이 책을 읽는 모든 분은 천국이 자신 안에서 다시 한번 확인되며, 또한 그 나라가 마음속에서 이루어지는 은혜의 기회가 되시리라 확신한다. 이 책의 일독을 감사한 마음과 함께 적극적으로 추천한다.

안상욱 목사 제자교회 담임목사, WMTC선교회 증경회장, 파키스탄·탄자니아 등의 대규모 부흥집회 주강사, 前 한국상업은행 지점장

어떤 분이 책을 쓴다고 했을 때, 특히 자기 생각을 정리한 책인 경우에는 저자의 인격과 품성이 고스란히 글의 행간(行間)에 담기게 된다. 이경만 목사님과 함께 사역한 지 아주 오래되지는 않았지만, 그동안 얼굴을 대하면서 느꼈던 그의 성숙한 인격적인 모습과 동역하는 가운데 인식된 목사님의 고매한 성품들이 이 책『로마서 묵상일기』에 그대로 반영되어 있음에 경이롭고 감사하다. '성경 중의 성경'인 위대한 책, '로마서'는 신구약 성경 속에서 마치 달걀의 노른자와 같이 기독교 핵심 진리가 담긴 보고(寶庫)의 위치에 있다.

이번에 발간된『로마서 묵상일기』는 이경만 목사님이 깊은 묵상 속에서 성실하게 집필한바, 예리한 세밀함으로 열성적이면서도 온화한 성품(性品)을 함께 지닌 저자의 모습을 닮아서인지 읽기에 참으로 편하다는 생각이 든다. 그러므로 로마서에 관하여 관심이 있는 성도님들이나 로마서의 말씀으로 설교 또는 강해하려는 목회자분들이 사전에 본서『로마서 묵상일기』를 읽으신다면 귀중한 영감(靈感)을 얻으실 것이다. 그리하면 로마서를 이해하는데, 있어서 깊이 있는 성경 지식을 얻을 뿐만 아니라, 삶의 지혜를 얻으며, 겸손을 배우게 되어 기쁨과 보람의 결과를 얻게 될 것이다. 부디 이 책을 통해서 많은 성도님과 목회자분들께 큰 도움이 되기를 바라면서 본서의 일독(一讀)을 적극 권해 드린다.

신철수 장로   중원경교회 은퇴장로, 충주노회 부노회장(15-16회기), 국립한국교통대학교 명예교수, 기계공학박사

  수년 전에 사도바울의 선교지를 다녀오는 기회가 있었다. 모든 지역을 다 탐방하지는 못했지만, 그래도 많은 지역을 볼 수 있어서, 나에겐 머리와 가슴에 신앙적인 감동이 많았던 참으로 소중한 여행이었다. 이번에 이경만 목사님의 『로마서 묵상일기』를 접하면서 그때의 벅찼던 느낌이 맴돌고 있다. 저자의 인생 여정은 남다른 다양(多樣)함이 엿보인다. 그러므로 이경만 목사님의 설교와 저서들을 접해보면, 사고의 폭이 매우 넓고, 인문학적인 해박함 속에서도 분명히 과학적 토대를 느낄 수 있다. 이것은 확실히 응용과학자들만이 가지는 촉(觸, hunch)일 것이다. 특히, 이 책『로마서 묵상일기』에서 한 단락의 말미마다, 새로운 내용을 소개하기 전, '묵상할 내용'을 넣어 집필한 것은 매우 인상적이다. 그렇게 함으로, 독자가 자신을 다시 한번 돌아보며, 성경의 가르침을 조명하면서, 더욱 깊이 묵상하는 계기를 만들고 있다.

  이 책은 특정한 분야의 전문가들만을 위한 것은 분명히 아니다. 도리어 다양한 분들을 위한 책이다. 은혜로운 설교와도 같은 이 책은 읽으면서 기도하게 되는데, 이때 진정으로 가슴에 울리는 감동의 소리를 들을 것이며, 읽고 나서 다시 기도하게 될 것이다. 별빛 이경만 목사님이 열정을 다해 목회와 저술 활동하며, 끊임없이 자기계발에 최선을 다하는 그 모습 또한 아름다워서 적이 닮고 싶어진다. 땀 흘려 이 책을 집필하신 목사님께 축하와 격려를 드리며, 진리와 정의를 추구하는 모든 이에게 본서의 숙독(熟讀)을 다시 한번 적극 추천한다.

홍은익 목사 생명의빛교회 담임목사, 충북노회 정치부장(152회기), 청주성서신학원 교수

로마서는 기독교가 무엇인지를 알려주는 성경 중에 가장 대표적인 교리 서신이다. 그러기에 기독교 2000년 역사 동안에 로마서에 대하여 여러 신학의 대가들이 깊이 주석하고, 철저하게 분석하였다. 그러나 로마서 안의 그 무궁한 진리를 누구나 쉽게 이해하기에는 여전히 역부족이라고 할 수 있다. 그런데 이 로마서를 이경만 목사님은 독자가 부담감 없이 쉽게 접근할 수 있도록 수필식(隨筆式)으로 본서 『로마서 묵상일기』를 집필하였다.

이 책은 거의 모든 장(章) 서문이나 내용 중반에 누구나 관심이 있는 현 사회가 겪고 있는 시사적 내용뿐 아니라, 그 장을 회화적(繪畵的)으로 생각해 볼 수 있는 주제와 관련된 삽화나 사진들이 담겨 있다. 특히, 6개의 표제는 각 장이 가진 핵심 주제를 벗어나지 않게 중심을 잘 잡아 주고 있다. 게다가 각 수필의 마지막 부분마다 묵상을 통해 자신의 생활을 돌아보고 삶에 적용(適用)할 수 있게 해 준 부분은 로마서가 가진 2대 기본 구성인 이론과 실제를 명확히 살려내고 있다.

그런 면에서 이 책은 개인의 경건한 삶을 위한 개인 묵상집뿐만 아니라, 교회 내의 성경 교재로서도 매우 적합한 책이 될 것이다. 모쪼록 별빛 이경만 목사님의 『로마서 묵상일기』가 많은 이들에게 널리 보급되어 '구원에 이르는 안내서'로서 로마서 본연의 취지와 목적을 잘 구현(具現)해 낼 수 있길 기대한다.

정해우 목사 신양교회 위임목사, 기아대책기구 이사, 오엠선교회 서울이사, The Light Mission 이사, 총회정책기구개혁위원장, 목회학박사

기독교 신앙의 핵심을 담고 있는 '로마서'는 깊이 묵상할수록 늘 새로운 은혜와 깊은 깨달음을 주는 보배로운 말씀이다. 이 말씀을 기준으로 집필된 이경만 목사님의 『로마서 묵상일기』는 단순한 성경 해설서가 아니라, 신앙의 여정을 걸어온 한 목회자의 진솔한 묵상이 담긴 귀중한 수필집이다. 또한, 본서는 로마서를 깊이 묵상하고, 이를 신앙의 삶 속에서 어떻게 적용하고, 실천(實踐)할 것인지에 대한 개인적인 통찰을 소복하게 담은 맛깔 나는 책이기도 하다. 본서에는 저자의 신앙 여정과 목회 경험을 바탕으로 로마서의 핵심 메시지인 '이신칭의(以信稱義)와 거룩한 삶'을 쉽게 풀어내려는 노력이 오롯이 엿보인다.

그러므로 이 책은 방대한 로마서의 내용을 신학적으로 깊이 있게 다루기보다, 사도 바울의 신학을 일상의 이야기와 연결하여 누구라도 알기 쉽게 풀어내고 있다. 『로마서 묵상일기』를 통해 독자들은 로마서의 교리적인 깊이를 이해하는 동시에, 바울의 삶과 복음의 핵심을 더 생생하게 느낄 수 있다. 이 책을 읽는 모든 분이 예수 그리스도의 복음 능력을 체험하고, 사도 바울이 가졌던 믿음의 열정(熱情)을 강하게 품게 되시기를 소망한다. 본서에서 제시하는 묵상을 통해 말씀의 깊은 진리를 깨닫고, 그 진리를 삶 속에서 적극적으로 실천하는 은혜가 있기를 축복한다!

전용근 목사 성심교회 위임목사, 장로회신학대 객원교수(헬라어), 신학박사

기독교 신앙의 본질(本質)을 담고 있는 '로마서'는 사도 바울의 깊은 신앙과 복음을 밝히는 중요한 서신이다. 이 '로마서'를 별빛 이경만 목사님이 깊이 묵상하며 집필한 『로마서 묵상일기』는 단순한 신학적인 해설서를 넘어서고 있다. 저자는 '로마서'의 가르침을 통해 독자들이 자신의 삶을 성찰(省察)하며, 사도 바울의 메시지를 오늘의 현실 속에서 새롭게 발견할 수 있도록 충실하게 안내하고 있다.

이 책은 41개의 수필을 13개의 장으로 구성하고, 위대한 바울의 모습을 담은 예술 작품과 삽화를 곁들여 독자들의 이해를 돕고 있다. 무엇보다 '로마서'의 핵심 주제인 '이신칭의(以信稱義)'를 중심으로, 예수 그리스도의 복음이 우리의 삶을 어떻게 변화시키는지를 깊이 있게 보여준다. 그리고 신학적으로도 탄탄한 해석과 함께, 일상의 이야기 속에서 '로마서'의 메시지를 쉽고 재미있게 풀어냄으로, 독자들이 자신들의 삶에 적용(適用)할 수 있도록 돕는다. 특히, 각 수필의 끝에 제시된 질문들은 독자들로 하여금 성경 지식의 단순한 습득이 아니라 자신의 신앙을 깊이 성찰하고 성장할 수 있도록 이끌어 준다.

이 책은 '신앙의 본질'을 고민하는 이들은 물론, 예수 그리스도의 복음을 오늘의 삶 속에서 새롭게 경험하고자 하는 모든 이들에게 깊은 통찰력(洞察力)과 영감(靈感)을 선사하며, 믿음의 여정(旅程)을 더욱 풍성하게 만들어 줄 것이다.

012   로마서 묵상일기

신경민 목사   금천교회 위임목사, 장로회신학대 객원교수(기독교 교육), 신학박사

어린 시절, 기다렸던 영화가 개봉되면 가슴이 설레었던 때가 있었다. 지금처럼 다양한 플랫폼을 통해 언제든지 영화를 볼 수 있는 시대가 아니었기에, 그 설렘은 더욱 컸던 것 같다. 이와 같이 이경만 목사님의 저서(著書)는 늘 기대감을 주고, 마음을 설레게 한다. 이번에 출간된 『로마서 묵상일기』는 이 목사님의 신앙 고백적 수필(隨筆)이라고 할 수 있다.

이 책은 로마서에 담긴 사도 바울의 깊이 있는 복음적 성찰(省察)과 저자의 시대를 향한 통찰(洞察)이 만나 새로운 은혜의 지평을 열어주고 있다. 즉, 로마서 말씀의 본문(Text)과 현재의 시대 상황(Context)이 상호 어우러져 하나님의 뜻을 더욱 선명하게 깨닫게 해준다. 마치 사도 바울이 오늘을 살아가는 우리에게 전하는 사랑의 편지처럼 정겨움을 갖게 만든다.

이 책 『로마서 묵상일기』를 읽으면서, 최고급 품질의 향수가 오랫동안 온몸에 은은하게 남듯이, 예수 그리스도의 복음과 믿음의 귀중한 가치가 계속해서 마음속에 스며드는 경험을 하게 될 것이다. 또한, 로마서가 내 마음속으로 다가오는 듯한 경험을 하게 되고, 나아가 로마서의 말씀 속에서 세상을 바라보는 복음적 시선과 귀중한 통찰력을 갖게 될 것이다. 부디 별빛 이경만 목사님의 열정(熱情)과 소망(所望)이 담긴 이 책 『로마서 묵상일기』를 통하여 예수 그리스도의 복음 메시지가 온 땅에 널리 선포되기를 기도한다.

'로마서' 안에 담긴 놀랍고 보배로운 진리

네 번째 책이 발간(發刊)되다

　필자는 2020년 4월에 통합장로교 목사로 안수 받은 후, 불과 5년 만인 2024년 말에 예장총회법에 따라 70세 정년은퇴를 하였다. 금년 1월부터 공식적으로 충북노회의 은퇴목사가 된 것이다. 작년 12월에는 청주 금천교회에서 부목사 은퇴식을 해 주셨다. 얼마나 감사한지 모른다. 필자는 영광스러운 은퇴식 예배의 설교에서 "직분에 은퇴는 있어도 신앙의 길에는 은퇴가 없다. 오직 의의 면류관을 향하여 굳세게 달려가야 한다."라고 강조하였다. 감사하게도 금천교회 부목사로 있었던 5년 동안에 간증서, 설교집 그리고 설교론 등 장르가 다른 세 권의 책을 발간하였다. 첫 번째 책은 간증서인 『보내심의 자리』이다.

　그리고 두 번째 책은 설교집으로써, 『들려지는 요한계시록』인데, 가장 애착이 가는 책이다. 이후 수필식 설교론인 세 번째 책 『가슴에 들리는 설교 이야기』를 발간한 후, 이것을 끝으로 더 이상 책을 내지 않으려고 하였다. 너무 힘이 들었기 때문이었다. 그런데 '로마서'에 관하여 묵상한 내용을 수필식으로 작성해둔 원고에 눈길이 가면서, 감사하게도 『로마서 묵상일기(Meditation Diary on Romans)』 제목의 수필집을 네 번째로 발간하게 되었다. 마틴 루터는 로마서에 대하여 "외양간 구유 안의 아기"라고 극찬하였다. 그만큼 로마서는 복음이신 예수 그리스도가 핵심이기 때문이다.

'로마서'에 담긴 사도 바울의 신앙(信仰)과 복음(福音)

사도 바울이 3차 전도여행 중인 AD 57년경 고린도(現, 그리스의 코린토스)에서 기록하였다고 알려진 '로마서'는 복음에 대한 명확한 통찰력(洞察力, insight)을 우리에게 말해 주고 있다. 그는 부활하신 예수 그리스도를 다메섹 도상에서 만난 후에 완전히 변화된 삶을 살며, 이방인의 사도로서의 사명을 충실하게 감당하였다. 바울은 로마를 거쳐서 땅끝이라고 알고 있는 서바나(스페인)까지 가서 복음을 전할 의지를 갖고 있었다. 그런 그가 자신의 신앙관을 명확하게 기술하여 로마교회에 보낸 편지가 바로 '로마서'이다. 물론 로마교회가 자신의 선교에 후원해 주기를 바라는 마음을 편지에 남기도 하였다.

사도 바울은 2차 전도여행 중 고린도에서 전도할 때 너무 핍박이 심하여 떠나려고 하였다. 그런데 밤에 환상 가운데 주님이 나타나셔서 "두려워하지 말며 침묵하지 말고 말하라…. 이 성중에 내 백성이 많음이라"고 하셨다.(행 18:9-10) 그리하여 1년 6개월이나 고린도에 머물며 하나님의 말씀을 가르치고 데살로니가전·후서를 기록하였다. 이후 다시 3차 전도여행을 하는 가운데 고린도에서 3개월을 머물며 기록한 '로마서'에는 본인이 개척하지 않은 교회인 로마교회의 성도들을 향한 바울의 간절한 마음이 편지에 담기어 있음을 알 수 있다. 로마서는 세상의 타락된 모습, 죽음, 죄 그리고 율법에 의해 인간은 어찌할 수 없는 압박을 받았으나, 예수 그리스도에 의한 속죄로 성령 안에서의 자유를 얻게 되었음을 말하고 있다. 하지만 이런 과정을 간단히 이해한다는 것은 그리 쉬운 일은 아니다.

41편의 묵상수필이 말하는 로마서의 진리(眞理)

이런 로마서를 많은 신학자들이 주석하고, 논리적으로 분석하였기에, 거기에 또 하나의 책을 발간한다는 것은 무의미하며, 무모한 행위라고 생각되었다. 하지만 몇 년 전 지인의 소개로 알게 된 근교의 제자교회에서 '로마서'를 강해하면서, 조금씩 그 놀라운 세계로 빠져들어 갔다. 그런 가운데 이 내용을 묵상하면서 간단하게 수필식으로 쓰면 좋을 것 같다는 생각이 들어 지난 2023년 중반부터 로마서 1장부터 16장까지 매주 목요일에 A4 2장 정도 분량으로 수필을 쓰기 시작하였다. 필자가 장신대 신대원에서 "로마서"를 한 학기동안 배운 장흥길 교수님의 책 『로마서』가 난해한 구절에 대한 해석에 신학적으로 견실하게 중심을 잡아주었다.

그러다 보니 자연스럽게 총 41편의 글이 모여졌다. 가능하면 이해하기 쉽고 재미있게 작성하려고 노력하였다. 로마서의 진리가 독자의 심령에 자연스럽게 스며들어오도록 하는 데 중점을 두었다. 필자의 일기(日記)와도 같이 느껴질 수 있을 정도로 주변 일상의 소박한 내용이 대부분 서론에 들어가 있다. 인터넷에서 발췌한 사진이나 삽화도 첨부하였다. 가능한 저작권에 위반되지 않을 정도로 하였다. 또한, 각각의 수필이 끝나는 마지막 부분에는 필자가 기술한 내용에 대하여 독자 스스로 생각해 보는 시간이 될 수 있도록 간단한 질문을 하고 있다.

13개 예술 작품, 그리고 13개 구분 장의 내용표(內容表)

그리고 총 41편의 수필을 13개의 장으로 나누어서 구분을 두었는데, 그 구분 속에 사도 바울의 모습을 그린 13개의 회화(繪畵)를 삽입하여 장(章)을 구분하였다. 이 작품들은 다양한 예술가들이 그린 고전적인 예술품으로서 로마서를 기록한 사도 바울을 여러 각도에서 그린 그림이다. 독자들은 본서를 읽으면서 사도 바울의 모습도 함께 감상해 보며, 그의 고귀한 헌신과 소명을 기억할 수 있기를 바란다.

또한, 로마서를 쉽게 식별하도록 다음과 같이 표(表)로 나타내었다. 총 41개의 수필을 13개의 장으로 구분하였는데, 각 '구분 장'의 내용은 이 책의 목차와 동일하다.

표제	구분 장	말씀(장:절)	내용	수필의 수
소명	1	1:1-17	서신의 머리말	2
공의	2	1:18-2:16	하나님의 진노 아래 있는 인간들	2
	3	2:17-3:20	하나님의 진노 아래 있는 유대인	4
	4	3:21-4:25	하나님의 의	4
자유	5	5:1-21	죽음 권세로부터의 자유	2
	6	6:1-23	죄 권세로부터의 자유	3
	7	7:1-25	율법 권세로부터의 자유	2
	8	8:1-39	성령 안에서의 자유	4
구원	9	9:1-10:21	하나님의 구속사	4
	10	11:1-36	이스라엘에 대한 종말론적인 구원계획	3
성화	11	12:1-13:14	그리스도인의 일상생활에 대한 일반권면	5
	12	14:1-15:13	성도 간에 필요한 특별권면	3
사명	13	15:14-16:27	종결 단락	3

불변의 진리인 '이신칭의' – 복음(福音)

'로마서' 총 16장의 내용을 한마디로 축약한다면 "이신칭의(以信稱義)"라고 할 수 있다. "믿음으로 의롭게 된다." 다시 말해 "믿음으로 구원받는다."라는 놀라운 복음이다. 위대한 종교개혁자인 마틴 루터도 로마서 1장 17절의 말씀으로 개혁의 신호탄을 쏘았다. 기독교 교리의 근간을 만든 성 아우구스티누스도 로마서 13장 13-14절을 만난 후에 확실한 결단과 온전한 변화를 얻게 되었다.

로마서에는 사도 바울이 깨달은 '복음'을 말하고 있다. 즉 죄와 죽음을 넘어갈 수 있는 유일한 방법은 행위가 아니라 믿음이라는 사실이다.

'믿음'이란 불가산적이며 형이상학적인 용어이기에 눈에 보이지 않는다. 또한, 이 믿음은 내 속에서 나오는 것이 아니라 하늘에서 주어진다는 점이다. 이는 성령님의 역사하심이 있어야 가능해진다. 그러므로 그 '믿음'이 선한 삶으로 나타나는 의인으로서의 사랑과 예배의 모습으로 이어져야 함이 너무나 중요하다.

본서의 발간을 위하여 사랑의 추천사를 보내주신 귀중한 분들께 마음 깊이 심심한 감사를 드린다. 늘 책상에서 글을 쓰는 필자의 건강을 위해 기도하는 아내(유지애)와 세 아들(이승일, 이승진, 이승태), 두 며느리(장희진, 손선영), 그리고 두 손녀(이예나, 이세아)에게 사랑을 표한다. 그리고, 오랜 기간 질병으로 고통을 당하시다가 지난 4월 7일 소천하신 사랑하는 큰 처형 故 유지순 권사님을 천국에서 다시 만날 것을 소망하며, 그의 영전에 이 책을 바친다. 끝으로, 책을 잘 발간할 수 있도록 교정, 편집, 디자인, 인쇄, 출판, 홍보까지 애써주신 도서출판 밥북의 대표 주계수 집사님과 이해린 편집위원께 감사드린다. 오직 주님께 영광과 찬양을 올려 드린다!

2025년 5월 9일(음력), 아내의 고희(古稀)를 축하하며.
별빛 이경만 은퇴목사/경영학박사 이 경 만

The Marvelous and Precious Truths Contained in the Book of Romans

The Publication of the Fourth Book

After being ordained as a pastor in the Presbyterian Church of Korea(PCK) in April 2020, I retired at the age of 70 in October 2024 according to the PCK General Assembly law, just five years later. As of January this year, I have officially become a retired pastor of the Chungbuk Presbytery. In December of last year, I was also honored with a retirement ceremony as an associate pastor at Geumcheon Presbyterian Church in Cheongju–city. I am immensely grateful for this. In my sermon during the glorious retirement worship service, I emphasized, "While one may retire from active ministry, there is no retirement in the journey of faith. We must continue to steadfastly run towards the crown of righteousness." Thankfully, during the approximately five years I served as an associate pastor at Geumcheon Presbyterian Church, I published three books of different genres: a testimony book, a collection of sermons, and a book on homiletics. The first book is a testimony titled 「Where God has Sent Me」. The second book, a collection of sermons titled 「The Awakening Sermons on the Apocalypse of St. John」 is the one I am most attached to.

After publishing my third book, an essay-style homiletics titled 「The Sermon that Touches the Heart」, I intended to stop publishing further books. Because it was too difficult. However, as I glanced at the manuscript I had written in essay form about my meditations on the Book of Romans, I decided to publish it as my fourth book, titled 「Meditation Diary on Romans」. Martin Luther praised the Book of Romans, calling it "The baby in the manger inside the barn" highlighting that the core of Romans is Jesus Christ and the Gospel.

The Faith and Gospel of Apostle Paul in the Book of Romans

The Book of Romans, believed to have been written by

Apostle Paul around AD 57 in Corinth, provides us with a clear insight into the Gospel. After encountering the resurrected Jesus Christ on the road to Damascus, Paul lived a completely transformed life, faithfully fulfilling his mission as the apostle to the Gentiles. Paul intended to travel through Rome to Spain, which he considered the ends of the earth, to preach the Gospel. The letter he wrote to the Roman church, clearly articulating his faith, is the Book of Romans. He also expressed his hope that the Roman church would support his mission.

Apostle Paul, during his second missionary journey, faced severe persecution while preaching in Corinth and considered leaving. However, the Lord appeared to him in a vision at night, saying, "Do not be afraid, but speak and do not be silent…. for I have many people in this city."(Acts 18:9-10) As a result, he stayed in Corinth for a year and six months, teaching the word of God and writing the First and Second Book of Thessalonians. Later, during his third missionary journey, he stayed for three months in Corinth and wrote the Book of Romans, which reveals Paul's earnest heart for the believers in the Roman church, which he did not establish. It speaks of the fallen state of the world, death, sin, and the law's oppressive power, but also of the freedom obtained through the atonement by Jesus Christ and the Holy Spirit. However, understanding this process is not easy.

The Truth of Romans Expressed in 41 Meditative Essays

Considering that many theologians have already commented on and logically analyzed the Book of Romans, publishing another book on it seemed meaningless and reckless. However, while delivering expository lecture on Romans at a nearby Jeja Presbyterian Church introduced by a friend a few years ago, I gradually became captivated by its profound world. Consequently, I began writing essays on Romans from chapter 1 to 16, starting in mid of 2023 year, producing about two A4 pages each week. Professor Hung-kil Chang's book, Romans, which I studied for a semester at the Presbyterian University and Theological Seminary(PUTS), provided a theologically solid foundation for my interpretation of difficult passages.

This naturally resulted in a collection of 41 essays. I endeavored to write them in an easy-to-understand and engaging manner, focusing on allowing the truth of Romans to naturally permeate the reader's heart. Most of the introductions contain small details from daily life, making it feel like a personal diary. I also included photos or illustrations sourced from the internet, ensuring they did not violate copyright laws. Additionally, at the end of each essay, I posed simple questions to encourage readers to reflect on the content.

13 Artworks, and the Contents Table of 13 Distinct Chapters

The book is divided into 13 chapters, each containing a total of 41 essays. To distinguish these chapters, 13 artworks depicting the Apostle Paul have been inserted. These artworks are classical pieces created by various artists, portraying the Apostle Paul, who authored the Epistle to the Romans, from different perspectives. As readers go through this book, they can also appreciate the images of the Apostle Paul and remember his noble dedication and calling.

The following table has been created to easily identify the Book of Romans. A total of 41 essays have been divided into 13 chapters, and the content of each 'Distinct Chapter' is identical to the contents of this book.

Subjects	Distinct Chapter	God's Words (chapter: verse)	Contents	Figures of Essays
Calling	1	1:1–17	Preface of the Letter	2
Right – eousness	2	1:18–2:16	Humans under the Wrath of God	2
	3	2:17–3:20	Jews under the Wrath of God	4
	4	3:21–4:25	Righteousness of God	4
Freedom	5	5:1–21	Freedom from Power of Death	2
	6	6:1–23	Freedom from Power of Sin	3
	7	7:1–25	Freedom from Power of the Law	2
	8	8:1–39	Freedom in the Holy Spirit	4
Salvation	9	9:1–10:21	God's Redemption History	4
	10	11:1–36	Eschatological Salvation Plan for Israel	3
Sanctifi – cation	11	12:1–13:14	General Advice for Christian Daily Life	5
	12	14:1–15:13	Special Advice for Relationships among Saints	3
Mission	13	15:14–16:27	Conclusion	3

The Immutable Truth of Justification by Faith – The Gospel

If one were to summarize the 16 chapters of Romans in a single phrase, it would be "justification by faith." In other words, "salvation by faith." This is the astonishing Gospel. The great Reformer Martin Luther also launched the Reformation with the words of Romans 1:17. Saint Augustine, who laid the foundation of Christian doctrine, experienced a decisive and complete transformation after encountering Romans 13:13–14.

The Book of Romans speaks of the "Gospel" that Apostle Paul realized. The only way to overcome sin and death is not through deeds but through faith. Faith is an uncountable and metaphysical term, invisible to the eye. Moreover, this faith is not something that comes from within us but is given from above. It is made possible by the work of the Holy Spirit. This faith must manifest in a righteous life, characterized by love and worship.

Acknowledgements

I deeply and sincerely thank the esteemed individuals who have graciously provided their heartfelt recommendations for the publication of this book. I express my love and gratitude to my wife(Ji-ae Yu) who prays for my health as I constantly write at my desk, my three sons(Seung-il Lee, Seung-jin Lee, and Seung-tae Lee), my two daughters-in-law(Hee-jin Jang and Seon-young Son), and my two granddaughters(Ye-na Lee and Se-ah Lee). After enduring a long period of suffering due to illness, my beloved elder sister-in-law, Exhorter(Kwon-sa) Ji-soon Yu, passed away on April 7th. I dedicate this book to her memory with deep longing, and in the hope of meeting her again in heaven. Finally I also express my gratitude to Deacon Gye–soo Joo, the representative of Bobbook Publishing, and Editor, Ms. Haelin Lee, for their efforts in proofreading, editing, designing, printing, publishing, and promoting this book. All glory and praise be to the Lord only!

May 9, 2025(L.C.), Celebrating My Wife's 70th Birthday.

Pastor(Ret.) Dr. Peter Lee

차례 Contents

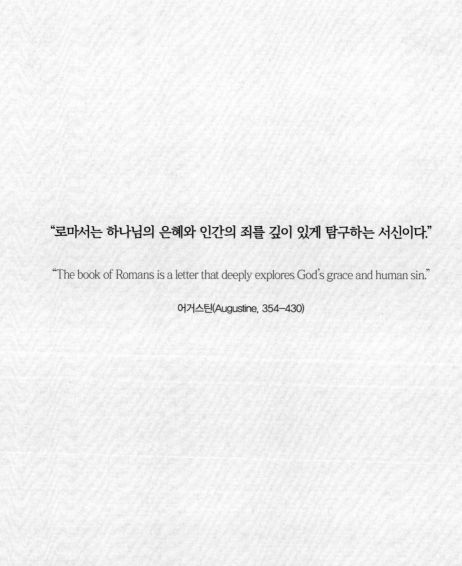

"로마서는 하나님의 은혜와 인간의 죄를 깊이 있게 탐구하는 서신이다."

"The book of Romans is a letter that deeply explores God's grace and human sin."

어거스틴(Augustine, 354-430)

1장

서신의 머리말

: 롬 1:1-17

Preface of the Letter

발렌틴 드 불로뉴, <성 바울이 그의 서신을 쓰다>(1650)
Valentin de Boulogne, 〈Saint Paul Writing His Epistles〉(1650)

1. 사도 바울의 인사
Greetings from Apostle Paul

────── 오늘의 성경: 로마서 1:1-7

✝

1. 예수 그리스도의 종 바울은 사도로 부르심을 받아 하나님의 복음을 위하여 택정함을 입었으니
2. 이 복음은 하나님이 선지자들로 말미암아 그의 아들에 관하여 성경에 미리 약속하신 것이라
3. 이 아들로 말하면 육신으로는 다윗의 혈통에서 나셨고
4. 성결의 영으로는 죽은 가운데서 부활하여 능력으로 하나님의 아들로 인정되셨으니 곧 우리 주 예수 그리스도시니라
5. 그로 말미암아 우리가 은혜와 사도의 직분을 받아 그 이름을 위하여 모든 이방인 중에서 믿어 순종케 하나니
6. 너희도 그들 중에 있어 예수 그리스도의 것으로 부르심을 입은 자니라
7. 로마에 있어 하나님의 사랑하심을 입고 성도로 부르심을 입은 모든 자에게 하나님 우리 아버지와 주 예수 그리스도로 좇아 은혜와 평강이 있기를 원하노라

슬프고 두려운 세상(世上)

슬프고 안타까운 세상이다. 러시아-우크라이나 전쟁으로 너무나 많은 젊은이들이 속절없이 생명을 잃어가고 있는 슬픈 현실이기도 하다. 불과 32년 전에는 같은 나라였던 러시아가 2022년 2월 24일

〈우크라이나와 주변국가〉

전격적으로 우크라이나를 침공하였다. 덩달아 중국도 대만을 자기 땅의 일부라고 하면서 무력으로 점령할 태세이다. 그리고 아프가니스탄, 예멘 등에서의 내란으로 지구촌이 잔잔할 때가 없다. 더구나 우리와 같은 민족인 북한은 적화통일이라는 야욕을 버리지 않고, 기어이 핵을 무기화하여 정권 유지와 대한민국 전복을 노리고 있다. 이는 김정은 독재세습정권이 보여주는 간악한 행위이다. 참으로 세계는 코로나-19 팬데믹으로 3년간 상상 속의 재앙들이 실제화하였었다. 이제 포스트 코로나 시대를 맞이하면서 세상 여러 분야의 질서와 환경이 너무나 크게 바꾸어 졌다. 특히 기후변화로 인하여 지구의 생명체와 자연 만물이 괴로움을 당하고 있다. 이제 1.5℃만 지구 온도가 상승되면, 엄청난 재앙이 일어나게 된다는 환경과학자들의 경고가 두려운 현실이다.

사도 바울의 깨달음, 로마서

이런 때에 필자는 하나님의 놀라운 은혜를 극적으로 깨닫고 일생을 주님을 위하여 내던진 위대한 사도 바울을 생각하였다. 회심하기 전인 사울이 지녔던 율법과 전통에 대한 열정, 여호와 하나님을 믿고 따르는 열심을 하나님은 아셨기에 그를 들어 이방인의 사도로 세워주셨다. 사도 바울만큼 예수 그리스도를 사랑하고 흠모하는 사람이 이 세상에는 더 이상 없을 것 같다. 그래서 그의 놀라운 편지인 "로마서"를 떠올렸다. 로마서의 내용을 좀 더 깊이 묵상하면 내 영혼의 자유함을 더욱 절실하게 느껴질 것 같았다. 로마서는 장신대 신대원에 다닐 때 장흥길 교수님으로부터 한 학기를 배웠다. 로마서에 대하여 장 교수님은 정말 열심히 가르쳐 주셨건만, 정작 로마서의 깊이를 제대로 알지 못하였다.

〈사도 바울(Saint Paul, 5–64)〉

얼마 전부터 집에서 도보로 40분 걸리는 아주 작은 교회인 제자교회에서 로마서 강해를 시작하면서 로마서의 진가(眞價)를 조금씩 깨달아 가고 있다. 많은 신학자들이 로마서를 성경 속의 보석과 같은 책이라고 말한다. 성 아우구스티누스(어거스틴), 마틴 루터, 존 웨슬리 모두 로마서에 숨겨져 있던 말씀으로 온전히 새로워지고 위대한 일을 하였다. 로마서는 사도 바울이 생전에 방문한 적이 없는 로마교회의 성도들에게 보내는 편지이다. 이방인 그리스도인들에게 해당되는 내용이 많다. 이 편지에 복음의 진수가 들어있다. 기독교가 온 세상에 전파된 그 저변에는 바로 이 사도 바울의 예수 그리스도가 누구신가를 깨달음에 있다고 하여도 과언이 아니다.

예수 그리스도의 종, 사도 그리고 사명자

사도 바울은 자신이 누구인가를 로마교회 성도들에게 소개한다. 가장 먼저 소개하는 말이 유명한 "예수 그리스도의 종(從)"이라는 말이다. '종'은 원어로 "둘로스(δοῦλος)"이지, 집사인 "디아코노스(διάκονος)"가 아니다. 다른 말로 "예수 그리스도의 노예(奴隷)"이다. 항간에 어떤 목사님을 지칭할 때 '말씀의 종', '능력의 종'이라고 하는데 정말 사도 바울이 사용한 '종'의 개념으로 이해하고 있는지 의문이 가기도 한다. 자신의 주장, 의견, 자유가 전혀 없이 오직 주인 되시는 예수 그리스도께서 하라는 대로 절대복종하는 자가 예수 그리스도의 종이고 노예이다. 말로는 종이라고 하는데 종으로서의 삶을 살지 않는 가짜 종들이 얼마나 많은가? 그렇다면 목사인 나는 과연 예수 그리스도의 종인가? 정말 종으로서 살아가고 있는지 주저 된다. '목사(牧師)'는 무조건 예수 그리스도의 종이 되어야 한다.

1절에서 예수 그리스도의 종이라고 소개한 바울은 자신이 사도(使徒) 로 부르심을 받았다는 확실한 자기 정체성을 가지고 있다. 그리고 여기서 '복음(福音)'이라는 말을 처음 꺼냈다. 복음이란 당시에 로마 황제에 관한 내용에 사용된 말로서 왕자가 태어났다든지, 전쟁에서 승리하였다는 기 쁜 소식을 당시에는 복음이라고 불렀다. 하지만 사도 바울은 그 복음(유 앙겔리온, εὐαγγέλιον)을 진정한 왕이 되신 예수 그리스도에 대한 내용으 로 이해하기 쉽게 치환(置換)하였다. 하나님의 아들 즉 성자 하나님에 대 하여 구약성경의 선지자들이 오래전에 약속하신 그 내용이 바로 '복음'이 라는 점이다. 쉽게 말한다면 "복음은 예수 그리스도이시다"라는 말이다.(4 절) 예수 그리스도는 완전한 신성(神性)과 완전한 인성(人性)을 가지신 분 이라는 점이 중요하다. 여기서 조금이라도 치우치면 이단 교리가 되어버린 다. 실제로 이런 일이 초기 기독교 역사에서 자주 발생하였다.

하나님께서 인간이 되었다. 이를 성육신(成肉身, incarnation)이라고 말한다. 부활하신 예수 그리스도께서 승천하신 후, 삼위일체의 한 위격이 신 성령 하나님께서 10일 후인 오순절에 이 땅에 오셨다. 인간의 몸을 입 고 오셨던 성자 하나님은 육신이라는 제한적인 요소가 있었지만, 성령 하 나님은 지·정·의를 갖추신 영(靈)이시기에 언제 어디든지 가시거나 오실 수가 있는 매우 인격적인 분이시다. 사도 바울이 이렇게 로마교회의 성도 들에게 편지를 써 보낼 수 있으며, 그 안에 놀라운 비밀을 담을 수 있게 된 것도 모두 성령님의 은총이다. 로마서 16장까지 묵상하면서 그 안에 담긴 보배로운 말씀으로 성령 충만한 삶을 누리고 싶은 마음이다.

예수 그리스도께 초점(焦點)을 맞추라

사도 바울은 모든 초점을 예수 그리스도께 맞추고 있다. 주님은 승천하셔서 하나님 우편에 좌정하고 계시며, 곧 다가오는 재림의 모든 카운트다운을 하고 계시는 중이다. 지금은 보혜사 성령님께서 이 세상에 계시므로 예수 그리스도를 나의 구세주로 믿을 수 있게 되었다. 첫 번째 보혜사는 바로 이 세상에 오셨고, 다시 오실 '예수 그리스도'이시다. 그리고 두 번째 보혜사(保惠師, Helper)가 '성령(聖靈, Holy Spirit)'이시다. 사도 바울은 로마서에서 성령님을 "그리스도의 영"(롬 8:9) 또는 "하나님의 영"(롬 8:14)이라고 표현하기도 한다. 그러므로 삼위일체의 하나님으로 표현할 수가 있다.

성도로 부르심을 받은 자에게 하나님 아버지와 예수 그리스도로부터 은혜와 평강이 있기를 바라는 사도 바울의 마음은 로마교회의 성도들을 향한 간절한 소망이 있음을 알 수가 있다. 예수 그리스도가 과연 누구신지를 편지의 서두에 분명하게 소개하며, 정중하게 인사하는 사도 바울이다. 로마서에 대한 필자의 묵상이 점점 더 깊어지면서 로마서라는 엄청난 광맥에서 아름다운 금강석(金剛石)을 발견하는 큰 기쁨이 분명하게 있을 것이 기대된다.

[2023.06.01.]

묵상할 내용

나는 예수 그리스도의 종인가?
그렇다면 주님의 종으로서의 삶을 살아가고 있는가?

2. 사도 바울의 로마 방문 계획
The Visiting Plan to Rome by Apostle Paul

───── **오늘의 성경: 로마서 1:8-17**

✝

8. 첫째는 내가 예수 그리스도로 말미암아 너희 모든 사람을 인하여 내 하나님께 감사함은 너희 믿음이 온 세상에 전파됨이로다

9. 내가 그의 아들의 복음 안에서 내 심령으로 섬기는 하나님이 나의 증인이 되시거니와 항상 내 기도에 쉬지 않고 너희를 말하며

10. 어떠하든지 이제 하나님의 뜻 안에서 너희에게로 나아갈 좋은 길 얻기를 구하노라

11. 내가 너희 보기를 심히 원하는 것은 무슨 신령한 은사를 너희에게 나눠 주어 너희를 견고케 하려 함이니

12. 이는 곧 내가 너희 가운데서 너희와 나의 믿음을 인하여 피차 안위함을 얻으려 함이라

13. 형제들아 내가 여러 번 너희에게 가고자 한 것을 너희가 모르기를 원치 아니하노니 이는 너희 중에서도 다른 이방인 중에서와 같이 열매를 맺게 하려 함이로되 지금까지 길이 막혔도다

14. 헬라인이나 야만이나 지혜 있는 자나 어리석은 자에게 다 내가 빚진 자라

15. 그러므로 나는 할 수 있는 대로 로마에 있는 너희에게도 복음 전하기를 원하노라

16. 내가 복음을 부끄러워하지 아니하노니 이 복음은 모든 믿는 자에게 구원을 주시는 하나님의 능력이 됨이라 첫째는 유대인에게요 또한 헬라인에게로다

17. 복음에는 하나님의 의가 나타나서 믿음으로 믿음에 이르게 하나니 기록된바 오직 의인은 믿음으로 말미암아 살리라 함과 같으니라

사도 바울이 로마 방문을 열망(熱望)하다

사도 바울은 본문에서 로마교회의 성도들에게 "로마(Rome)"를 방문하려는 열망을 여과 없이 나타내고 있다. 그리  고 그 이유를 멋지게 표현하고 있다. 그냥 방문하고 싶다는 것이 아니다. 서두인 8절에서 로마교회 성도들의 믿음이 온 세상에 전파되고 있다고 좀 과장(?)되게 기술하고 있는 듯 느껴진다. 수신자인 로마교회 성도들의 마음을 편하게 하고자 한 것이 아닌가 한다. 사실 로마교회 성도들이 지닌 믿음은 미약하게 보인다. 로마서 대부분(1:18-15:13)에는 교리와 윤리에 관한 내용이 나오는데 율법과 복음, 의로움, 구원, 그리스도인의 생활 등이 기술되어 있다. 그런데 로마교회는 핵심이 되는 '복음'에 대하여 무지한 듯 보인다. 약한 믿음이다. 하지만 그런 믿음이라도 복음을 받아들인 것이 사실 얼마나 대단한가? 그것을 칭찬하고 있다.

사도 바울이 로마에 가고자 하는 이유는 명확하다. 첫 번째는 11절에 나타나는 "너희를 견고케 하려 함이니"이다. 견고(堅固)케 한다는 말에 그들의 믿음이, 생활이, 삶이 강한 것이 아니라 말랑말랑하여 위태롭다는 뜻으로 느껴진다. 그래서 바울은 그들에게 신령한 은사(恩賜, χάρισμα)를 나누어 주려고 하는 것이다. 무엇이 신령한 은사이겠는가? 아마도 방언의 은사, 통역의 은사, 병 고침의 은사가 포함되었을 것이다. 무엇보다도 사랑의 은사가 아니겠는가? 이렇게 견고하게 하려 함은 서로의 믿음으로 말미암아 피차 안위함을 얻으려 한다고 말하고 있다. 약한 믿음으로 그 환락과 이교도의 도시에서 믿음을 지켜나가는 로마교회의 성도들로 인하여 사도 바울은 위로를 받을 수 있을 것이며, 또 그들은 사도 바울의 신령한 은사와 예수 그리스도를 향한 강한 믿음을 보며 큰 위로와 평강을 얻게 될 것이다.

그리고 두 번째로 로마에 가고자 한 이유는 13절에 있는 바와 같이 "열매를 맺게 하려함"이다. 교인들의 믿음을 강하고 단단하게 한다고 말하고 다음에는 열매를 맺게 하려고 한다. 무슨 열매인가? 우리 주님도 열매에 관한 비유를 많이 드셨다. 포도, 무화과, 올리브 열매 등이다. 사도 바울은 갈라디아서 5장 22-23절에서 이미 성령의 열매를 거론하였다. 사랑, 희락, 화평, 오래참음, 자비, 양선, 온유, 충성, 절제가 맺히는 '영적 포도송이'이다. 이 또한, 기도의 열매이다. 나에게는 어떤 열매가 맺혀지고 있는가?

말짱 도루묵이 될 것인가?

인생을 초기-중기-말기로 나누고, 과정을 처음-중간-나중(끝)으로 본다면 언제가 가장 중요할까? 어떻게 본다면 중간 과정이 제일 중요하다고 말할 수도 있다. 과정이 악하고 더러운데 어쩌다 출세하였다. 돈도 많이 벌었다. 그러면 결국 잘 된 것 아니냐고 할 수도 있다. 그런데 과정이 선하고 바르고 정직하였는데, 결과는 실패했다. 망해 버렸다. 이 경우, 과정이 선했다면 결과야 어찌 되든 선한 것이라고 말할 수도 있다. 하지만 이는 물질적이고 육적인 판단이다. 한편, 지금 그리고 여기(Now & Here)인 현재가 중요하다고 말할 수 있다. 맞는 말이다. 그러나 현재는 미래의 열매를 맺게 만드는 과정이다. 신앙에서는 '나중', 즉 '끝'이 가장 중요하다. 미래 끝에서는 열매 또는 알곡을 찾기 때문이다.

그런데 열매가 그냥 저절로 맺혀지는 것이 아니라는 점이다. 인생의 끝에서 믿음의 결과인 열매가 없다면 그 인생은 허사가 된다. "말짱 도루묵"이다. 인생의 황혼에 믿음의 열매가 없다면 그 얼마나 안타까운 일인가? 수십 년 신앙생활을 했는데 막상 주님 앞에 갈 때 사랑, 믿음, 소망의 열매가 없다면 주님 앞에 어떻게 설 것인가? 전도의 열매도 있어야 한다. 그 열매는 아마도 예복일 것이다. 천국에 들어가는 사람은 세마포(細麻布) 흰옷을 입어야 한다. 그런데 그 옷이 없다면…. 아! 너무나 슬프고 괴로울 것이다. 사도 바울은 로마교회 성도들에게 바로 그런 믿음의 열매를 맺게 하려고 방문할 계획이 있었다.

이신칭의(以信稱義)로 종교개혁

또한, 14절에서 사도 바울은 헬라인, 야만인, 지혜 있는 자, 어리석은 자 모두에게 자신이 "빚진 자"라고 말하고 있다. 세상 모든 사람들, 특히 이방인들에게 빚진 자라고 소개하는 것이다. 그러므로 이 빚을 갚기 위하여 복음에 빚진 자의 심정으로 복음을 전하려고 한다는 말이다. 확실히 이방인에게 전하려고 하는 것이다. 바울은 로마를 복음의 중심도시로 삼아, 로마교회의 후원으로 땅끝으로 여긴 스페인까지 가서 복음을 전하려는 비전이 있었다. 로마서를 쓰는 당시에 사도 바울은 로마에서 순교할 것이라는 생각을 전혀 하지 못했다. 오직 로마교회의 성도들에게도 복음 전하기를 바라고 있었다. 로마교회의 성도들은 이미 복음을 받아들였는데도 이들에게 복음을 전하겠다고 한다. 그 의미는 로마교회의 성도들이 아직 복음의 의미를, 능력을, 권위를 잘 모르고 있기 때문이리라.

〈마틴 루터(Martin Luther, 1483-1546)〉

그리고 로마서의 주제인 16절과 17절이 나타난다. '복음은 믿는 자에게 구원을 주시는 하나님의 능력'이라고 복음을 확실히 정의하고 있다. 자기 동족인 유대인이 이 복음을 먼저 받아야 하고, 그다음에 이방인인 헬라인이다. 복음과 구원의 상관관계가 나타난다. 복음에는 하나님의 의가 나타난다. 그래서 복음을 믿는 자는 구원에 이르는 믿음이 된다는 말씀이다. 여기서 구약성경 하박국 2장 4절의 "오직 의인은 믿음으로 말미암아 살리라"라는 놀라운 말씀을 인용하고 있다. 이 말씀으로 1517년에 마틴 루터(Martin Luther, 1483-1546)가 담대하게 종교개혁의 기치를 높이 들 수 있었다. 왜냐하면, 복음에는 하나님의 의(義)가 있기에 이 복음을 믿는 자는 구원을 얻게 된다는 진리이기 때문이다. 복음의 내용은 무엇인가? 복음은 예수 그리스도께서 하신 일, 한마디로 십자가 보혈로 나의 모든 죄가 씻김으로 구원을 받는다는 기쁜 소식이다. 나는 이 복음을 확실하게 믿고 의지하고 있는가?

[2023.06.08.]

묵상할 내용

나에게 있어 '복음'은 무엇인가?
그리고 나는 과연 '믿음'으로만 살아가고 있는가?

"로마서는 복음을 가장 순수하게 표현한 신약의 가장 중요한 문헌이다."

"The book of Romans is the most important document in the New Testament
that expresses the gospel in its purest form."

마틴 루터(Martin Luther, 1483–1546)

2장

하나님의 진노 아래 있는 인간들
: 롬 1:18-2:16

Humans under the Wrath of God

공의

호세프 데 리베라, <성 바울>(1650)

Jusepe de Ribera, 〈Saint Paul〉(1650)

3. 하나님의 진노
The Wrath of God

──────── 오늘의 성경: 로마서 1:18-32

✝

18. 하나님의 진노가 불의로 진리를 막는 사람들의 모든 경건치 않음과 불의에 대하여 하늘로 좇아 나타나나니

19. 이는 하나님을 알만한 것이 저희 속에 보임이라 하나님께서 이를 저희에게 보이셨느니라

20. 창세로부터 그의 보이지 아니하는 것들 곧 그의 영원하신 능력과 신성이 그 만드신 만물에 분명히 보여 알게 되나니 그러므로 저희가 핑계치 못할지니라

21. 하나님을 알되 하나님으로 영화롭게도 아니하며 감사치도 아니하고 오히려 그 생각이 허망하여지며 미련한 마음이 어두워졌나니

22. 스스로 지혜 있다 하나 우준하게 되어

23. 썩어지지 아니하는 하나님의 영광을 썩어질 사람과 금수와 버러지 형상의 우상으로 바꾸었느니라

24. 그러므로 하나님께서 저희를 마음의 정욕대로 더러움에 내어 버려두사 저희 몸을 서로 욕되게 하셨으니

25. 이는 저희가 하나님의 진리를 거짓 것으로 바꾸어 피조물을 조물주보다 더 경배하고 섬김이라 주는 곧 영원히 찬송할 이시로다 아멘

26. 이를 인하여 하나님께서 저희를 부끄러운 욕심에 내어 버려두셨으니 곧 저희 여인들도 순리대로 쓸 것을 바꾸어 역리로 쓰며

27. 이와 같이 남자들도 순리대로 여인 쓰기를 버리고 서로 향하여 음욕이 불 일 듯하매 남자가 남자로 더불어 부끄러운 일을 행하여 저희의 그릇됨에 상당한 보응을 그 자신에 받았느니라

28. 또한 저희가 마음에 하나님 두기를 싫어하매 하나님께서 저희를 그 상실한 마음대로 내어 버려두사 합당치 못한 일을 하게 하셨으니

29. 곧 모든 불의, 추악, 탐욕, 악의가 가득한 자요 시기, 살인, 분쟁, 사기, 악독이 가득한 자요 수군수군하는 자요

30. 비방하는 자요 하나님의 미워하시는 자요 능욕하는 자요 교만한 자요 자랑하는 자요 악을 도모하는 자요 부모를 거역하는 자요

31. 우매한 자요 배약하는 자요 무정한 자요 무자비한 자라

32. 저희가 이 같은 일을 행하는 자는 사형에 해당한다고 하나님의 정하심을 알고도 자기들만 행할 뿐 아니라 또한 그 일을 행하는 자를 옳다 하느니라

하나님의 진노(震怒)는 당연하다

로마서 1장의 중간부터인 오늘의 본문은 앞 절인 17절의 "의인은 믿음으로 말미암아 산다"는 진리를 역행하는 내용으로 가득 차 있다. 2000년 전 로마제국 시대에 나타난 사회현상이 오늘날과 그리 차이를 보이지 않을 정도이다. 이것은 인간의 마음이 어쩌면 현대 과학기술의 고도로 발전된 AI의 시대에도 동일하게 악으로 나타난다는 것에 당황스럽기도 하다. 이렇게 여러 세대 속에서도 변치 않는 사람들의 악함과 불의가 내 마음을 씁쓸하고 허탈하게 만든다. 그러므로 이런 사람들을 향한 하나님의 진노를 성경이 적나라하게 보여 준다. 우리가 자식들을 키우다 보면 부모를 아주 힘들게 만드는 자식이 간혹 나타난다. 그것도 아주 심하게 부모의 마음을 너무나 무겁게 만드는 자식을 키우면서 답답할 때가 많다.

〈건강하게살자 블로그에서 발췌〉

요즘에는 중학교 2학생의 나이인 14세 정도에 엄청난 반항심으로 부

모를 막다른 구석에 몰아 녹다운 직전의 복서와 같은 모습으로 만들기도 한다. 사춘기를 지나 반항기에 접하여 어디로 튈지 모르는 럭비공과 같은 상태가 되어버린다. 혼자 있고 싶어 하거나 자기 방문을 걸어 잠그는 것은 약과이다. 심지어 가출도 하고, 도둑질도 한다. 그래서 아버지는 그런 자식을 설득하고, 야단치고, 때리기도 한다. 하지만 가장 최후의 수단은 그냥 내버려 두는 것이다. "네 마음대로 하라" 하면서 그냥 내버려 두는 것이다. 이는 최후의 수단이면서 극약처방이라고 할 수 있다. 혹시 이러한 처방에 견디기 힘들어서 마음을 새롭게 잡고, 바르게 살아간다면 내 버려둠이 좋은 형태의 자극제가 될 수도 있다. 그렇다면 우리 하나님께서 얼마나 인간에 대하여 실망하셨으면 내버려 두실까? 오죽하면 사람 지으셨음을 한탄하셨을까?(창 6:6)

피조물(被造物)을 섬기는 어리석은 인간

오늘 로마서에서는 바로 우리 하나님께서 악하고 못돼 버린 인간을 그렇게 다루신 것이다. 본래 하나님께서는 창조주로서 창조하신 에덴동산에서 인간들이 평화롭고 행복하게 잘 살아가기를 원하셨음에 틀림이 없다. 자연신학(自然神學)의 근간이 되기도 하였던 로마서 1장 19-20절은 만물에 하나님의 능력과 신성이 분명히 보임에도 하나님을 영화롭게도 아니하고, 감사하지도 않고, 생각이 허망해 진 인간은 하나님의 영광 대신에 사람, 새, 짐승, 기어 다니는 동물인 뱀 등과 같은 피조물을 우상으로 섬기는 어리석음을 자초하였다고 기록하고 있다. 창조주이신 하나님께 경배하고 찬양해야 하는 인간이 하나님께서 아주 싫어하는 우상에게 영광을 드리고 있다. 눈에 보이는 우상도 있지만, 불가시적인 우상인 돈, 명예, 권력을 흠모하고 그 앞에서 절절매는 모습도 마찬가지라고 생각한다. 이런 추악한 인간을 하나님께서 내버려 두신다. 네 마음대로 살라고 던져 버려진 상황에 놓여졌다.

성경에서는 하나님의 '유기(遺棄)', 즉 '내버려 두심'을 다음의 세 가지 경우로서 말씀하고 있다. 첫째, 마음의 정욕대로 더러움에 내버려 두심이고(24절), 둘째는 부끄러운 욕심에 내버려 두시며(26절), 셋째가 상실한 마음대로 내버려 두셨다(28절)고 한다. 모두 인간의 마음을 거론하고 있다. 첫 번째인 마음의 정욕대로 더러움에 내버려 두면 몸을 서로 욕되게 하고, 진리를 거짓으로 바꾸며, 피조물을 경배하고 섬긴다. 결국, 거짓에 빠지게 된다는 뜻이다. 두 번째인 부끄러운 욕심에 내버려 두면, 오늘날 매우 걱정스러운 동성애, 즉 게이(gay)와 레즈비언(lesbian)의 모습이 도처에 나타난다. 미국의 샌프란시스코와 이스라엘의 텔아비브 같은 도시는 동성애자들의 천국이라고 말할 정도로 너무나 적나라하다. 한국에도 성 소수자라는 기치 아래 동성애법이 인권의 탈을 쓰고 나타나고 있다. 자연계에서 곤충이나 파충류 등 하등동물류에서 많이 나타나는 동성애 현상이 인간에게 나타나고 있다. 소돔과 고모라는 동성애로 말미암아 유황불로 멸망당하였다. 음란하였던 폼페이는 화산폭발로 인한 엄청난 화산재로 삽시간에 도시가 사라졌다. 우리도 동성애를 따라가면 하나님의 진노가 분명하게 쏟아지게 된다.

동성애(同性愛, Homosexuality)를 무섭고, 무겁게 다루어야 한다

필자가 그동안 좋아하던 "무지개"를 동성애자들에게 빼앗긴 것 같다

〈동성애 깃발〉

는 느낌이 들 때가 많다. 동성애자들의 깃발이 6색의 무지개이다. 무지개는 노아 홍수 이후, 노아 여덟 식구와 방주에 태워졌던 동물들을 제외하고는 온 세상의 사람들과 동물들이 다 멸절해버렸기에 이를 보고 자비하신 하나님께서 창세기 9장 13절에서 "내가 내 무지개를 구름 속에 두었나니 이것이 나와 세상 사이의 언약의 증거니라"라고 하셨다. 그런 7색 무지개(빨강, 주황, 노랑, 초록, 파랑, 남색, 보라)를 동성애자들이 남색(藍色, indigo)을 빼고, 6색 무지개(빨강, 주황, 노랑, 초록, 파랑, 보라)를 자신들의 상징으로 전담사용하고 있으니 이래도 되나 싶다. 동성애를 일종의 정신병으로 생각하는 사람들이 있고, 옹호하는 쪽에서는 태어나기를 그렇게 태어났다고 한다. 그래서 인간의 성을 남성, 여성 그리고 어디에도 속하지 않는 제3의 성으로 나누기도 한다. 하지만 성경에는 분명히 어긋나는 사항이다. 성적 타락의 끝판이 바로 동성애이기 때문이다.

그러므로 불경건하고 불의한 자들은 동성애를 행하며, 그 마음에 하나님 두기를 싫어하기에 28절의 말씀처럼 하나님께서는 그 상실한 마음대로 내버려 둔다. 그 결과, 합당하지 못한 일이 생겨난다. 무엇인가? 불의, 추악, 탐욕, 악의, 시기, 살인, 분쟁, 사기, 악독, 수군거림, 비방, 하나님께서 미워하는 자, 능욕, 교만, 자랑, 악 도모, 부모 거역, 우매, 배약, 무정, 무자비 등 21가지이다. 이런 모습들은 하나님께서 내버려 두신 결과이다. 얼마나 많이 불의한 것들이 생겨나는가? 이 속에 인간사회에서 생겨나는 모든 죄의 내용이 들어가 있다고 해도 과언이 아니다. 이 모두 사람의 마음에서 나와서 행동으로 옮겨진다. 그러면 살인자가 된다. 남을 속이게 된다. 싸우며 약자를 괴롭히게 되며, 이것을 즐기는 사람이 되어간다. 망하는 길로 가는 첩경이다.

[2023.06.15.]

묵상할 내용

현대인의 동성애에 대하여 어떤 생각이 드는가?
하나님의 진노하심이 느껴지는가?

4. 하나님의 심판
The Judgment of God

———— 오늘의 성경: 로마서 2:1-16

✝

1. 그러므로 남을 판단하는 사람아 무론 누구든지 네가 핑계치 못할 것은 남을 판단하는 것으로 네가 너를 정죄함이니 판단하는 네가 같은 일을 행함이니라

2. 이런 일을 행하는 자에게 하나님의 판단이 진리대로 되는 줄 우리가 아노라

3. 이런 일을 행하는 자를 판단하고도 같은 일을 행하는 사람아 네가 하나님의 판단을 피할 줄로 생각하느냐

4. 혹 네가 하나님의 인자하심이 너를 인도하여 회개케 하심을 알지 못하여 그의 인자하심과 용납하심과 길이 참으심의 풍성함을 멸시하느뇨

5. 다만 네 고집과 회개치 아니한 마음을 따라 진노의 날 곧 하나님의 의로우신 판단이 나타나는 그 날에 임할 진노를 네게 쌓는도다

6. 하나님께서 각 사람에게 그 행한 대로 보응하시되

7. 참고 선을 행하여 영광과 존귀와 썩지 아니함을 구하는 자에게는 영생으로 하시고

8. 오직 당을 지어 진리를 좇지 아니하고 불의를 좇는 자에게는 노와 분으로 하시리라

9. 악을 행하는 각 사람의 영에게 환난과 곤고가 있으리니 첫째는 유대인에게요 또한 헬라인에게며

10. 선을 행하는 각 사람에게는 영광과 존귀와 평강이 있으리니 첫째는 유대인에게요 또한 헬라인에게며

11. 이는 하나님께서 외모로 사람을 취하지 아니하심이니라

12. 무릇 율법 없이 범죄한 자는 또한 율법 없이 망하고 무릇 율법이 있고 범죄한 자는 율법으로 말미암아 심판을 받으리라

13. 하나님 앞에서는 율법을 듣는 자가 의인이 아니요 오직 율법을 행하는 자라야 의롭다 하심을 얻으리니

14. (율법 없는 이방인이 본성으로 율법의 일을 행할 때는 이 사람은 율법이 없어도 자기가 자기에게 율법이 되나니
15. 이런 이들은 그 양심이 증거가 되어 그 생각들이 서로 혹은 송사하며 혹은 변명하여 그 마음에 새긴 율법의 행위를 나타내느니라)
16. 곧 내 복음에 이른 바와 같이 하나님이 예수 그리스도로 말미암아 사람들의 은밀한 것을 심판하시는 그 날이라

기후변화(氣候變化)와 전쟁(戰爭)

올해는 유난히 더위가 일찍 찾아오고 있다. 모두 기후변화에 따른 부정적 현상이라고 말한다. 코로나-19 팬데믹을 겪은 인류는 이제 모든 재앙이나

〈대형 산불의 모습〉

환난 등이 그저 판타지 소설이나 공상 영화에서나 나오는 일이 아니라 오늘 나의 생전에 닥쳐질 수 있는 현실적인 문제로 알게 되었다. 캐나다의 동부와 서부에서의 400여 건의 자연발화에 의한 동시다발적인 산불은 대한민국 산림의 40% 규모의 산림을 태우고 있다고 한다. 그 여파로 미국의 수도인 워싱턴과 뉴욕에까지 산림이 타는 연기로 인해 온통 황색 연기가 도시를 뒤덮고 있다. 그리고 나라 간의 전쟁 소식은 어떠한가? 우크라이나와 러시아 간에 영토전쟁이 무자비하게 이루어져서 수만 명의 젊은 군인들은 물론 애꿎은 민간인들도 엄청나게 희생되고 있다. 우크라이나의 건물은 불타고 부서지고, 댐을 강제로 파괴하여 수많은 주민들의 집과 밭들이 다 수몰되어 고통이 가중되고 있다.

우리 대한민국의 북쪽은 핵무장을 하고, 오로지 거기에 목을 매달고 있다. 2,600만 명의 북한 주민 가운데 대다수가 한 지도자의 악행으로 인하여 기아에 허덕이고 있다. 김정은은 연일 미사일을 쏘아대며 자기의 능력을 과시한다. 지난 5월 31일에 우주정찰위성을 실은 3단 로켓 만리성-1호를 쐈지만, 2단 분리도 못 한 채 서해에 떨어져 버려 2단 부분을 우리 해군이 건져내었다. 3단 부분에 실린 위성과 1, 2단의 엔진들도 찾아내면 더욱 좋으련만 아직 그 소식은 없다. 한반도는 언제까지 남북으로 대치하면서 반복하여 싸워야 하는가? 성경에 근거한다면 북쪽의 일당독재 정권이 무너져야 할 것이다. 잔악한 앗수르 또는 무자비한 바벨론 같은 북한 정권이다. 하나님을 대적하는 이 무리를 분명히 주님께서 심판하실 것이다.

가장 무서운 징계, 유기(遺棄)

하나님의 내 버려두심(gave over)이 얼마나 큰 징계(懲戒)인가? "너 알아서 네 마음대로 살아라. 나는 아무런 관심과 지원을 하지 않는다."라는 유기(遺棄, abandonment)가 되면, 버림받은 자는 마귀의 조롱감과 먹잇감으로 전락해 버리는 것이다. 이는 부모와 자녀의 관계로 치환하여 생각할 수가 있다. 청소년 시기의 자식이 자행하는 그 반항심과 세상 죄악에 부모는 피멍이 든다. 그래도 참고 견디면 저 스스로 깨닫고 돌아오긴 한다. 필자는 막내아들로 인하여 정말 말도 안 되는 마음의 고통이 있었다. 기다리고 기다려서 지금은 웃고 말할 수 있지만, 그때는 너무나 힘이 들었다. 그런 청소년 때의 힘든 과정을 지나게 한 막내였지만, 지금은 부모의 마음을 가장 깊이 생각해주는 너무나 어엿한 아들이 되어서 참으로 감사하다.

어찌 되었든 하나님의 내 버려두심으로 말미암아 사람들은 로마서 1장 29-31절에서 21가지의 죄악을 짓게 되었다. 그리고는 끝 절인 32절에서 그런 악행을 하는 사람들을 부추기며 잘했다고 말하는 사람들이 있다. 그럴 수가 있을까? 하지만 사도 바울은 2장을 시작하면서 첫머리에 "그러므로"라고 기술하여 남을 판단하는 "너"에 대한 경고의 메시지를 던진다. 여기서 "너"는 누구인가? "유대인"으로 보는 것이 타당하다. 그러면서 오늘날 먼저 믿은 기독교인에게 던지는 말씀으로 생각할 수 있다. 이방인인 우리에게도 주시는 분명한 말씀이다.

이방인을 비방하는 유대인은 누구인가?

하지만 본론으로 돌아가면, 이제 사도 바울은 선민(選民)이라는 '유대인'들의 남을 판단하는 죄에 대하여 엄청나게 강한 어조로 하나님의 심판을 거론한다. 로마서 1장 32절의 이방인을 보란 듯이 판단하는 유대인에게 말하고 있는 본문이다. 로마서는 일차적으로 로마교회의 유대인 및 이방인 성도들에게 보내는 편지이다. 아마도 바울은 로마교회의 문제점을 소상하게 알고 있었을 것이다. 로마에서 살다가 추방되어 고린도에서 만난 유대인인 아굴라와 브리스길라 부부도 있었기에 소식이 전해졌을 것이다.

로마교회의 가장 큰 문제는 유대인 그리스도인과 헬라인 그리스도인 간의 알력과 다툼이 아니었던가? 율법과 복음의 문제이고, 할례와 은혜의 대립이 아니었던가? 아직 신약성경이 정립되어 있지 않고, 오직 하나님의 말씀은 구약성경밖에 없어서 사도들의 서신이나 구전으로 전해진 복음을 접하고 그렇게 신앙생활을 하고 있을 것이다. 사도 바울은 로마가 세계의 중심이 되는 도시이기에 로마를 통하여 온 세계로 복음이 전파되기를 소망하였다.

로마교회의 후원으로 당시에 땅끝으로 여겨지는 서바나, 지금의 스페인에까지 복음을 전파하려고 소망을 가진 것이다. 그러므로 사도 바울은 로마교회가 바른 복음의 가르침에 굳건히 서기를 진정으로 바라는 마음으로 이 편지를 기술하였다. 세상의 죄악을 열거하고 그렇게 살고 있는 세상에서 자신은 그렇지 않다고 하면서 남을 정죄하고 비방하는 유대인의 모습을 지적하고 있다. 한국 사회에서 많이 사용되는 '내로남불'이라는 말도 여기에 해당된다. 사도 바울은 이런 자들에게 하나님의 심판을 말하고 있다. "이런 일을 행하는 자를 판단하고도 같은 일을 행하는 사람아, 네가 하나님의 심판을 피할 줄로 생각하느냐"(3절)라고 강하게 유대인들을 질책하고 있다. 하지만 현대를 살아가는 그리스도인인 나에게도 던져지는 질책이 아닌지 돌아보게 된다.

비판보다 칭찬(稱讚)과 격려(激勵)

남을 판단한다는 것은 정말 조심하여야 할 일이다. 예수님도 마태복음 7장 2절에서 "너희가 비판하는 그 비판으로 너희가 비판을 받을 것이요"라고 하셨다. 판단과 비판은 동일한 뜻으로 사용되고 있다. 남의 잘못을 비판하고는 자기도 그런 죄를 짓는 자에게 하나님의 심판이 임한다는 것을 사도 바울은 강하게 역설한다. 고집대로 살고 회개하지 않는 자들에게는 하나님의 심판에서 진노가 임하게 된다. 유대인과 헬라인에게 공정하게 심판하신다는 점을 강조하고 있다. 특별히 율법을 듣는 것보다 그 율법을 그대로 행하여야 의롭다 하심을 얻게 된다.(13절)

율법이 있는 유대인들은 그 율법으로 말미암아 심판을 받으며, 율법이 없는 헬라인들은 양심(良心, conscience)이 그 증거가 되므로 결국 율법이 중심이 된다는 점이다. 악을 행하는 자에게는 환난과 곤고가 있고, 선을 행하는 자들에게는 영광과 존귀와 평강이 있다고 말한다. 이런 심판은 구분이 없이 유대인과 헬라인에게 공히 임하게 된다는 점이다. 복음을 듣지 못한 사람들은 결국 그의 양심에 따라 심판을 받게 된다. 사람들의 은밀한 것을 심판하시는 그날을 말하고 있다. 마라나타!

[2023.06.20.]

묵상할 내용

나는 지금까지 남을 비판하고 정죄한 적이 있었는가?
있었다면 왜 그랬는지 생각해 보라!

"로마서는 그리스도인의 신앙과 삶의 모든 측면을 다루는 교리의 요약이다."

"The book of Romans is a summary of doctrine that covers
all aspects of a Christian's faith and life."

존 칼빈(John Calvin, 1509-1564)

3장

하나님의 진노 아래 있는 유대인
:롬 2:17-3:20

Jews under the Wrath of God

공의

베르나르도 다디, <성 바울>(1333)
Bernardo daddi, ⟨san paolo⟩(1333)

5. 참된 그리스도인
True Christian

───── 오늘의 성경: 로마서 2:17-29

✝

17. 유대인이라 칭하는 네가 율법을 의지하며 하나님을 자랑하며

18. 율법의 교훈을 받아 하나님의 뜻을 알고 지극히 선한 것을 좋게 여기며

19. 네가 율법에 있는 지식과 진리의 규모를 가진 자로서 소경의 길을 인도하는 자요 어두움에 있는 자의 빛이요

20. 어리석은 자의 훈도요 어린아이의 선생이라고 스스로 믿으니

21. 그러면 다른 사람을 가르치는 네가 네 자신을 가르치지 아니하느냐 도적질 말라 반포하는 네가 도적질하느냐

22. 간음하지 말라 말하는 네가 간음하느냐 우상을 가증히 여기는 네가 신사 물건을 도적질하느냐

23. 율법을 자랑하는 네가 율법을 범함으로 하나님을 욕되게 하느냐

24. 기록된 바와 같이 하나님의 이름이 너희로 인하여 이방인 중에서 모독을 받는도다

25. 네가 율법을 행한즉 할례가 유익하나 만일 율법을 범한즉 네 할례가 무할례가 되었느니라

26. 그런즉 무할례자가 율법의 제도를 지키며 그 무할례를 할례와 같이 여길 것이 아니냐

27. 또한 본래 무할례자가 율법을 온전히 지키면 의문과 할례를 가지고 율법을 범하는 너를 판단치 아니하겠느냐

28. 대저 표면적 유대인이 유대인이 아니요 표면적 육신의 할례가 할례가 아니라

29. 오직 이면적 유대인이 유대인이며 할례는 마음에 할지니 신령에 있고 의문에 있지 아니한 것이라 그 칭찬이 사람에게서가 아니요 다만 하나님에게서니라

네 탓이요, 내 탓이요

예전에 한국 가톨릭의 수장으로 많은 국민으로부터 오랫동안 존경을 받았던 분이 故 김수환(金壽煥, 1922-2009) 추기경이다. 종교를 떠나 이분의 겸손함과 모범적인 삶이 많은 국민을 따뜻하게 만들었다. 이분은 자신을 "바보"라고 말하였다. 사회의 문제와 어려움을 "내 탓이요"라는 스티커를 통하여 참된 의

〈김수환 추기경의 자화상〉

미의 회개를 요청하였다. 그런데 지금 누가 "내 탓이요"라고 말하는 지도자가 있는가? 우리 주변에 겉과 속이 다른 사람들이 너무나 많이 있다. 정치적으로는 모습과 실제가 다른 노선으로 가는 같은 당의 정치인들을 빗대어 이재명 민주당 대표의 극렬지지자들인 소위 "개딸(개혁의 딸)"들이 "수박"이라고 비판하고 있다. 그들은 그럴듯한 용어를 교묘하게 지어내기도 잘한다.

하지만 "내 탓이요"라는 구호는 다시 이 사회에 들어오면 좋겠다. 너무 많은 당면 문제들이 우리 사회에 산재하고 있는 듯하다. 국내외의 문제, 일본의 핵발전소의 오염수를 바다로 방출한다고 하여 정치적으로 대립각을 세우고 있다. 사드의 영향으로 오염되었다고 하는 성주 참외를 공개적으로 먹는 여당 대표도 TV에 나온다. 그러나 더 심각한 것은 기후위기이다. 기후위기가 이제는 산 넘어 불구경이 아니다. 이로 인하여 다음 세대가 많은 어려움에 봉착할 것이다. 하나님께서 이를 해결할 수 있는 지혜를 과학자들에게 허락하시기를 기도할 뿐이다.

겉과 속이 다른 외식(外飾)의 모습

오늘 묵상하는 본문에 나타나 있는 겉과 속이 다른 유대인들에 대하여 사도 바울은 아주 신랄하게 비판하고 있다. 여기의 유대인들이란 일단은 이 편지를 수신하는 로마교회의 교인들 가운데 유대인 그리스도인을 말할 수 있다. 예수 그리스도를 믿는다고 고백하여 그리스도인이 되었지만, 여전히 이들의 마음과 삶에 남아있는 율법적인 모습에 대한 지적을 사도 바울이 하는 것으로 생각할 수 있다. 그리고 그리스도인이 아닌 유대인들을 지칭할 수도 있다. 물론 이 말씀은 현대에서 먼저 예수님을 구세주로 믿고 신앙생활을 하는 우리에게도 경고하는 말씀으로 받아들이게 된다. 사도 바울은 자신도 유대인이기에 유대인의 장단점을 확실하게 꿰뚫고 있다. ① 유대인은 율법을 의지한다 ② 하나님을 자랑한다 ③ 하나님의 뜻을 안다 ④ 선(善)을 분간한다 ⑤ 시각장애인의 길을 인도하는 자이다 ⑥ 어둠에 있는 자의 빛이다 ⑦ 어리석은 자의 교사이다 ⑧ 어린아이의 선생이라고 스스로 믿고 있다. 정말 이렇게 실제로 살아가는 사람이라면 너무나 훌륭한 사람이라고 할 수 있다. 그야말로 존경받는 랍비의 삶이다.

그런데 이렇게 훌륭하게 보이는 분이 만약에 다음과 같은 짓을 하며, 남몰래 살아간다면 어떻게 하나? ① 자신을 가르치지 않음(남에게 배우지 않음) ② 도둑질함 ③ 간음행함 ④ 우상의 물품을 탐내어 도둑질함 ⑤ 율법을 범하여 하나님을 욕되게 하고 있다. 그렇다면 이는 하나님을 도리어 이방인들이 모독하게 되는 것이라고 사도 바울은 격정적으로 비판하고 있다. 이런 사람이 누구인가? 가만히 생각해 보면 누구라고 지칭하기 전에 바로 나인 것을 알 수 있다. 일단 사도 바울은 유대인에게 또는 유대인 그리스도인에게 율법과 할례에 대하여 말하면서 율법을 행하면 할례가 유익하나 율법을 범한다면 할례가 무할례가 된다고 말한다. 할례자가 무할례자가 되기에 본래 무할례자가 율법을 온전히 지킨다면 그 유대인을 정죄하게 된다는 아이러니가 발생하게 된다.

결국, 날 때부터의 유대인인 겉모습의 유대인이 유대인이 아니라는 점과 함께 육신의 할례가 진정한 할례는 아니다. 그러므로 속 모습의 유대인이 유대인이고, 할례는 마음에 해야 한다. 율법 조문보다 영적인 할례가 바른 것이다. 하나님께서 그런 할례를 인정하시고 칭찬해 주신다고 성경은 말하고 있다. 이는 현대를 살아가는 그리스도인들에게 주는 교훈이 될 수가 있다. 할례는 유대인들이 선택받은 백성이며, 율법을 받은 아브라함의 자손임을 증명하는 강력한 표시라는 긍지를 갖게 만들어 준다. 그렇다면 현대에서 할례는 과연 무엇인가? 모태신앙 또는 몇 대손 기독교 집안이라는 것으로 자신의 신앙을 돋보이게 만들려는 마음이 있다면 이는 육신의 할례가 아닌가라는 생각이 든다.

한국 기독교의 신뢰도(信賴度) 하락에 반성하다

전통이 중요하며, 대대로 기독교를 믿어온 집안 내력도 너무나 중요하다. 하지만 더욱 중요한 것은 겉으로의 모습이 아닌 속사람의 모습이 참된 그리스도인이어야 한다는 점이다. 참된 그리스도인은 성령님으로 충만한 자이다. 겸손하여 회개하는 자이다. 하나님의 말씀에 비추어서 자신을 낮추는 자이다. 자기를 부단히 가르치는 즉 배우는 자이어야 한다. 남과 비교하며, 남의 것을 도둑질하지 않는 사람이다. 이를 요즘으로 본다면 표절(剽竊, plagiarism)인데, 표절은 일종의 도둑질이다. 논문표절, 설교표절, 기술표절 등 허락 없이 마음대로 사용한다면 이는 분명히 도둑질이다. 그리고 참된 그리스도인은 간음하지 않는 사람이다. 간음은 여자를 보고 음욕을 품기만 하여도 간음을 이미 행하였다고 우리 주님은 말씀하셨다.(마 5:28) 음란(淫亂)한 생각은 그냥 확 지나가게 만들어야 한다. 우상 신전의 물품을 도둑질하는 것은 가증(可憎, hateful)한 곳의 가증한 물건에 욕심을 내서 도둑질하는 것은 이중적인 죄 문제이기에 매우 조심하여야 한다.

현재 한국사회의 종교 신뢰도 면에서 기독교(개신교)가 가장 낮게 평가받고 있다. 대한민국을 일으켜 세운 집단이 바로 기독교회와 그리스도인임에도 불구하고 너무 기대치가 높아서 그런지 지금은 타종교 대비 가장 낮게 나타나고 있다. 기독교가 이 민족을 정신적인 면에서 이끌어 가야 하는데 지금은 전혀 그럴 용기도, 힘도 사라진 것이 아닌가? 마치 삼손이 머리에 삭도를 댐으로 하나님의 능력이 떠나버린 것처럼 말이다. 그럼 어떻게 해야 하는가? 진정으로 회개하고 속사람이 변해야 한다. 먼저 희생하고 봉사하며 욕심을 버리고 겸손하며 특히 정직한 그리스도인이 되어야 한다.

[2023.06.30.]

묵상할 내용

사회와 나라의 죄악에 대하여 진정으로
'내 탓이요'라고 생각하고 반성한 적이 있는가?

6. 모순의 항변
The Objection of Contradiction

오늘의 성경: 로마서 3:1-8

✝

1. 그런즉 유대인의 나음이 무엇이며 할례의 유익이 무엇이뇨
2. 범사에 많으니 첫째는 저희가 하나님의 말씀을 맡았음이라
3. 어떤 자들이 믿지 아니하였으면 어찌하리요 그 믿지 아니함이 하나님의 미쁘심을 폐하겠느뇨
4. 그럴 수 없느니라 사람은 다 거짓되되 오직 하나님은 참되시다 할지어다 기록된바 주께서 주의 말씀에 의롭다 함을 얻으시고 판단 받으실 때에 이기려 하심이라 함과 같으니라
5. 그러나 우리 불의가 하나님의 의를 드러나게 하면 무슨 말 하리요 내가 사람의 말하는 대로 말하노니 진노를 내리시는 하나님이 불의하냐
6. 결코 그렇지 아니하니라 만일 그러하면 하나님께서 어찌 세상을 심판하시리요
7. 그러나 나의 거짓말로 하나님의 참되심이 더 풍성하여 그의 영광이 되었으면 어찌 나도 죄인처럼 심판을 받으리요
8. 또는 그러면 선을 이루기 위하여 악을 행하자 하지 않겠느냐 (어떤 이들이 이렇게 비방하여 우리가 이런 말을 한다고 하니) 저희가 정죄 받는 것이 옳으니라

선민(選民)과 할례(割禮) 표식

로마서에는 사도 바울이 로마교회의 유대인 그리스도인들에게 직접적으로 하는 말이 나온다. 바울은 이들과 같은 유대인이기에 더욱 강렬하고 절실하게 문제점을 지적하고 신랄한 비판을 가한다. 본문 1-2절에서는 '유대인'의

〈다윗별이 들어간 이스라엘 국기〉

자부심을 거론하고 있는데, 유대인이 다른 민족에 비하여 월등한 것이 무엇인가라는 말에서 이미 유대인이 더 낫다는 뜻이 숨겨져 있다. 유대인의 혜택은 바로 하나님의 선택된 민족이라는 점이다. 이는 '선민(選民)'이라는 커다란 자부심인데, 엄청난 자랑거리이다. 그리고 다른 하나는 '할례(割禮)'의 표를 가진 민족이라는 점이다. 할례는 성별(聖別)된 것을 의미한다. 현대의 용어로는 포경수술을 말하지만, 종교적으로 이 할례는 분명하게 하나님의 백성으로서 성스럽게 구별되었다는 성별의 표식이라고 할 수 있다.

어느 민족, 어느 나라가 유대인처럼 창조주 하나님으로부터 직접 선택을 받았던가? 사도 바울은 유대인에게 유리한 점과 유익이 범사에 많다고 말하고 있다.(2절) 아마도 여기에는 유대인들의 지혜, 단결, 신앙, 가족, 조상, 민족 등에서 뛰어난 점을 말할 수 있을 것이다. 그러나 그보다 더욱 중요한 부분은 바로 하나님의 말씀을 맡았다고 하는 점이다. 당시로 본다면 "율법" 즉 십계명을 포함하여 모세오경을 말하는 '토라(תורה)'일 것이지만, 원래는 '살아계신 하나님의 뜻'을 알게 하는 기록된 율법을 가졌다는 점을 말하고 있다.

사도 바울의 질책(叱責)

이러한 사고(思考)는 예수 그리스도께서 오시기 전의 상황이다. 예수 그리스도 역시 유대인의 계보에서 탄생하셨다. "유다 지파"이다. 왜 하나님께서 구세주를 유다 지파에서 탄생시키셨을까? 이는 구약성경에서 메시아가 다윗의 뿌리에서 오신다는 예언에 응함(사 11:1)도 있겠지만 야곱의 열두 아들 가운데 넷째 아들인 유다의 행적과 변화가 놀라운 은총의 길로 나아가고 있음을 알 수 있다.(창 44:33) 이는 예수 그리스도를 믿어 회개하고 하나님의 자녀가 되는 것과 동일한 이치이다.

아브라함이 하나님의 은혜로 믿음의 조상이 된 것과 같이, 예수 그리스도를 믿음으로 말미암아 하나님의 자녀가 되는 것과 같다는 것이다. 하나님의 자녀가 된다는 것은 엄청난 축복이다. 하늘의 모든 것을 누릴 수가 있게 되었다. 유대인들이 선민이라는 긍지를 가진 것과 하나님의 말씀을 맡았다는 특권은 오늘날 그리스도인이 되었다는 점과 다름이 없다. 문제는 그런 유대인들이 불의를 행하고 악행을 저지른다는 부분인데 바로 이점을 예수님도 공생애 기간에 바리새인들을 향하여 그들의 외식과 불신앙을 신랄하게 지적하신 바 있다. 이와 같이 사도 바울은 논리적으로 이들의 억지 주장을 여지없이 항복시키고 있다.

그 내용이 들어있는 3-8절에서 사도 바울의 질책이 나타나고 있다. 그런 유대인들이지만 실상은 하나님을 믿지 않고 있다. 유대인들의 태반이 복음을 믿지 않는 불신자들인데 이로 인하여 하나님의 신실하심이 없어지는 것이 아니라고 바울은 답하고 있다. 하나님의 미쁘심, 즉 신실하심이 폐하여짐과 하나님이 불의하시다고 말하는데 이는 절대로 그렇게 되실 수 없는 분이다. 사람이야말로 다 거짓되고 악을 저질렀으므로 하나님의 벌을 받아도 마땅하고, 심판을 받아도 당연하다.(시 51:4) 여기서 이상한 논리로 귀결될 수도 있는 두 가지 문장이 나타난다.

첫째는 5절에 나타나고 있는데, 인간이 불의 및 악행을 하면 하나님의 의가 확연히 드러나게 된다. 점점 어두워지면 빛은 더욱 밝아지기 마련이다. 여기서 하나님의 의를 드러나게 했는데 인간의 불의와 악행에 대하여 하나님께서 진노하시는 것이 불의하다고 유대인들은 항변한다. 이는 정말 우스꽝스러운 불만이다. 인간의 불의로 하나님의 의로우심이 나타나게 되었으니 책망할 수가 없다는 궤변이 아닌가? 인간이 불의를 저질렀기에 하나님의 의가 찬란하게 비추어진다고 하는 말은 일의 순서가 바뀐 모순덩어리 궤변이라고 할 수 있다.

선을 위해 악을 행하는 모순(矛盾)

그리고 두 번째의 모순적 항변은 바로 7절이다. 내가 거짓말을 하였기에 하나님의 참됨이 더 풍성해졌다는 것이다. 그래서 인간의 목적인 하나님의 영광을 나타낸 것이 되었다. 내가 비록 거짓말하였어도 결과적으로 하나님의 영광을 드러내었기에 나는 죄인처럼 심판을 받을 수가 없다는 억지 논리이다. 누구라도 '거짓말'을 한 번도 안 했다고 말한다면 사실상 그것이 거짓말이다. 그만큼 거짓말을 누구나 손쉽게 하는 곳이 지금의 세상이다. 필자는 스스로 질문해 본다. "나는 거짓말하는 것을 두려워하는가?" 그런데 '하얀 거짓말'도 있다고 한다. 거짓말을 해도 남에게 피해를 주지 않거나 문제가 해결되는 경우의 거짓말을 '하얀 거짓말'이라고 한다.

〈거짓으로 도주방향을 알려주는 기생 라합〉

여리고 성에서 여호수아가 보낸 두 정탐꾼을 숨겨준 기생 '라합(Rahab)'

은 믿음으로 구원을 받았다고 성경은 말하고 있다.(히 11:31, 수 2:1) 그런데 라합이 말한 것은 '하얀 거짓말'이 아니었던가?(수 2:4) 그렇다면 원리는 간단하다. 특별한 경우, 생명을 살리는 거짓말은 할 수도 있지 않는가라고 조심스럽게 내놓는다. 로봇이 아닌 인간이 양심에 비추어 거짓말을 하였다면 이를 비난하기는 쉽지 않을 것이다. 하지만 일반적으로 남을 해롭게 하거나 내 이익과 욕심을 위한 거짓말은 결코 해서는 안 될 것이다.

본문 5절과 7절에 기술된 두 가지 문제는 나의 불의와 거짓말을 은폐하는 악랄하고도 억지스러운 논리임에 틀림이 없다. 이 구절을 조잡한 이단조직인 '신천지'에서 '모략전도'의 이름으로 이용하고 있다. 신천지의 추수꾼(전도자)들은 연극배우처럼 모든 상황을 연출하는 거짓으로 어떤 특정한 사람을 유혹하므로 조심하여야 할 것이다. "모로 가도 서울만 가면 된다."라는 말보다 더 엉터리 내용임에도 신천지의 이단 사상에 빠진 사람들은 그 말이 진리인 양 따라가고 있다. 이런 말이 진전되면 결국 "선을 이루기 위하여 악을 행하자"라고 말도 안 되는 모순의 말을 하게 된다. 모든 잘못을 사도 바울에게 덮어씌우려는 악한 유대인들을 지칭하였지만, 이는 자칫 잘못된 논리로 역행하는 어리석고 괴악한 이단들을 지칭할 수도 있을 것이다.

[2023.07.01.]

묵상할 내용

어떤 경우에 '하얀 거짓말'을 해보았는가?
나는 거짓말을 스스럼없이 자주 하고 있지는 않은지 생각해 보라.

---

7. 모두가 죄인

All Are Sinners

─────── 오늘의 말씀: 로마서 3:9-18

†

9. 그러면 어떠하뇨 우리는 나으뇨 결코 아니라 유대인이나 헬라인이나 다 죄 아래
있다고 우리가 이미 선언하였느니라
10. 기록한바 의인은 없나니 하나도 없으며
11. 깨닫는 자도 없고 하나님을 찾는 자도 없고
12. 다 치우쳐 한가지로 무익하게 되고 선을 행하는 자는 없나니 하나도 없도다
13. 저희 목구멍은 열린 무덤이요 그 혀로는 속임을 베풀며 그 입술에는 독사의 독이
있고
14. 그 입에는 저주와 악독이 가득하고
15. 그 발은 피 흘리는 데 빠른지라
16. 파멸과 고생이 그 길에 있어
17. 평강의 길을 알지 못하였고
18. 저희 눈앞에 하나님을 두려워함이 없느니라 함과 같으니라

의인(義人)은 하나도 없나니

하늘에서 가끔씩 내리는 이슬비나 소낙비는 모든 근심 걱정을 씻어
주는 것 같다. 마치 정화수처럼 마음속에 차분한 평강과 잔잔한 기쁨
을 가져다주기 때문이다. 이번 주는 계속 비가 올 것이라는 기상예보를
들었다. 요즘에는 새벽기도회를 마치고 집으로 돌아올 때 일부러 산길

로 접어든다. 한양아파트 앞의 숲속으로 들어가면 이름 모를 산새들이 재잘거린다. 그리고 숲속 작은 언덕길 초입에 고즈넉이 만들어진 '장수 약수

〈장수(長壽) 약수터〉

터'를 지나는데 거기서 물 한 모금에 마른 목을 축이고 고개를 넘어 집으로 돌아온다. 오늘 나에게 주어진 로마서 묵상이 내 영혼의 갈급함에 갈증을 해소시키고, 깊은 감명의 세계로 인도한다. 로마서 3장 9절로 18절의 주제는 "모든 사람은 죄인이다"로서 우리의 구원의 첫 발걸음은 바로 '내가 죄인'이라는 것을 깨닫는 데 있다. 사도 바울은 모든 사람이 죄의 지배를 받고 죄의 노예로 살아가고 있다고 선언하고 있다. 로마서는 로마교회 교인들의 구성원인 유대인 및 헬라인 그리스도인에게 일차적으로 전하는 편지이지만, 결국은 온 세상의 모든 사람에게 전하는 메시지인 죄의 권세를 기술하고 있다.

그러면서 사도 바울은 시편의 말씀을 인용하여 귀한 가르침을 주고 있다. 10절에서 "의인은 없나니 하나도 없으며"라며 시편을 인용하고 있다. 인간의 본성이 원죄로 인하여 의로울 수가 없는 상태에 놓여있다. 아무도 하나님 앞에서 의롭다고 나설 수가 없는 것이다. 그러면서 사도 바울은 "~이 없다"라는 말을 연속하여 기술하고 있다. ① 의인이 없다. ② 하나도 없다. ③ 깨닫는 자도 없다. ④ 하나님을 찾는 자도 없다. ⑤ 선을 행하는 자는 없다. ⑥ 하나도 없다. ⑦ 하나님을 두려워함이 없다고 한다. 여기서 '없다'라는 부정(否定) 동사를 무려 7번이나 연속하여 사용하고 있음을 알 수 있다. 이것은 우리 인간들이 얼마나 의롭지 못

한가를 강조하고 있다. 이 내용은 시편 14편 1-3절, 53편 1-3절 그리고 36편 1절에서 인용한 내용들이다. 의롭지 않은 사람에 대하여 다윗은 '어리석은 자'라고 시작하고 있다. 사도 바울은 이런 어리석은 자를 의롭지 않은 '죄의 권세 아래 있는 자', 즉 '죄인'이라고 직설적으로 말하고 있다.

어리석은 인간의 모습

생각이나 행동이 슬기롭지 못하고 둔하고 멍청하다는 뜻인 '어리석다'라는 말은 죄인이 가지는 특성인 셈이다. 이렇게 어리석은 죄인이기에 깨닫지 못한다. 하나님께 나오지 않는다. 죄의 편에 치우쳐서 무익한 삶이 되고 착한 일을 행하지 않고 더럽고 추한 일만을 추구하게 된다. 사도 바울의 말처럼 의롭지 않은 자인 죄인들은 만사가 부정적이다. 많은 사람들이 그렇게 살아왔고, 살고 있으며, 그렇게 살아갈 것이다. 얼마나 안타깝고 비통한 삶인가? 이들의 모습을 사도 바울은 사람의 신체 일부를 가지고 수사적으로 표현하여 우리의 주목을 유도하고 있다. ① 목구멍 ② 혀 ③ 입술 ④ 입 ⑤ 발 ⑥ 눈이 추구하는 바를 적나라하게 적시하고 있다. 바울은 이런 표현들을 시편 5:9, 10:7, 36:1, 140:3 등 네 곳에서 인용하고 있다. 앞의 10절에서 이미 시편 14편 1-3절 및 53편 1-3절도 인용하였는바, 사도 바울이 다윗의 시편을 얼마나 애용하고 있는지 알 수가 있다.

13절에서 어리석은 자인 죄인의 목구멍은 열린 무덤이라고 하니 얼마나 끔찍한가? 열린 무덤에서는 죽음의 모습만이 나올 것이다. 바울은 우리의 목구멍이 바로 그런 열린 무덤이라니 우리의 마음속이 바로 온갖 더러움으로 가득 차 있다는 말이다. 예수님도 마태복음 15장 17-20절에서 입에서 나오는 것이 마음에서 나오는 것인데 그 속에 악한 생각, 살인, 간음, 음란, 도둑질, 거짓 증언, 비방이라고 직시하시고는 이런 것들이 사람을 더럽게 하는 것이라고 하셨다. 나의 목구멍에서는 무엇이 나오는가?

사랑의 말, 이해와 용서의 말, 칭찬과 격려의 말, 긍휼과 자비의 말, 처지를 바꾸어서 생각한다는 사자성어인 역지사지(易地思之)의 마음으로서의 말이 나와야 한다. 그런데 혀로 속임을 일삼는다고 한다. 혀의 기능은 음식의 맛을 보며, 입안의 음식이 잘 섞이도록 도와준다. 그리고 더욱 중요한 기능으로서 말과 노래를 할 수 있도록 하는 것이다. 혀가 없으면 말을 전혀 할 수가 없게 된다. 그런데 혀를 통한 말이 남을 속이고 거짓말을 한다면 이것은 뱀의 혀처럼 날름거리면서…. 실제로 뱀의 혀는 냄새를 맡기 위해 그리고 공기의 파장, 흐름 및 온도를 파악하기 위해서이지만…. 악한 거짓말쟁이가 되는 것이다.

회개(悔改)만이 사는 길

연속하여 입술에는 독사의 독(毒)이 가득하다고 한다. 이 독은 무엇인가? 상대방을 모함하고, 쓰러지게 하며, 파멸시키는 그런 독이다. 악한 말은 독이어서 생명을 파괴시킨다는 과학적 실험이 증명하였다. 자라나는 식물에게 부정적이고 저주와 악독의 말을 계속 퍼부으면 그 식물은 죽거나 병들고 만다. 그러므로 사람을 비롯한 모든 생명체 아니 무생

물에게라도 좋은 말, 격려의 말, 위로와 칭찬의 말을 반드시 하여야 한다. 그렇지 않으면 독화살을 쏘는 것과 마찬가지가 될 것이다. 그러한 입에는 저주와 악독이 가득하다고 14절은 말한다. 그 입에 가득한 저주와 악독은 마음에서 나오는 것이다. 마음속에 저주와 악독의 근원이 도사리고 있다. 마치 독사처럼…. 이 독사를 잡아 끌어내어 불에 던져 버려야 한다. 이것이 바로 회개(悔改)이다.

2002년도에 발간된 『칭찬은 고래도 춤추게 한다』라는 멋진 제목의 책이 있다. 이 책은 세계적인 경영 컨설턴트인 켄 블랜차드(Ken Blanchard, 1939~) 등이 저술하였다. 칭찬의 힘을 온 세계에 잘 전해 준 베스트셀러이다. 원저의 영문 제목은 『Whale Done!: The Power of Positive Relationships』이다. 직역하자면 '고래가 했다!: 긍정적인 관계의 힘'인데 한글 제목을 감동적으로 의역하여 우리나라에서 대 히트를 한 것이다. 그런데 그런 칭찬의 힘이 심히 망가진 인간의 마음에서 지속적으로 나올 수가 없다는 점이 우리를 슬프게 한다. 처음에만 그렇지 계속 남을 칭찬해 주려는 마음이 내 마음에서 계속 나오지 못한다는 점이다. 근본적인 문제인 죄 문제가 해결되지 않았기 때문이다.

그리고 사도 바울은 15절에서 죄인인 인간의 발이 죽이고 멸망시키는데 빠르게 움직인다고 한다. 앞 절에서는 말의 죄악이지만 이 절에서는 폭력적인 행동의 죄악을 거론한 것이다. TV 뉴스에서 보는 무차별

살인이 끔찍하다. 살인 충동이 생겼다고 한다. 어디까지 인간은 잔인할 수가 있는 것인가? 하반신이 불구이면 그런 죄악을 저지를 수가 없었을 테지만 재빨리 움직이는 발이 있었기에 죄악을 저지르는 것이다. 그런 자의 길에는 파멸과 고생의 길이 놓이므로 평강의 길을 알지 못한다. 그리하여 그런 자의 눈앞에는 하나님을 두려워하지 않고 자기 좋은 대로 살아가므로 결국 멸망하게 되는 것이다.

아! 어리석은 죄인이 가는 길이여! 죄 아래에 놓여있기에 죄인의 모습으로 악의 쇠사슬로 묶임과 매임에 놓일 수밖에 없다. 그 길에서 속히 돌이키고 돌아와서 하나님의 의를 입어야 살 수 있다.

[2023.07.05.]

묵상할 내용

나는 주위 사람들을 얼마나 칭찬하고 있는가?
그리고 회개하며 정결함을 유지하고 있는지 묵상해 보자

8. 율법의 기능
The Function of the Law

✝

19. 우리가 알거니와 무릇 율법이 말하는 바는 율법 아래에 있는 자들에게 말하는 것이니 이는 모든 입을 막고 온 세상으로 하나님의 심판 아래에 있게 하려 함이라
20. 그러므로 율법의 행위로 그의 앞에 의롭다 하심을 얻을 육체가 없나니 율법으로는 죄를 깨달음이니라

로마서는 '구유 안의 아기'

종교개혁자인 마틴 루터는 '로마서'에 대하여 "외양간 구유 안의 아기"라고 극찬하였지만 '야고보서'는 "외양간의 지푸라기"라고 격하하였음을 곽선희 목사님의 강의 글에서 본

〈외양간 구유안의 아기 예수〉

적이 있다. 그만큼 루터에게는 여러 성경 중에서 '로마서'를 귀하신 예수님처럼 느끼고는 보석 중의 보석으로 여겼음을 알 수 있다. 더구나 그가 위대한 종교개혁을 할 수 있었던 근거를 바로 로마서 1장 16-17절에서 발견하였기 때문이다. "오직 의인은 믿음으로 말미암아 살리라"는 하박국의 글 (합 2:4)을 인용한 사도 바울의 이 문구에서 루터는 천지가 격동(激動)할

만한 깨달음을 얻었던 것이다.

하지만 루터가 야고보서를 왜 그렇게 낮게 평가하였는지 어느 정도 이해는 되지만, 그 평가는 아마도 그의 불같고 저돌적인 성격에서 여실히 드러난 것이 아닌가 한다. 그런 성품이었기에 루터는 복음진리를 위하여 생명을 걸고 강력한 권위의 교황과 투쟁할 수 있었을 것이다. 그리고 승리하였다! 루터가 보기에 로마서는 '믿음'을, 야고보서는 '행위'를 강조하고 있다고 판단한듯하다. 그런데 아이러니하게도 현재 개혁교회 가운데 루터교회는 가톨릭교회와 유사한 방법으로 성찬과 세례 등에 관한 예전의 행위를 지금도 엄숙하게 거행하고 있다. 그밖에는 성공회를 제외하고는 장로교, 감리교, 침례교, 성결교, 순복음 계열 등의 교회에서는 행위란 아무 쓸데가 없으며, 구원과는 전혀 관계가 없다고 생각하고 오로지 믿음만을 강조하고 있지 않은가? 혹시 이러한 가르침으로 인하여 이웃을 위한 선행이나 봉사에 미흡한 것이 아닌가 생각해 본다.

두 번째 순교자(殉敎者), 사도 '야고보'

예수님의 육신의 동생이었던 '야고보(James)'는 예루살렘교회의 수장(首長)으로 초대교회 교인들의 신망을 받고, 크게 존경받는 분이었다. 그는 신약성서인 야고보서를 기록하였으며, 말씀의 실천을 강조하였다. 그런데 예수님의 열두제자 중에는 세베대의 아들 야고보와 알패오의 아들 야고보 등 두 명의 야고보가 있다. 이 중 세베대의 아들 야고보는 사도 요한과 형제간이다. 예수님이 변화산에 베드로, 요한과 함께 야고보를 데리고 가심으로 영광의 자리에 참여한 사도로서(마 17:1), 예루살렘교회의 두 번째 순교자이다. 스데반 집사가 유대인들의 돌팔매에 의한 첫 순교 이후 (행 7:60), 두 번째로 사도 야고보는 유대인들의 환심을 사려는 '헤롯 안티파스' 왕으로부터 칼로 순교를 당하였다.(행 12:2)

세상에는 예수님을 믿는다고 하는 신자는 많지만, 그 믿음을 나타낼 모습과 태도 그리고 언어가 불신자들과 진배없다면 그 믿음이 과연 어디에 있는가? 이런 점은 작금의 한국교회에서 깊이 성찰해 보아야 한다. 그런데 로마서를 묵상해 가면서 많은 목사님들이 로마서 3장 9절부터 20절까지를 하나로 묶어 설교 또는 강해 본문으로 하거나, 신학자들도 20절까지를 한 단원으로 보고 있다는 것을 알게 되었다. 필자는 반드시 그렇게 느껴지지 않는데도 많은 분들이 20절까지 매듭을 짓는 것이다.

의인이 하나도 없는 세상

특히, 필자가 신대원 때 로마서를 가르쳐주신 신약신학자 장흥길 교수님도 그의 책 '한국장로교총회창립 100주년 기념 표준주석'인 『로마서』에서 3장 9-20절을 "이방인과 함께 하나님의 진노 아래 있는 유대인"이란 소제목으로 분류하고 있다.[1] 여기서는 유대인이나 헬라인이나 다 죄 아래 있다고 하면서 여러 시편과 이사야를 인용하고 있음을 알 수 있다. 아마도 율법과 하나님의 의를 온전히 구분시키려는 의도에서 그렇게 했을 것으로 추측하고 있다. 다만 개역개정성경은 3장 19절부터 31절까지를 별도의 소제목으로 "하나님의 의"라고 말하고 있다. 앞의 단락은 '다 죄 아래

---

[1] 장흥길, 로마서, 77p.

에 있다'라는 소제목으로 18절까지로 하고, 19-20절은 포함시키지 않고 있다. 페터 슈툴마허는 그의 책『로마서 주석(Der Brief an die Römer)』에서 19-20절을 9-18절까지의 결론이라고 한다.[2]

그러므로 양쪽을 다 아우르려는 생각으로 19-20절을 가지고 별도로 묵상하기로 한 것이다. 로마서 3장 1-18절에서는 누구나 다 죄 아래 있을 수밖에 없다는 내용이다. 이방인에 대한 많은 문제점을 지적하고 난 후, 유대인들도 마찬가지의 죄악을 저지른 것을 말하였기에 결

〈홍익대총동문산악회 블로그에서〉

국 그 유명한 구절인 3장 10절의 "의인은 없나니 하나도 없으며"라는 구절을 시편 14편 1-3절과 53편 1-3절에서 인용하였다. 의인이 하나도 없다는 말씀은 정말 정확한 통찰력이다.

본론에 들어가서 3장 19-20절은 두려운 현실을 언급하고 있다고 볼 수 있다. 율법이 우리로 하여금 "악 소리"도 못 하게 입을 막으면서 옥죄고 있다는 점이다. 19절에서 사도 바울은 "우리가 알거니와(Now we know)"로 시작하고 있다. 이는 바울의 가상적 대화 상대자를 말한다고 하면서 이 사람은 로마에서 이방인과 함께 살면서 율법과 할례의 우월성을 자랑하는 유대인이라고 장흥길 교수님은 말하고 있다.[3]

---

2   페터 슈툴마허, 장흥길 역, 로마서 주석, 104p.

3   장흥길, 로마서, 81p.

이런 설득방식이 바울 당시의 헬라문화에서 사용되는 수사법의 일종이었을 것이다.

그러나 일반적으로 본다면 이런 문구는 상식적인 범주에 호소해서 상대방을 설득하는 문구로 생각할 수 있다. 자신의 입장을 분명하게 하는 문구이다. 세상으로 하나님의 심판아래 있게 하는 것은 바로 율법의 요구를 충족시킬 수 없는 인간의 죄성(罪性) 때문이다. 개역개정성경에 이 "심판"을 "정죄"라고도 표현할 수 있다고 각주를 달아 놓았다. 이 죄성은 인간 스스로가 만든 것이지 하나님이 주신 것이 아닌데도 가끔 어리석은 자들은 하나님께 그 책임을 전가하려고 한다.

죄를 깨닫게 하는 율법의 고귀(高貴)함

오늘 본문의 20절은 바로 그 결론이다. 사도 바울은 "율법의 행위로는 의롭다하심을 얻을 육체가 없다"고 강조한다. 만약에 그 누군가 율법을 100% 온전하게 지킬 수만 있다면 구원을 얻을 수가 있을 것이다. 그러므로 율법이 문제가 아니다. 그 율법대로 정확하게 따르지 못하는 사람이 문제일 뿐이다. 그래서 우리 구주 예수님도 율법을 존중하셨다. 인간이라면 그 누구라도 모든 율법을 완전하게 지킬 수가 없다. 겉의 행위만이 아닌 마음의 생각도 포함해서이다. 율법을 완전하게 지키셨으며, 지키실 수 있는 분은 이 세상에 단 한 분, 예수 그리스도만이 가능하셨다. 왜냐하면, 이분은 하나님이시기 때문이다. 완전한 신성과 인성을 가지셨다. 그러므로 우리는 알게 되었다. 율법으로는 죄를 깨달을 뿐이라고….

결국, 사도 바울은 로마서 1장에서 문안 인사를 마친 후, 복음에 대한 놀라운 정의를 구약을 인용하여 말하고 있다. 17절에서 "복음에는 하나님의 의가 나타나서 믿음에 이르게 하나니 기록된바 오직 의인은 믿음으로 말미암아 살리라 함과 같으니라"로 마무리를 짓는다. 그리고 1장 18절부터 오늘 3장 20절까지를 장흥길 교수님은 "하나님의 의가 필요한 절망적인 세상"이라는 단락으로 제시하고 있다.[4] 루터는 3장 20절을 주석하면서 "우리가 의롭게 행하여서 의롭게 되는 것이 아니라, 우리가 의롭기에 의롭게 행하는 것이다, 곧, 오직 은혜만이 의롭게 한다"고 오직 은혜에 의한 칭의(稱義)를 역설하였다.[5] 하나님의 은혜로 말미암아 우리가 의롭게 된 것이다. 즉 의롭게 여겨진 것, 즉 칭의이다. 그러므로 의로운 자로서 의롭게 행하는 것이라는 진리를 깨닫게 된다. 그러나 여기까지 본문이 언급된 것은 아니다.

[2023.07.07.]

묵상할 내용

나를 의롭게 만든 하나님의 은혜에 얼마나 감사하며
진정 의롭게 살고 있는지 생각해 보자!

---

4   위의 책, 47p.
5   위의 책, 82p.

"로마서는 그리스도인의 신앙과 삶의 모든 측면을 다루는 교리의 요약이다."

"The book of Romans is a letter that presents the path to salvation
through justification by faith."

존 웨슬리(John Wesley, 1703–1791)

4장

하나님의 의
: 롬 3:21-4:25

Righteousness of God

렘브란트, <감옥에 있는 성 바울>(1627)
Rembrandt, ⟨St. Paul in Prison⟩(1627)

9. 믿음으로 얻는 의
The Righteousness Obtained by Faith

───── 오늘의 성경: 로마서 3:21-31

✝

21. 이제는 율법 외에 하나님의 한 의가 나타났으니 율법과 선지자들에게 증거를 받은 것이라
22. 곧 예수 그리스도를 믿음으로 말미암아 모든 믿는 자에게 미치는 하나님의 의니 차별이 없느니라
23. 모든 사람이 죄를 범하였으매 하나님의 영광에 이르지 못하더니
24. 그리스도 예수 안에 있는 속량으로 말미암아 하나님의 은혜로 값없이 의롭다 하심을 얻은 자 되었느니라
25. 이 예수를 하나님이 그의 피로써 믿음으로 말미암는 화목제물로 세우셨으니 이는 하나님께서 길이 참으시는 중에 전에 지은 죄를 간과하심으로 자기의 의로우심을 나타내려 하심이니
26. 곧 이때에 자기의 의로우심을 나타내사 자기도 의로우시며 또한 예수 믿는 자를 의롭다 하려 하심이라
27. 그런즉 자랑할 데가 어디냐 있을 수가 없느니라 무슨 법으로냐 행위로냐 아니라 오직 믿음의 법으로니라
28. 그러므로 사람이 의롭다 하심을 얻는 것은 율법의 행위에 있지 않고 믿음으로 되는 줄 우리가 인정하노라
29. 하나님은 다만 유대인의 하나님이시냐 또한 이방인의 하나님은 아니시냐 진실로 이방인의 하나님도 되시느니라
30. 할례자도 믿음으로 말미암아 또한 무할례자도 믿음으로 말미암아 의롭다 하실 하나님은 한 분이시니라
31. 그런즉 우리가 믿음으로 말미암아 율법을 파기하느냐 그럴 수 없느니라 도리어 율법을 굳게 세우느니라

신실하고 올곧은 일꾼이 그리운 세상

중남부지방에서의 수해로 인하여 풍작을 기대하던 논밭의 곡식들이 다 쓰러지고, 과일나무의 익어가던 과일들이 물에 잠겨 팔 수 없게 되는 농가들과 수재민들이 많이 생겨났다. 이것 역시 정치인들에게는 정쟁(政爭)의 대상이다. 여당은 지난 정권에서 4대강의 보들을 해체시키고, 지류강들의 준설을 막아서 이렇게 되었다고 한다. 야당은 재난 컨트롤 타워가 제대로 작동되지 않아서 이렇게 큰 손실을 보게 되었다고 한다.

정확한 팩트(사실)를 그대로 진실하게 보도 하는 언론(言論)이 그립다. 지금까지 KBS라는  가장 신뢰할만한 방송이 이제는 그 위상이 흔들거린다. 편향된 모습이 보이기 때문이다. 정치인들을 국민이 볼 때, 정쟁이 될 만한 것을 가지고, 충분한 쟁론을 거치며, 타협하고 해결해 나가는 그런 모습이 그립다. 무조건 반대하는 듯한 바보와 같은 모습들로 인하여 존경과 사랑의 마음은 다 날아가 버렸다. 정치는 국민의 삶 일부분이다. 가혹한 정치가 호랑이보다 무섭다는 "가정맹어호(苛政猛於虎)"는 공자의 일화에 나오는 말이다. 정치가 실종되고 잘못되면 민심은 떠나가기 마련이다. 2024년 총선에서 새롭고 참신하며 정직하고 믿음직스러운 새로운 얼굴들이 국회에 입성할 수 있기를 바라는 마음이다.

하나님의 의와 믿음

오늘 본문의 시작인 21절의 서두에 "이제는"이라는 단어가 등장한다. 그런데 이 단어 앞에 "그러나"라는 단어가 들어간 헬라 원어는 'Νυν ὶ δὲ(누비 데)'라고 되어있다. 그런데 개역개정성경(1998년 판)에는 "그러나"라는 단어가 생략되었다. 왜 그랬을까? "이제는(now)"이라는 말속에 "그러나"의 뜻이 포함되었다고 신학자들이 생각하였을 것이다. 그러나 NIV 영어성경(1973년 판)에서는 "But now"라고 분명하게 원어의 뜻을 전하고 있다.

20절까지는 율법과 죄 아래에 놓인 인간의 모습을 그대로 말하여 율법의 역할인 죄를 깨닫게 하는 것으로 종결되면서 반전된 내용으로의 전환을 사도 바울은 시도한 것이다. 개신교와 가톨릭교가 함께 발간한 공동번역성서(1977년 판)의 내용도 영어성경과 동일하다. 하지만 우리의 개역개정성경이 의도한 19-31절 문단을 "하나님의 의"라는 큰 범주로 묶은 것도 일리가 있다고 생각한다. 그러기에 굳이 반전이 이루어지는 21절의 "그러나"라는 말을 넣지 않았는지도 모른다.

신약학자 장흥길 교수님은 율법으로부터 반전이 이루어진 로마서 3:21-26을 "로마서의 심장(心腸)"이라고 말하고 있다.[6] 로마서 1장에서 거론된 '복음'에 대한 정의를 설명해 주고 있기 때문이다. 로마서의 초반부에서 인간의 죄악으로 가득한 품성이 적나라하게 나타나고 있다.(1:29-32, 3:10-18) 이방인들은 당연히 자연 만물을 보면 하나님의 존재하심을 알 수 있음에도 자기 마음대로 살아가고 있었으며 지금도 그렇게 살아간다.

---

6   장흥길, 로마서, 85p.

그리고 선민이라는 유대인들은 하나님의 말씀인 율법을 받았음에도 그 율법대로 살지 않으면서 특권만을 앞세우며 교만함으로 목이 뻣뻣한 채 살아가고 있다. 그러므로 사도 바울은 모든 사람이 죄로 인하여 하나님의 영광에 이르지 못하였다고 진단하고 있다. 23절에 "모든 사람이 죄를 범하였으매 하나님의 영광에 이르지 못하더니"라고 하는 것이다. 오늘 묵상하는 본문에는 "하나님의 의"와 "믿음"이라는 단어가 각각 8회와 9회 나타나고 있다. 이는 하나님의 의는 믿음과 아주 밀접한 관계라는 것을 알 수 있다.

율법(律法)을 완전하게 하신 예수 그리스도

앞 절인 20절에서는 율법으로는 죄를 깨달음이라고 하였는데, 오늘 21절부터는 율법으로가 아닌 "하나님의 의"가 나타났다고 한다. 여기서 그 "의"는 지금까지 하나님의 약속과 관계된 그 신실함의 핵심이자 집약된 의라고 할 수 있다. 그것은 바로 "예수 그리스도를 믿음"에서 생겨난 하나님의 의라는 점이다. 왜냐하면, 예수 그리스도는 바로 인간의 죄로 인한 화목제물(和睦祭物) 즉 죽임을 당하신 어린 양이셨기 때문이다.(25절) 희생제물로서 하나님과 인간을 화해시키는 보혈을 흘려주셨다.

이제는 예수 그리스도를 믿는 자와 그렇지 않은 자로 확연히 구분되어 버린다. 신자와 불신자는 극명하게 영생과 영벌, 천국과 지옥으로 나아가게 한다. 중간지대나 회색지대는 존재하지 않는다. 장흥길 교수님은 결론적으로 "사도 바울은 로마서에서 '하나님의 의를 예수 그리스도의 파송, 죽음, 부활, 다스림으로써 온 인류와 피조물을 구원하시는 창조자이시며 심

판자이신 하나님의 구원 활동으로 이해한다."라고 말하고 있다.[7]

예수 그리스도께서 대속의 제물로 우리 대신 희생을 당하셨기에, 믿는 우리는 값없이 의롭다 여김을 받게 되었으니 이것이 하나님의 은혜가 아닌가? 그러므로 사도 바울은 "믿음"을 천국 입성의 열쇠로 여기는 것으로 보인다. 28절에서 "그러므로 사람이 의롭다 하심을 얻는 것은 율법의 행위에 있지 않고 믿음으로 되는 줄 우리가 인정하노라" 하듯 의롭다고 여김 받음, 즉 '칭의'는 오직 믿음이라는 것을 강조하고 있는데 '율법의 행위'는 모든 선한 행위가 포함되는 것임을 알 수 있다.

혹자는 율법의 선한 행위는 의롭다 함에 전혀 관여한 것이 없으므로 폐기되었다고 말할 수도 있다. 그러나 율법도 분명히 구원의 방편이다. 만약에 우리가 100% 율법을 지킨다면 우리는 구원받을 수 있다. 이것은 진실이다. 그러나 그 누가 이 율법을 온전히 지킬 수 있는가? 하나님의 율법을 다 지키면서 순종하신 예수 그리스도만이 가능하셨으므로 결과적으로 율법을 굳게 세워주신 것이다.

믿음도 주님의 선물

우리는 율법을 그대로 다 지킬 수 없기에 어쩔 수 없이 죄인이 되었다. 하지만 예수 그리스도를 믿음으로 의롭다고 하나님께서 여겨주시기에 구원의 은혜를 공짜로 받게 되었다. 이 얼마나 놀라운 은혜인가? 우리는

---

7   위의 책, 95p.

오직 믿음만 가지면 된다. 그 믿음이 나를 구원하게 한 것이다. 그런데 믿음은 어디서 온 것인가? 내 안에서 온 것인가? 아니다. 내 안에 그런 믿음이 존재하지 않았다. 그러면 어디서 왔는가? 그렇다! 그 믿음도 하나님으로부터 온 것이다. 믿음도 하나님의 선물이다. 하나님께서 주신 그 믿음으로 값없이 구원의 선물을 받았으니 내가 주장할 만한 것이 아무것도 없다. 나는 그저 감격적으로 감사하고 감사할 뿐이다.

[2023.07.14.]

묵상할 내용

'하나님의 의'는 믿음으로 깨닫게 된다. 그 믿음은 어디서 왔는지 생각해 보라.
그리고 로마서의 심장이라는 '3장 21-26절'을 묵상해 보라.

10. 이신칭의의 아브라함
Abraham Justified by Faith

───── **오늘의 성경: 로마서 4:1-8**

✝

1. 그런즉 육신으로 우리 조상인 아브라함이 무엇을 얻었다 하리요
2. 만일 아브라함이 행위로써 의롭다 하심을 받았으면 자랑할 것이 있으려니와 하나님 앞에서는 없느니라
3. 성경이 무엇을 말하느냐 아브라함이 하나님을 믿으매 그것이 그에게 의로 여겨진 바 되었느니라
4. 일하는 자에게는 그 삯이 은혜로 여기지 아니하고 보수로 여겨지거니와
5. 일을 아니할지라도 경건하지 아니한 자를 의롭다 하시는 이를 믿는 자에게는 그의 믿음을 의로 여기시나니
6. 일한 것이 없이 하나님께 의로 여기심을 받는 사람의 복에 대하여 다윗이 말한 바
7. 불법이 사함을 받고 그 죄가 가리어짐을 받는 사람들은 복이 있고
8. 주께서 그 죄를 인정하지 아니하실 사람은 복이 있도다 함과 같으니라

의인(義人)의 조건

나는 과연 의인인가? 나는 정말 의로워졌는가? 세상에서 '의인'이라고 불리는 사람은 남을 위하여 자기를 희생한 사람을 말한다. 남을 돕다가 큰 봉변을 당할 수도 있으며, 중상을 당하기도 하고, 심지어 생명을 잃기도 한다. 자기의 안위와 안녕만을 생각한다면 남을 위한 희생은 결코 없을 것

〈이수현(李秀賢, 1974-2001)〉

이다. 22년 전에 일본 신오쿠보역 전철 선로에 떨어진 취객의 생명을 구하고, 죽은 26세의 한국인 유학생 '이수현(李秀賢, 1974-2001) 청년'을 사람들은 '의인'이라고 한다. 오송 지하차도 차량 침수에서 자신도 위태로운데, 물에 빠진 세 사람을 구한 화물차 운전기사인 '유병조 씨'도 언론은 '의인'이라고 부른다. 이런 분들의 희생과 헌신이 얼마나 훌륭한 행위였는지 모른다.

그러나 성경에서의 '의인'은 세상의 의인과는 본질적으로 다르다. 사도 바울은 로마서 3장 10절에서 "의인은 없나니 하나도 없으며"라며, 시편 14:1-3을 인용하여 말하고 있다. 사람의 눈에는 의인이 될 수 있지만, 하나님 앞에서는 의인이라고 할 수가 없다는 뜻이다. 성경에서의 의(義)는 영원한 구원과 관계가 있다. 죄 용서와 직결된다. 의인이 아니면 천국으로 가지 못한다. 그것도 100% 의인이어야 한다. 그렇다면 누가 의인이 될 수 있는가? 그렇다! 하나님께서 누구든지 그를 의롭다고 인정해 주시면 된다. 이것을 '칭의(稱義)'라고 한다. 여기서 하나님과 죄인인 나 사이에 중재자가 계신 데, 그분이 바로 예수 그리스도이시다. 예수 그리스도는 자기를 버리시고 십자가에서 죽으셨다. 대속의 죽음인 것이다. 이 십자가의 보혈을 믿음으로 우리는 죄 사함을 받았으며, 이것이 칭의의 원인이 된 것이다.

아브라함의 이신칭의(以信稱義)

로마서는 계속하여 사람이 의롭게 되는 길에 대하여 역설하고 있다. 이는 로마서 1장 17절에 있는 "오직 의인은 믿음으로 말미암아 살리라"에 대한 확신을 계속 주고 있다. "오직 믿음(sola fide)"만이 의롭게 되는 길이다. "오직 믿음"만이 구원을 얻는 길이다. 사도 바울은 믿음의 조상인 아브라함을 불러낸다. 그가 어떤 행위를 통하여 의롭게 된 것이 아님을 강조하고 있다. 왜 사도 바울은 이렇게 "의로움"에 대하여 말하는 것인가? 그것은 바로 하나님께서 의로우시기 때문이다. 의로움의 하나님이시므로 태초에 창조한 자연 만물과 인간에 대한 신실하심을 계속 유지하실 수가 있으시다.

죄악이 관영하고, 극히 타락한 인간을 모두 멸절시키고 재창조하신 것이 아니다. 의인 "노아"와 그 가족(아내, 아들 삼 형제, 세 며느리) 모두 여덟 명만을 살리셔서 인간의 계보를 잇게 하셨다.(창 7:13) 이제 하나님께서는 노아의 세 아들인 셈, 함, 야벳의 자손들이 세상에 편만하게 하셨으나, 다시 인간들은 무지몽매하게 우상을 섬기며, 창조주 하나님을 경배하지 않았다. 도리어 바벨탑을 세우고 인간의 지혜와 단합을 자랑하려 하였다. 결국, 언어에 혼잡을 주어 흩어지게 하였다. 그런 악한 세상 가운데 하나님께서는 중앙아시아 지역인 갈대아 땅 우르에서 의롭게 살아가는 '아브람'을 주목하시고, 그를 통하여 당신의 뜻을 이어 갈 위대한 민족을 세우시겠다고 약속하신 것이다. 메시아 탄생의 길을 만드셨다.

하나님의 선택(選擇)과 언약(言約)

창세기 12장 2절에 "내가 너로 큰 민족을 이루고 네게 복을 주어 네 이름을 창대하게 하리니 너는 복이 될지라"고 아브람에게 약속하셨다. 그리고 아브람의 이름을 아브라함 즉 '여러 민족의 아버지'로 바꿔주시고는 이렇게 약속하셨다. "내가 너로 심히 번성하게 하리니 내가 네게서 민족들이 나게 하며 왕들이 네게로부터 나오리라 내가 내 언약을 나와 너 및 네 대대 후손 사이에 세워서 영원한 언약을 삼고 너와 네 후손의 하나님이 되리라."(창 17:6-7) 이런 아브라함에 대하여 사도 바울은 본래 그가 어디서 의롭게 되었는지를 증거하고 있다. 이는 창세기 15장 6절의 놀라운 말씀이다. "아브람이 여호와를 믿으니 여호와께서 이를 그의 의로 여기시고" 바로 이 말씀을 오늘 본문 3절에서 인용한 것이다.

의로운 행위를 하였기에 의롭다고 한 것이 아니라 "믿음"으로 인하여 의롭다고 하였다. 이것이 사도 바울의 일관된 신학이며 불변의 진리이다. 여기서 '은혜(恩惠, grace)'라는 개념이 강하게 나타난다. 예를 들면 회사원이 회사의 업무를 한 달 내내 열심히 일해서 봉급을 받는다면 감사하기는 해도 당연히 받아야 할 대가이기에 이것을 은혜라고 여기지는 않는다. 그런데 몸이 아파서 한 달간이나 일하지 못했는데, 사장님의 배려로 월급을 받았다면 이것은 분명히 은혜이다. 사도 바울은 성경의 논리로서 경건하지 아니한 자, 즉 더럽고 추하며 거짓과 불법을 행하던 자를 하나님께서 의롭다고 인정해 주시는 것, 이것을 '은혜'라고 말하고 있다. 과연 무엇으로 의롭다고 하셨는가? 그것은 바로 "믿음"이다.

내 손 잡아 주소서

사도 바울은 시편 32편 1-2절을 인용하여 "복 있는 사람은 불법이 용서함 받고, 죄가 가리어짐을 받으며, 하나님께서 그 죄를 인정하지 않을 사람"이라고 한다. 여기에 그 사람이 아무리 큰 죄를 지은 사람일지라도 하나님을 믿으면 용서함을 받는다는 구원의 메시지가 있다. 왜 이 말을 하는가? 우리가 잘 알다시피 다윗은 왕이지만 간음죄와 살인죄를 너무나도 간악하게 지었다.(삼하 12:9) 그러나 나단 선지자의 지적을 받고는 마음을 다하여 회개한다. 그 심정을 시편 51편에서 처절하게 표현하고 있다. "나를 주 앞에서 쫓아내지 마시고 주의 성령을 내게서 거두지 마소서."(시 51:11) 그런데 그 '믿음'이란 어디서 오는가? 내 속에서 나오지 않는다. 왜냐하면 '믿음'은 하나님의 선물이기 때문이다.

종교개혁가 존 칼빈의 5대 강령 중 하나인 "인간의 전적 타락(total depravity)"이라는 신학적 결론은 인간의 힘으로는 하나님께 나올 수가 없음을 말해 주고 있다. 하나님께서 손을 내밀어서 내 손을 붙잡아 주셔야만 구원을 얻을 수가 있다. 예를 들면, 자칫 소용돌이가 치는 물속에 빠지면 살기 위하여 허둥지둥 필사적으로 노력한다. 그러나 힘은 빠져가고 도저히 자력(自力)으로는 살아날 수 없을 때, 구조대원의 손길이 나를 죽음에서 건져주는 것과 같은 이치이다. 찬송가 400장 "험한 시험 물속에서 나를 건져주시고 노한 풍랑 지나도록 나를 숨겨주소서…"는 작사자 '브레드 우드로(Fred Woodrow)'가 구원을 바라는 간절한 기도를 노래로 표현하고 있다. 그러니 그 구원의 은혜에 감사할 수밖에 없는 것이다.

사도 바울은 아브라함의 믿음과 다윗의 통회 자복함의 믿음을 구원의 바로미터로 본 것이다. 아브라함에게는 하나님께서 나를 택하시고 큰 민족을 이루게 하실 것이다. 복의 근원이 되게 해 주실 것이라는 믿음이 있었기에 의롭다고 여겨주셨다. 예수님도 요한복음 8장 56절에서 "너희 조상 아브라함은 나의 때 볼 것을 즐거워하다가 보고 기뻐하였느니라"라고 말씀하셨다. 아브라함은 믿음으로 메시아를 보았다. 그리고 하나님은 자신의 큰 죄악을 인정하고 회개하는 다윗의 믿음을 보시고 회복시켜 주셨다. 이것이 참다운 복이 아니겠는가?

[2023.08.01.]

묵상할 내용

아브라함이 의롭게 된 것은 그의 믿음 때문이다.
'믿음으로 의롭게 된다'라는 말에 대하여 더욱 깊이 묵상해 보라!

11. 할례보다 앞선 믿음
Faith Preceding Circumcision

―――― 오늘의 성경: 로마서 4:9-12

✝

9. 그런즉 이 복이 할례자에게냐 혹은 무할례자에게도냐 무릇 우리가 말하기를 아브라함에게는 그 믿음이 의로 여겨졌다 하노라
10. 그런즉 그것이 어떻게 여겨졌느냐 할례시냐 무할례시냐 할례시가 아니요 무할례시니라
11. 그가 할례의 표를 받은 것은 무할례 시에 믿음으로 된 의를 인친 것이니 이는 무할례자로서 믿는 모든 자의 조상이 되어 그들도 의로 여기심을 얻게 하려 하심이라
12. 또한 할례자의 조상이 되었나니 곧 할례받을 자에게뿐 아니라 우리 조상 아브라함의 무할례 시에 가졌던 믿음의 자취를 따르는 자들에게도 그러하니라

미숙(未熟)한 세계잼버리대회(WSJ) 개최

태풍 '카눈'이 일본열도로 가다가 갑자기 90도를 꺾어 한반도를 남북으로 관통할 기세이다. 태풍이 오더라도 들녘에 익어가는 과일들과 알알이 들어찬 벼 이삭이 잘못되지 않기를 기원한다. 이와 함께 매우 열악한 전북 새만금 뜰에서 야영하던 제25회 세계 잼버리대회 스카우트 청소년 37,000여 명을 버스 1,000여 대에 태워 서울 및 수도권으로 이송한다고 한다. 태풍으로 더 큰 피해를 입기 전에, 보

다 안전한 곳으로 이동시키는 것이다. 우리나라가 안전하고 행복한 나라가 되도록 하는데 그리스도인들의 진정한 기도가 필요하다. 자칫 'Republic of Korea"가 온 세계에서 비난과 지탄을 받을 뿐 아니라 2030년에 개최되는 부산 엑스포(EXPO)의 유치에도 악영향이 생길 수 있기에, 이번 잼버리 행사가 종료될 때까지 정부의 강력한 지원과 협력으로 세계 스카우트 청소년들에게 안전하고 의미 있는 행사가 되도록 해야 할 필요가 있다.

할례(割禮)는 언약의 표징(表徵)

오늘 로마서 4장 9–12절의 네 절은 짧지만, 이 안에서 사도 바울이 이야기하고 싶은 것은 아브라함의 믿음이다. 그런데 9절에서 질문이 하나 나온다. "이 복이 할례자에게 약속한 것인가? 아니면 무할례자에게도 약속된 것인가?" 이 질문은 사도 바울이 가상의 대화자에게 하는 질문으로서 할례에 대한 정의를 내리고 싶어 하는 질문이다. 아브라함의 믿음에 대하여 사도 바울은 그가 행위로 의롭다고 여김을 받은 것이 아니라고 강변하고 있다. 이는 당연하게도 로마서 1장 17절의 "오직 의인은 믿음으로 말미암아 살리라"라는 말씀에 대한 추가 해설이라고 할 수 있다. 그리고 간음죄와 살인죄를 지었던 다윗을 등장시켜서 그가 말한 '복(福, blessedness)'이라는 것은 불법이 사함을 받고, 죄가 가리어짐을 받은 사람들 그래서 그 죄를 하나님께서 인정하지 아니하실 사람들이 복이 있다고 하는 것이다.(롬 4:7–8) 이 내용은 시편 32:1–2에서 다윗이 노래하였다. 그리고 연이어 나온 말씀이 오늘의 본문이다.

아브라함이 의롭다 여김을 받았을 때인 창세기 15장에서는 '할례(割禮,

circumcision)'라는 말이 등장하고 있지 않았다. 그러나 하나님께서는 분명하게 무할례자인 아브라함의 믿음을 의로 여기셨다고 하셨다. "아브람이 여호와를 믿으니 여호와께서 이를 그의 의로 여기시고."(창 15:6) 할례는 언약의 표징으로 창세기 17장에 나온다. "너희 중 남자는 다 할례를 받으라. 이것이 나와 너희와 너희 후손 사이에 지킬 내 언약이니라. 너희는 포피를 베어라 이것이 나와 너희 사이에 언약의 표징이니라."(창 17:10-11)

'미드라쉬'는 서기관들의 성경해석서(聖經解析書)

창세기 15장에 따르면, 무할례자라 하더라도 하나님을 믿는 모든 이들은 의롭다고 하신다. 그리고 17장에서 아브라함에게 할례를 행하라고 하셨고, 이는 할례자들도 믿음으로 의롭다고 여기시려고 하신 것이다. 사도 바울이 강

〈유대인 할례의식 광경〉

조하는 것은 유대인 그리스도인들도 믿음으로 의로워졌기에 할례는 그것에 대한 증거로서 확실하게 도장을 찍는 것과 같은 표(表, sign)이다. 그러므로 유대인인 할례자나 이방인인 무할례자는 모두 예수 그리스도를 믿음으로 의롭다 여김을 받는 것이다. 여기서 유대인들의 입장에서는 이방인인 우리들이 할례를 받지도 않고, 율법도 따르지 않는데 똑같이 의로워진다는 것이 유쾌하지는 않을 것이다. 그러나 우리는 예수 그리스도를 믿음으로 의로워지며 구원을 얻는다는 진리를 따르는 사람들이기에 유대인들이 모두 그리스도께 복종하는 날까지 기도하며, 그들의 구원을 위하여 힘쓸 것이다.

그런데 유대교 서기관들의 성경해석서인 '미드라쉬(Midrash)'에 의하면 시편 32편 1-2절의 복은 할례자인 유대인들에게만 해당되고, 무할례자인 이방인에게는 효력이 없다고 한다.[8] 그만큼 유대인들은 할례의 형식을 중요 시한다는 말이다. 하지만 이 해석은 창세기 15장 6절의 말씀에 의하여 그렇지 않다고 사도 바울이 반박하는 것이다. 장흥길 교수님은 로마서 수업 시간에 '미드라쉬'를 일독해 보라고 했는데 강제는 아니어서 책을 사다는 놓았으나 다 읽지는 못하였다.

'미드라쉬'라는 말은 히브리어 동사인 '다라쉬'에서 왔는데 이 뜻인 '찾다, 묻다'에서 온 것이라고 한다. 에스라 7:10, 이사야 34:16, 역대하 13:22, 24:27에서 해석서, 주해서로 나온다. 즉 랍비들에게 미드라쉬는 '탐구, 공부' 였으며 '이론' 또는 '해석'이란 뜻이 된다.[9] 그러므로 미드라쉬는 아주 정확하지는 않으나 히브리어 성경인 타나크(תנ"ך)를 해석하는 방법을 뜻하는 낱말이기도 하고, 또한, 이를 통해 형성된 해석적 문헌들 전체를 지칭하기도 한다.[10] '탈무드'라는 유대인들의 경전이자 법전은 모든 미드라쉬와 미슈나를 가지고 만들어졌다고 한다.

할례 이전(以前)에 의롭다고 여김 받음

한편, 말씀사랑교회의 양희창 목사님은 이 구절에 대하여 "아브라함이 의롭다 함을 받은 것은 창세기 15장의 사건인데, 할례는 창세기 17장에서 이

8   장흥길, 로마서, 100p.

9   귄터 스템베르거, 이수민 역, 미드라쉬 입문, 32p.

10 위키백과(2023. 8. 8).

뤄진다. 그러므로 할례받기 이전에 의롭다 함을 받은 것이다."라고 강해하고 있다. 그리고 이것이 중요한 이유를 '무할례자'인 이방인들이 예수 믿는 데 있어서 반드시 '할례'를 받지 않아도 된다는 점을 말한 것이다. 이 내용은 추후 예루살렘 공의회의 결정으로 말미암아 이방인들에 대한 선교의 문이 활짝 열렸던 것이다.

결국, 복음은 오늘 우리에게까지 전하여졌으며, 할례가 그 증거가 되지 않았다. 유대인 그리스도인들도 할례가 구원의 조건이 아니기에 꼭 받을 필요는 없겠지만 전통적으로 아브라함을 본받아 그렇게 한다면 굳이 말릴 필요는 없을 것이다. 그 반대로 이방인 그리스도인이 할례를 받을 수도 있지만, 유대교를 믿지 않는 한 그럴 필요는 없을 것이다. 다만 이런 할례의 행위는 의롭다고 여김을 받는 것과는 전혀 관련이 없다는 점을 알아야 할 것이다.[11]

[2023.08.08.]

묵상할 내용

유대인들이 '할례'를 그토록 중요하게 생각하는 이유가 무엇인지 생각해 보자!

---

11 양희창, 로마서 강해, (2023. 6. 3).

12. 약속에 대한 아브라함의 믿음

Abraham's Faith in the Covenant with God

--------- 오늘의 성경: 로마서 4:13-25

✝

13. 아브라함이나 그 후손에게 세상의 상속자가 되리라고 하신 언약은 율법으로 말미암은 것이 아니요 오직 믿음의 의로 말미암은 것이니라

14. 만일 율법에 속한 자들이 상속자이면 믿음은 헛것이 되고 약속은 파기되었느니라

15. 율법은 진노를 이루게 하나니 율법이 없는 곳에는 범법도 없느니라

16. 그러므로 상속자가 되는 그것이 은혜에 속하기 위하여 믿음으로 되나니 이는 그 약속을 그 모든 후손에게 굳게 하려 하심이라 율법에 속한 자에게 뿐만 아니라 아브라함의 믿음에 속한 자에게도 그러하니 아브라함은 우리 모든 사람의 조상이라

17. 기록된 바 내가 너를 많은 민족의 조상으로 세웠다 하심과 같으니 그가 믿은바 하나님은 죽은 자를 살리시며 없는 것을 있는 것으로 부르시는 이시니라

18. 아브라함이 바랄 수 없는 중에 바라고 믿었으니 이는 네 후손이 이 같으리라 하신 말씀대로 많은 민족의 조상이 되게 하려 하심이라

19. 그가 백세나 되어 자기 몸이 죽은 것 같고 사라의 태가 죽은 것 같음을 알고도 믿음이 약하여지지 아니하고

20. 믿음이 없어 하나님의 약속을 의심하지 않고 믿음으로 견고하여져서 하나님께 영광을 돌리며

21. 약속하신 그것을 또한 능히 이루실 줄을 확신하였으니

22. 그러므로 그것이 그에게 의로 여겨졌느니라

23. 그에게 의로 여겨졌다 기록된 것은 아브라함만 위한 것이 아니요

24. 의로 여기심을 받을 우리도 위함이니 곧 예수 우리 주를 죽은 자 가운데서 살리신 이를 믿는 자니라

25. 예수는 우리가 범죄한 것 때문에 내줌이 되고 또한 우리를 의롭다 하시기 위하여 살아나셨느니라

아브라함의 놀라운 믿음

오늘은 제78주년 광복절(光復節)
이다. 근대사에서 우리나라의 국력
이 약하여 이웃 나라인 일본제국의
식민지(植民地, colony)가 되어 햇수
(1910-1945)로 36년간이나 종노릇
한 것이 너무나 치욕적이라고 아니 할 수가 없다. 당시에 세계의 판도가
독일, 이탈리아, 일본의 야욕으로 세계대전이 야기되어 얼마나 많은 사람
들이 희생을 당하였는가? 하지만 하나님의 각별하신 은혜로 미국, 영국,
프랑스 등 연합군의 승리로 1945년 8월 15일 우리나라에 역사적인 해방
이 이루어졌다. 다시는 대한민국에 이런 치욕이 민족적으로, 국가적으로
결코 없도록 경제, 국방, 외교에 총력을 기울여야 할 것이다.

사도 바울은 계속하여 믿음과 의(義)의 관계를 믿음의 조상 아브라함
의 믿음을 등장시켜서 이해시키려고 하고 있다. 계속하여 바울이 말하고
싶은 것은 아브라함이 의롭게 된 것은 그의 율법에 따른 행위가 아니라
믿음으로 인함임을 강조하고, 그것이 신앙의 근본이라는 것을 가르쳐 주
고 있다. 즉 아브라함이 100세나 되었지만, 정실부인인 사라를 통한 후사
가 없는 상황에서, 사라도 태가 죽은 90세의 나이임에도 불구하고 하나님
의 약속을 믿었다는 점이다.

바로 하나님이 아브라함의 씨를 통하여(창 15:2-6) 하늘의 별과 바다
의 모래와 같이 큰 민족을 이루고, 복의 근원이 된다고 하는 것과 땅을

주겠다(창 15:7-21)는 그 언약을 아브라함이 흔들림 없이 믿었다는 점이 놀랍다. 장흥길 교수님도 거론하는 바와 같이 아브라함은 그 하나님의 약속 외에는 그 어떤 것도 없는 상황이었지만 그 약속을 믿은 것이다. 즉 아브라함은 하나님을 '죽은 자를 살리시며 없는 것을 있는 것으로 부르시는 이'라고 믿은 것이다.(17절) 나에게도 그런 믿음이 존재하는가?

오늘 본문에서는 "믿음"이라는 말이 11회나 나오고 있다. 그만큼 신앙인에게 믿음은 너무나도 중요한 것이다. 하기야 히브리서의 구절에서도 "믿음이 없이는 하나님을 기쁘시게 할 수 없다"고 하지 않았던가?(히 11:6) 하나님께서 아브라함의 믿음을 의롭다고 여기신 때는 율법과 할례가 없었던 때이었기에 율법으로 의롭다 여김을 받은 것이 아니라 오직 믿음으로 의롭다 여김을 받은 것이다.(창 15:6)

만약에 율법에 속한 자가 상속자이면 우리의 믿음은 헛것이 되고 하나님과의 약속이 파기된다고 바울은 강하게 말하고 있다.(14절) 율법은 거룩하고 신성하며, 그 율법이 있기에 우리가 죄를 알 수가 있는 것이다. 만약에 율법이 없으면 죄를 범했다고 말할 수가 없다. 물론 사람에게는 양심이 있어서 남을 해하거나 빼앗거나 죽이거나 하게 되면 잘못되었음을 알게 된다. 이는 복음을 듣지 못한 수백 년 전의 우리 조상들을 하나님께서 어떻게 심판하는가라는 질문에도 해당될 수 있다.

율법을 누가 다 지킬 수 있는가?

만약에 우리가 율법을 100% 지킨다면 의롭게 될 수 있다. 율법의 힘이다. 하지만 예수 그리스도 외에 그 누가 율법을 그대로 다 지킬 수 있는가? 율법을 지킨다는 것은 눈에 보이는 행위 그 자체만이 아니라 그 율법의 정신까지 지켜야 한다. 그러므로 율법은 죄를 알게 하는 역할이며, 그리스도께 인도하는 초등교사(初等教師)의 역할을 하는 것이지(갈 3:24), 그 율법이 우리를 의롭게 하여 구원을 완성 시킬 수는 없다. 그러므로 율법이 있기 전에 믿음을 가졌던 아브라함을 하나님께서 의롭다고 여기심과 같이 우리도 어떤 선행 행위로 인하여 의로워지는 것이 아니라 오직 믿음으로 의롭다 여김을 받은 것이다. 이것이 믿음의 조상 아브라함의 뒤를 따라서 가는 것이다.

우리가 하나님을 믿는다고 하는 것은 무엇인가? 유대인들이 여호와 하나님을 믿는다고 하는 것과 무엇이 다른가? 우리는 예수 그리스도라는 삼위일체 하나님의 한 위이신 성자 하나님을 믿는 것이다. 그러나 유대인들은 율법의 행위를 통하여 오로지 여호와 하나님을 믿는 것이다. 여전히 메시아를 기다리는 유대인들의 믿음이 숭고해 보이기는 하여도 자신의 의로 하나님을 섬긴다고 여전히 착각하고 있다. 하지만 우리의 믿음은 성육신하신 예수 그리스도를 믿는 믿음이다. 사랑과 의의 하나님께서 우리를 구원하려고 하셔도 우리는 그 기준에 맞출 수가 없었다. 그러므로 우리가 의로워지는 길이 오직 한 길밖에 없었다.

그것은 하나님의 독생자, 죄도 흠도 없으신 예수 그리스도가 세상에 육신의 몸으로 오셔서, 우리의 죄를 대신 짊어지고 죽으시는 그런 시나리오가 만세 전에 계획되어 있었다. 즉 대속의 섭리가 있으셨다. 아담과 이브가 선악과를 따먹은 불순종의 죄를 최초로 범하였을 때의 일이다. 예수 그리스도를 나의 구세주, 대속자로 영접하게 되면 성령님께서 우리 마음에 충만하게 되고, 하나님께서 나의 믿음을 의로 여기심이 작동하게 된다. 가장 위대한 관건이 바로 예수 그리스도께서 이루신 일, 십자가에서의 피 흘리심과 죽음이다. 그리고 부활과 승천이다. 지금은 비록 아직 이루어지지 않았으나 '재림(再臨, Advent)'의 모든 사실은 바로 구원의 여정이다.

약속(約束)의 개념

현재 장로회신학대학교 명예교수인 장흥길 신약학박사는 2014년에 발간된 그의 책『로마서』에서 오늘 본문에 대하여 "아브라함을 본받은 믿음으로써만 이루어지는 하나님의 약속"이라는 제법 긴 제목을 달아 놓았다. 그리고 로마서 4장을 이신칭의에 대한 구약적 예증이라고 한다. 바울은 유대교 랍비들이 성경을 해석하는 방법인 '미드라쉬 성경 해석 방식'[12]을 사용하여 아브라함과 우리를 설명하고 있다고 장 교수님은 말하고 있다. 오늘 본문은 신약성경의 저자들에게 신학적으로 중요한 의미를 지닌 '약속(約束, 에팡겔리아)'의 개념이 전체 논증을 전개하는 핵심 주제임을 강조하고 있다. 율법과 대립 명제인 약속은 복음의 원형이라고 하는데 이 말은 독일 루터교 신약학 교수인 케제만(Ernst Käsemann, 1906-1998) 박사의 말을 인용한 것이라고 한다.[13]

12　미드라쉬(단수 히브리어: מִדְרָשׁ 미드라쉬, 복수 히브리어: מִדְרָשִׁים 미드라쉼, 영어: Midrash)는 히브리 용어로, 성경 주석의 설교 방식이다. 이 용어는 성경의 설교 교리의 편찬을 가리키기도 한다. 미드라쉬는 종교적, 법률적, 윤리적 교리를 단순화하는 것 이상으로 성경 이야기를 해석하는 한 방법이다. 이 용어는 구약성경 역대하 13장 22절, 24장 27절, 이렇게 두 번 나온다. – 위키백과

13　장흥길, 로마서, 103p.

예수 그리스도 중심적으로 해석(解析)

장흥길 교수님은 4장 23-25절을 기독교 신앙의 본보기로서 아브라함의 이신칭의가 하나님의 구속사에서 지닌 의미를 다루고 있음을 말하고 있다. 계속하여 장 교수님은 바울이 제시한 '믿음의 의'는 구약에서부터 전해 내려온 사상이라고 말하고 있다. 그러므로 아브라함의 예를 든 것이라고 한다. 이는 바울이 구약을 철저하게 그리스도 중심적으로 해석하고 있다고 보고 있다. 그러면서 장흥길 교수님은 다음과 같은 의미심장한 내용을 말하고 있다.

"믿음이란 하나님과의 약속에 대한 신뢰를 뜻한다. 그러므로 기독교 신앙은 오직 그리스도를 선포하는 말씀과의 관계 안에서만 해석되어야 한다. 이런 점에서 절대화할 수 있는 것은 말씀이지, 결코 신앙이 아니다."[14] 계속하여 케제만 교수가 믿음이 무엇인지 다음의 세 가지로 정의하고 있음을 말하고 있다. 즉, ① 구원의 메시지를 받고 보존하는 것 ②말씀을 통해 사는 삶(말씀의 다스림에 근거를 두고 있는 삶) ③ 복음의 말씀을 듣고 그리스도와 함께 그리스도를 향해 다가가는 모험이라는 케제만 교수의 말을 인용하고 있다.

오늘 본문의 23-24절에서 하나님께서 아브라함을 의로 여기셨다는 것을 우리와 연계하여 말하고 있음을 알 수 있다. 우리를 의롭다고 여길 부분은 바로 예수 그리스도를 죽은 자 가운데서 살리신 이를 믿는다는

14　장흥길, 로마서, 103p.

그 믿음을 말하고 있다. 우리 주님의 십자가 은혜가 바로 우리를 의롭다고 여기실 이유가 되었다. 왜냐하면, 예수 그리스도는 우리의 죄 때문에 죽으시고, 살아나셨다는 점이다. 이것이 우리를 의롭다고 여기는 중요한 부분이다.

[2023.08.15.]

묵상할 내용

아브라함은 하나님을 '죽은 자를 살리시며 없는 것을 있는 것으로 부르시는 이'라고 믿었다.
나에게도 그런 믿음이 존재하는가?

"로마서는 하나님의 절대적 주권과
인간의 전적인 타락을 강조하는 신학적 폭탄이다."

"The book of Romans is a theological bombshell
that emphasizes God's absolute sovereignty and human total depravity."

칼 바르트(Karl Barth, 1886–1968))

5장

죽음 권세로부터의 자유

: 롬 5:1-21

Freedom from Power of Death

게르치노, <성 바울>(1630)

Guercino, 〈Saint Paul〉(1630)

13. 예수 그리스도로 말미암은 의인의 삶
The Righteous Life through Jesus Christ

———— **오늘의 성경: 로마서 5:1-11**

✝

1. 그러므로 우리가 믿음으로 의롭다 하심을 받았으니 우리 주 예수 그리스도로 말미암아 하나님과 화평을 누리자

2. 또한 그로 말미암아 우리가 믿음으로 서 있는 이 은혜에 들어감을 얻었으며 하나님의 영광을 바라고 즐거워하느니라

3. 다만 이뿐 아니라 우리가 환난 중에도 즐거워하나니 이는 환난은 인내를

4. 인내는 연단을, 연단은 소망을 이루는 줄 앎이로다

5. 소망이 우리를 부끄럽게 하지 아니함은 우리에게 주신 성령으로 말미암아 하나님의 사랑이 우리 마음에 부은 바 됨이니

6. 우리가 아직 연약할 때에 기약대로 그리스도께서 경건하지 않은 자를 위하여 죽으셨도다

7. 의인을 위하여 죽는 자가 쉽지 않고 선인을 위하여 용감히 죽는 자가 혹 있거니와

8. 우리가 아직 죄인 되었을 때에 그리스도께서 우리를 위하여 죽으심으로 하나님께서 우리에 대한 자기의 사랑을 확증하셨느니라

9. 그러면 이제 우리가 그의 피로 말미암아 의롭다 하심을 받았으니 더욱 그로 말미암아 진노하심에서 구원을 받을 것이니

10. 곧 우리가 원수 되었을 때에 그의 아들의 죽으심으로 말미암아 하나님과 화목하게 된 자로서는 더욱 그의 살아나심으로 말미암아 구원을 받을 것이니라

11. 그뿐 아니라 이제 우리로 화목하게 하신 우리 주 예수 그리스도로 말미암아 하나님 안에서 또한 즐거워하느니라

새벽기도회가 주는 유익(有益)

요즘 새벽에 알람이 규칙적으로 깨워주는 덕분에, 집 근처의 54년 된 통합 측 장로교회인 '난곡신일교회'의 새벽기도회에 참석한다. 우리 동네에서 소문이 날 정도로 오랫동안 내분(內紛)이 있었던 이 교회는 2021년에 '김명수' 목사님이 제6대 담임으로 부임하셨다. 미주장로회신학대학교 (PTSA)와 풀러신학대학원을 졸업하신 김

〈난곡신일교회 전경〉

목사님은 명확하고 차분하게 설교하시고, 사랑과 은혜로 사역하심으로 이제는 교회가 많이 안정되고 밝은 느낌이다. 하루를 주님과 동행하기 위한 영성(靈性)을 유지하며 살아가기 위하여 '새벽기도회'만큼 좋은 방법이 없다는 생각이 든다. 물론 새벽에 일어나 집에서 성경을 보며, 묵상하고, 기도하는 신실한 크리스천들도 많이 계실 것이다. 그러나 필자의 부족한 믿음을 바라볼 때, 교회의 새벽기도회에 나가서, 찬송하고, 말씀 듣고, 기도하는 것이 더욱 효과적이라는 개인적인 견해이다.

난곡신일교회의 새벽기도회에서는 "생명의 삶"이라는 QT의 순서에 따라 순차적으로 말씀을 전하는데, 오늘은 사도행전 25장 13-27절에 분봉왕 헤롯 아그립바 2세와 벨릭스 총독의 후임으로 새로 부임한 베스도 총독이 사도 바울의 신병처리 문제로 곤궁한 위치에 놓여있음을 보여주는 아그립바 왕과 베스도 총독간의 대화가 나온다. 유대인들이 바울을 없애려고 갖은 모략을 쓰지만, 그에게 죽임을 당할 죄가 없다는 것

을 베스도 총독은 갈파하였다. 그러나 사도 바울이 당시 로마 황제인 네로(Nero)에게 가서 재판을 받겠다고 했기에 죄목을 정해야 하는 베스도 총독의 입장에서는 곤혹스러웠다.

하지만 로마시민권을 가진 바울의 권리 주장이기에 무시할 수도 없는 상황이다. 사도 바울은 이방인을 위한 전도에서 로마제국의 수도인 로마를 중심으로 복음을 전하겠다는 열망이 있었기에 미결수(未決囚)로 자처한 셈이다. 바울은 로마에서 결국 참수형을 당해 순교하였는데 사전에 이것을 알고 있었을까? 아마 짐작하고는 있었을 것이다.(행 21:13) 사도 바울은 땅끝이라고 생각한 서바나(스페인)에 로마교회의 후원으로 가려는 소망이 있었다.(롬 15:23-24) 그런데 어떻게 사도 바울의 심령 속에 그처럼 강력한 선교에 대한 사명의식이 작동할 수 있었는가?

믿음으로 말미암은 의로움

사도 바울이 로마교회에 보낸 로마서가 더욱 절절하게 필자의 마음을 두드린다. 로마서 5장 1-11절의 말씀은 의롭다함을 받은 자의 삶에 대하여 기술하고 있다. 의로움에 대하여 로마서 1장 17절의 "오직 의인은 믿음으로 말미암아 살리라"는 하박국 선지자의 말을 사도 바울이 인용하였는데, 이 문장이 바로 로마서의 핵심 주제 구절이다. 이 구절에 강한 도전을 받은 마틴 루터(Martin Luther, 1483-1546)가 회심하였고, 결국 '종교개혁'이라는 엄청난 역사를 이루었다. 바로 이 문구에 대한 추가해설이 이 5장에 나타나고 있다. 이렇게 믿음으로 의롭게 된다는 기조(基調, key note)는 로마서 내내 면면히 흐르고 있는 핵심 주제이다.

사도 바울이 로마서 5장 1절의 시작을 "그러므로"라고 한 것도 앞 장에서 이방인도, 유대인도 모두 하나님 앞에서 다 죄인이라는 내용이 나타났기 때문이다. 그리고 사도 바울은 아브라함이라는 유대인들의 최고 조상을 등장시켜서 그가 의롭다 함을 받은 것은 율법이 있기 전 즉할례가 시행되기 전이었고, 율법은 그 이후 수백 년이 지난 후 나타났기에, 아브라함의 "의(義)"는 무엇을 행하여 얻어진 것이 아니라, 오로지 '믿음'으로 말미암아 이뤄진 것임을 강조한 것이었다. 그렇다면 우리도 아브라함과 같이 성부 하나님을 믿음으로 의롭다고 여김을 받게 될까? 아마 유대교(Judaism)를 믿는 신자라면 그렇다고 할 것이다.

예수 그리스도로 말미암아

하지만 여호와 하나님만을 믿는 유대인들은 그들이 행하는 율법으로 구원으로 나아갈 수가 없다. 그 율법을 지켜 행하지 못하기 때문이다. 율법이 의롭지 않아서가 아니다. 그 율법을 받은 유대인들의 마음이 율법의 정신과 의의에서 이미 떠나있기 때문이다. 기독교 이단들 가운데 구약의 율법을 의지하는 유대교처럼 '보이는 행위'에 더 집중하는 집단들이 있다. '여호와의 증인', '몰몬교', '안식교', '하나님의 교회' 등이다. 하나님께서 하늘의 별, 바닷가의 모래와 같이 큰 민족을 이루겠다고 아브라함에게 하신 약속을 우리에게 하신 것은 아니다. 이 약속은 아브라함에게만 하신 것이다. 다만 그를 통하여 상속의 복을 받게 될 것이라는 그 은혜는 우리에게 주어진 것이다. 그렇다면 하나님께서 우리를 구원하시기 위한 의로움을 어디에서 찾으실까?

바로 육신적으로 아브라함과 다윗의 계보에서 오신 예수 그리스도이시다. 하나님께서는 독생자 예수 그리스도를 성육신의 기적으로 이 땅에 보내신 것이다. 삼위일체의 하나님이시므로 성자 예수 그리스도는 바로 하나님 자신인 셈이다. 그리고 이 땅에 오신 성자 예수 그리스도께서 복음을 선포하셨고, 병든 자를 고치시며, 말씀을 가르치셨다. 하지만 고난을 받으시고, 십자가에서 죽으셨으며, 삼일 후에 그 죽음에서 부활하셨다. 바로 이 역사를 이루신 성자 하나님을 믿는다면 그 믿음을 의로 여겨 주신다는 점이다. 바로 이것 때문에 "그러므로"라는 결과성 접속사를 사용한 것이다. "그러므로 우리가 믿음으로 의롭다 하심을 받았으니 우리 주 예수 그리스도로 말미암아 하나님과 화평을 누리자"라고 1절에 명기한 것이다. 이 모든 일의 주인공은 바로 예수 그리스도이시다. 본문에도 '예수 그리스도'와 같은 내용이 8회 나오고 있다.

하나님 사랑의 결정체 - 십자가(十字架)

우리가 의롭다고 여김을 받은 것은 '믿음'인데 그 믿음은 예수 그리스도의 순종하심으로, 십자가 죽임당하시고, 부활하신 것을 믿는 믿음이다. 바로 이 믿음 때문에 구원의 은혜를 받게 되었고 장차 주님의 날에 들어갈 수 있다는 그 즐거움으로 하나님께 영광을 돌리게 되었다. 왜 우리가 이런 은혜의 바다에 들어갈 수가 있었는가? 그렇다! 바로 하나님의 사랑 때문이다. 사도 바울은 이 점을 너무나 깊이 깨달아서 로마교회에도 그 깨달음을 전하고 있다. 하나님의 사랑이 우리 마음에 부은 바 되었다고 8절에 표현하였으니 얼마나 큰 사랑인가? 바로 그 사랑은 예수 그리스도의 십자가 죽음에 현저(顯著)하게 나타나고 있다. 하나님의 사랑의 결정체가 바로 예수 그리스도의 십자가임을 우리는 확실히 알아야한다.

사도 바울은 9절에서 다시 한번 강조하듯이 말하고 있다. "그러면 이제 우리가 그의 피로 말미암아 의롭다 하심을 받았으니 더욱 그로 말미암아 진노하심에서 구원을 받을 것이니" 그리스도의 보혈 때문에 우리가 구원받았다는 점이다. 이것이 바로 예수 그리스도께서 구약의 화목제사(和睦祭祀)와 같이 제물이 되셔서 하나님의 극렬한 진노가 우리를 화평케 하는 극적인 반전이 일어나게 하였다. 즉 죄인에게 해당되는 진노의 심판에서 벗어나게 된 것이다. 그래서 세례 요한은 예수님을 향하여 "이튿날 요한이 예수께서 자기에게 나아오심을 보고 이르되 보라 세상 죄를 지고 가는 하나님의 어린 양이로다"(요 1:29)라고 말하였다.

죽임당한 어린 양(羊)

〈죽임당한 어린양, 예수 그리스도〉

또한, 요한계시록 5장 6절 상반절에도 '어린 양(羊)'이 나타난다. "내가 또 보니 보좌와 네 생물과 장로들 사이에 한 어린 양이 서 있는데 일찍이 죽임을 당한 것 같더라…" 사도 요한은 예수 그리스도를 너무나 잘 표현하고 있다. 성막 또는 성전에서의 제사예식을 꿰뚫고 있는 분임을 알 수 있다. 제자교회의 안상욱 목사님의 성경강해에서 성막과 요한복음과의 연결이 절묘하다. 이는 사도 요한이 성막에 대한 충분한 이해 가운데 출애굽기 37장과 38장에 기록된 성막안의 성물(번제단, 물두멍, 등잔대, 떡상, 분향단, 언약궤, 속죄소)에 따라서, 요한복음의 장과 절의 집필이 이루어졌다는 점이 신비롭게 느껴진다.[15] 너무 알레고리칼한 해석인가?

결코 그렇지 않다! 「죽임당한 어린 양(A Lamb Slain, 被殺的羔羊)」, 이보다 더 큰 반전이 인류 역사상 더 있을 수 있는가? 우리가 믿는 예수 그리스도께서 죽음에서 다시 살아나심으로 우리도 부활의 소망을 가지게 되었다. 하나님과 우리 사이에 화목의 다리를 놔주신 우리 주 예수 그리스도! 이 주님으로 인하여 우리가 하나님 안에서 즐거워할 수가 있다고 사도 바울은 강조하고 있다.

의인이 지닌 삶의 태도

그렇다면 우리가 믿음으로 의롭다 하심을 받았으니 어떻게 사는 것이 마땅한 태도일까? 필자는 그것을 오늘 본문에 맞추어 ① Peace(평화): 하나님과 평화로운 관계를 가지며 산다. 하나님의 자녀로서 하나님과 가까이하며 산다. ② Pleasure(즐거움): 닥쳐온 환난 속에서도 즐거워하며 기뻐하는 삶을 산다. 얼마나 많은 환난이 우리 가운데 있는지 모른다. 환난은 육신의 병도 해당한다. 가난과 모함받음, 따돌림 더 크게 본다면 전쟁과 난리, 기후위기 등이다. 그런데 의인은 그 마음에 평정이 있고 즐거움과 기쁨이 내면에 잔잔히 흐르고 있다.

---

15 안상욱, 성막복음 강해, (2023. 4.).

③ Remind(기억): 하나님이 우리에게 부어주신 극진한 사랑을 항상 기억하며 산다. "기억하게 하소서!"라는 도티 람보 여사의 복음송처럼 하나님께서 나에게 베풀어 주신 그 크신 사랑을 기억하며 감사하며 사는 것이다. 이렇게 사는 자가 바로 의인의 삶이 아니겠는가? 여기 8절의 말씀이 있다. "우리가 아직 죄인 되었을 때에 그리스도께서 우리를 위하여 죽으심으로 하나님께서 우리에 대한 자기의 사랑을 확증하셨느니라"

[2023.08.22.]

묵상할 내용

나는 의인으로서의 삶을 살고 있는가?
peace, pleasure, remind를 생각해 보라.

14. 죽음에서 영생으로
From Death to Eternal Life

───── 오늘의 성경: 로마서 5:12-21

†

12. 그러므로 한 사람으로 말미암아 죄가 세상에 들어오고 죄로 말미암아 사망이 들어왔나니 이와 같이 모든 사람이 죄를 지었으므로 사망이 모든 사람에게 이르렀느니라

13. 죄가 율법 있기 전에도 세상에 있었으나 율법이 없었을 때에는 죄를 죄로 여기지 아니 하였느니라

14. 그러나 아담으로부터 모세까지 아담의 범죄와 같은 죄를 짓지 아니한 자들까지도 사망이 왕 노릇 하였나니 아담은 오실 자의 모형이라

15. 그러나 이 은사는 그 범죄와 같지 아니하니 곧 한 사람의 범죄를 인하여 많은 사람이 죽었은즉 더욱 하나님의 은혜와 또한 한 사람 예수 그리스도의 은혜로 말미암은 선물은 많은 사람에게 넘쳤느니라

16. 또 이 선물은 범죄한 한 사람으로 말미암은 것과 같지 아니하니 심판은 한 사람으로 말미암아 정죄에 이르렀으나 은사는 많은 범죄로 말미암아 의롭다 하심에 이름이니라

17. 한 사람의 범죄로 말미암아 사망이 그 한 사람을 통하여 왕 노릇 하였은즉 더욱 은혜와 의의 선물을 넘치게 받는 자들은 한 분 예수 그리스도를 통하여 생명 안에서 왕 노릇 하리로다

18. 그런즉 한 범죄로 많은 사람이 정죄에 이른 것 같이 한 의로운 행위로 말미암아 많은 사람이 의롭다 하심을 받아 생명에 이르렀느니라

19. 한 사람이 순종하지 아니함으로 많은 사람이 죄인 된 것 같이 한 사람이 순종하심으로 많은 사람이 의인이 되리라

20. 율법이 들어온 것은 범죄를 더하게 하려 함이라 그러나 죄가 더한 곳에 은혜가 더욱 넘쳤나니

기도와 말씀은 하나님의 은혜

즐겨듣는 방송이 FM 93.1MHz KBS 음
악방송이다. 주로 클래식 음악이 나오니 책
을 읽거나 글을 쓸 때 안정감을 준다. 특히
하늘에서 보슬비가 살포시 내리는 아침이면
고즈넉한 마음으로 안성맞춤이다. 요즘에는 기후변화로 인하여 세계 각처
에서 폭우, 폭염, 폭설 등 '모'가 아니면 '도'와 같고, 적절한 기후는 나타나
지 않는다고 한다. 그러므로 우리나라도 봄과 가을은 자꾸 짧아지고, 대
신 여름과 겨울이 길어지고 있다. 춘하추동의 사계절이 뚜렷하고, 해와 달
그리고 구름과 바람을 보고 느끼면서 예측할 수 있었던 옛날이 더욱 그리
워지는 시대를 우리는 살아간다.

그래도 오늘 아침에는 폭우가 아닌, 사실 폭우도 멋지고 웅장하게 느
껴지며, 가슴이 '뻥' 뚫리는 시원함을 선사하기는 하지만, 보슬비가 예쁘
게 내려서 마음이 평온하다. 요즘 새벽기도회에서는 이분들을 위해 기도
하고 있다. 암 수술을 앞둔 L 장로님, 척추 수술 후에 통증이 심한 P 장로
님, 고관절 수술을 하고 거동이 불편하신 S 사모님의 조속한 건강회복을
위하여 긍휼을 베푸시는 하나님께 열심히 간구한다. 그리고 돌아오는 길
에, 로마서 5장 12-21절을 묵상한다.

죽음 권세로부터의 자유

신약학자인 장흥길 교수님은 로마서 1장에서의 이신칭의(以信稱義)라는 주제에 대한 답변에서 로마서 5장의 주제를 '죽음 권세로부터의 자유'라고 말하고 있다.[16] 그 가운데 전반부인 1–11절은 의인의 종말론적인 삶을 말하고 있고, 12–21절은 본격적으로 죄, 죽음, 은혜, 영생을 아담과 예수 그리스도를 비교하면서 설명하고 있다. 그러므로 이 단원에서는 유난히 동일한 단어들이 많이 등장한다. '죽음(사망)'은 6회, '한 사람'은 10회, '죄(범죄)'는 무려 19회나 나타나고 있다. 우리에게 얼마나 많은 죄가 있는지 깨닫게 해 준다. 요지는 "죽음은 죄로 인함이다"라는 확고한 명제를 나타내기 위함이다.

"죽음은 어디에서 왔는가?"라는 질문은 철학자들만의 질문이 아니다. 인간이라면 누구나 이 문제에서 자유로울 수 없다. 그래서 인간의 겸허(謙虛)함과 방탕(放蕩)함이 이 질문의 갈림길에서 나타난다고 해도 과언은 아니다. "인간은 누구나 죽기에 나도 죽는다."라는 생각으로 생명과 자연을 귀하게 여기며 겸손하게 사는 인생이 있는 반면에, 어차피 죽을 것이고 썩어질 것인데 삶에서의 쾌락을 마음껏 즐기자는 인생으로 나누어질 수 있다. 또한, '죽음'이라는 말 자체를 끔찍하게 싫어하는 사람들도 많다. 죽는다는 것을 인정하기 싫은 것이다. 그렇다고 해서 죽음이 그를 피하여 갈까? 아니다! 죽음의 길은 그 누구도 막을 수가 없다. 아담이 하나님께 불순종만 하지 않았어도 그 완벽한 에덴동산에서 행복하게 살 수 있었을 텐

---

16 장흥길, 로마서, 109p.

데 라고 후회할 필요도 없다.

로마서 5장 12절의 난해(難解)함

12절의 말씀이 앞부분에 대한 결론과 같은 말씀이다. "그러므로 한 사람으로 말미암아 죄가 세상에 들어오고 죄로 말미암아 사망이 들어왔나니 이와 같이 모든 사람이 죄를 지었으므로 사망이 모든 사람에게 이르렀느니라." 기독교만이 이렇게 죄와 죽음에 대한 명쾌한 해답을 주고 있다. 그런데 성 아우구스티누스(St. Augustinus, 354-

〈아우구스티누스(Augustinus, 354-430)〉

430)는 이 절이 인간의 원죄(原罪)를 다루고 있다고 말하였는데, 현대의 신학자들은 그렇지 않다는 반론을 표하고 있다. 아마도 현대의 신학자들은 사도 바울이 하고자 했던 말의 의도를 더 생각하고 싶었던 모양이다.

여기서 "모든 사람이 죄를 지었으므로"라는 말의 원어인 "ἐφ᾽ ᾧ πάντες ἥμαρτον.(에프 호 판테스 헤마르톤)"의 해석으로 인하여 이를 그 한 사람 즉 아담이 죄를 지었으므로 라고 볼 것인지 아닌지에 따라서 원죄가 되기도 하고 아니기도 한다. 종교개혁자들은 대체로 "원죄(原罪)"로 보았다고 한다. 하지만 현대의 신학자들은 죄악의 세력이 인간사회에 들어와서 사람들이 행하는 로마서 1장 18-32절의 죄악 때문에 사망에 이른다는 해석이 지배적이다.[17] 그렇다고 원죄로 인한 인간에게 죽음이 왔다는 그 진리 자체가 부정되는 것이 아니다. 이 구절의 해석이 그렇다는 것이다. 죄의 세력이 우리들의 삶에 미치는 위험을 사도 바울은 강조하고 싶었을 것으로 본다는 것이다. 그러나 필자는 성 아우구스티누스와 종교개혁자들의 해석이 더 옳다고 믿는다.(장로교 요리문답 문 15-21 참조)

아담과 예수 그리스도

그러므로 사도 바울은 사람이 죽게 되는 이유는 바로 "죄(罪, sin)"라는 무형의 실질적인 세력 때문이라고 말한다. 죄의 정체는 창조주 하나님의 말씀에 불순종한 것에 기인한다. 이는 인류의 조상인 최초의 인간 "아담"의 범죄가 그 시초이다. 아담! 그 한 사람의 죄로 인하여 모든 인간에게 죽음이 온 것이다. 아담의 죄를 우리는 '원죄(原罪, original sin)'라고 부른다. 이 죄는 혈육에 의하여 유전적으로 전해 내려오게 되었고, 그의 후손인 우리들도 모두 죄라는 힘에 사로잡혀 있었다.(시 51:5, 고전 15:21-22) 아무리 우리가 선량하게 산다고 하여도, 고행하면서 정결한 삶을 영위한다고 해도 이 죄 문제는 결코 사라지지 않는다. 도리어 죄는 우리 곁에서 그 세력을 키우고, 죄의 힘 아래로 모이게 하고 있다.

여기서 우리 하나님께서 의도하신 반전(反轉)의 역사가 나타났다. 그것은 바로 한 점의 죄도 흠도 없는 한 사람이 그 죄의 대가를 치르는 방법이다. 죄로 인하여 죽음이 왔으므로 온전한 한 사람이 대신 그 죗값으로

---

17   위의 책, 122p.

피 흘려 죽는다면 죄의 문제가 사라지게 되는 것이다. 그러므로 인간에게는 죽음이 왕 노릇할 수 없게 된다는 원리(原理)이다. 사도 바울은 한 사람 아담과 또 다른 한 사람 예수 그리스도를 계속 병행시켜서 한 사람 아담은 불순종으로 죄를 불러들여 죽음으로 간 것이고, 다른 한 사람 예수 그리스도는 순종의 의로운 행위인 은혜로 생명에 이르게 된 것이다. 이를 장흥길 교수님은 '죽음 권세로부터의 자유'라고 말하고 있다. 난해한 내용이지만 그래도 그 한 사람인 우리 주 예수 그리스도로 인하여 죄에서 벗어나 구원을 얻게 된 것이 너무나 기쁘고 감사하다. "내 영혼아, 여호와를 송축하라!"(시 103:1) 할렐루야!

[2023.08.25.]

묵상할 내용

인간의 죽음이 죄로 인함임을 확신하고 있는가?
예수 그리스도의 대속의 은혜를 깊이 묵상해 보라.

"로마서는 복음주의 신학의 기초를 이루는 중요한 서신이다."

"The book of Romans is an important letter that forms
the foundation of evangelical theology."

칼 헨리(Carl F.H. Henry, 1913-2003)

6장

죄 권세로부터의 자유

: 롬 6:1-23

Freedom from Power of Sin

베네데토 젠나리 2세, <성 바울의 초상>(1675)
Benedetto Gennari II,〈Head of Saint Paul〉(1675)

15. 죄에서 벗어난 삶
Life free from Sin

✝

1. 그런즉 우리가 무슨 말을 하리요 은혜를 더하게 하려고 죄에 거하겠느냐

2. 그럴 수 없느니라 죄에 대하여 죽은 우리가 어찌 그 가운데 더 살리요

3. 무릇 그리스도 예수와 합하여 세례를 받은 우리는 그의 죽으심과 합하여 세례를 받은 줄을 알지 못하느냐

4. 그러므로 우리가 그의 죽으심과 합하여 세례를 받음으로 그와 함께 장사되었나니 이는 아버지의 영광으로 말미암아 그리스도를 죽은 자 가운데서 살리심과 같이 우리로 또한 새 생명 가운데서 행하게 하려 함이라

5. 만일 우리가 그의 죽으심과 같은 모양으로 연합한 자가 되었으면 또한 그의 부활과 같은 모양으로 연합한 자도 되리라

6. 우리가 알거니와 우리의 옛 사람이 예수와 함께 십자가에 못 박힌 것은 죄의 몸이 죽어 다시는 우리가 죄에게 종 노릇 하지 아니하려 함이니

7. 이는 죽은 자가 죄에서 벗어나 의롭다 하심을 얻었음이라

8. 만일 우리가 그리스도와 함께 죽었으면 또한 그와 함께 살 줄을 믿노니

9. 이는 그리스도께서 죽은 자 가운데서 살아나셨으매 다시 죽지 아니하시고 사망이 다시 그를 주장하지 못할 줄을 앎이로라

10. 그가 죽으심은 죄에 대하여 단번에 죽으심이요 그가 살아 계심은 하나님께 대하여 살아 계심이니

11. 이와 같이 너희도 너희 자신을 죄에 대하여는 죽은 자요 그리스도 예수 안에서 하나님께 대하여는 살아있는 자로 여길지어다

새벽기도회에서 받는 은혜

집 근처에 있는 교회인 '난곡신일교회'의 새벽기도회에 참석하여, 기도하고 돌아오는 기쁨이 크다. 며칠 전부터 교회에서는 사도행전 강해가 마쳐지고, 이제는 '히브리서'로 간단하게 본문 강해가 이루어진다. 히브리서는 유대인 그리스도인들을 위한 서신이며, 저자 미상의 글이다. 유대교를 상당히 잘 아는 분이 기술하였기에 구약성경을 많이 인용하고 있으며, 난해한 문장이 많이 나타난다. 앞으로 여건이 되면 '히브리서'를 가지고 묵상록을 쓰고 싶다. 오늘 새벽기도회에서의 말씀은 히브리서 3장 12-19절인데 유대인의 영웅인 '모세'를 인용하고 있다.

지도자 모세는 출애굽이라는 놀라운 일을 진두지휘한 사람으로 애굽왕 바로 앞에서 10가지 기적을 행하며, 홍해를 가르고, 반석에서 생수가 나게 하였으며, 십계명을 하나님께로부터 받은 사람이다. 물론 이런 기적과 역사를 하신 분은 분명히 여호와 하나님이시다. 하나님께서 직접 택한 백성인 이스라엘 백성들을 애굽이라는 당시 초강대국으로부터 건져내신 것이다. 실제로 하나님께서는 모세가 아니더라도 만약 그가 끝까지 순종하지 않았다면 다른 사람으로 출애굽의 역사를 이루셨을 것이다. 그러나 하나님의 인내하심으로 인하여 80세 노령의 양치는 목자인 모세를 들어서 하나님께서 쓰신 것이다. 결코 모세가 인내한 것이 아니다.

주 예수보다 더 귀한 것은 없네

히브리서 저자는 유대인들이 위대한 인물로 추앙하는 모세보다 훨씬 더 큰 분이신 예수 그리스도를 깊이 생각하라고 말하고 있다.(히 3:1) 그렇다! 모세는 피조물이다. 그러나 예수 그리스도는 창조주이시다. 사실 격이 안 맞아서 비교 대상이 아니다. 이처럼 오늘 로마서 6장에서도 우리를 죄에서 구하신 예수 그리스도를 말하고 있다. 앞 장인 로마서 5장에서는 인간은 누구나 죽음이라는 거대한 권세 아래 놓여 죽을 수밖에 없었지만 예수 그리스도를 믿음으로, 의롭다 여김을 받아 구원을 받게 되었다. 어떻게 살아야 하나? 하나님의 자녀로서 살아가야 함을 말하고 있다. 즉 5장은 "죽음 권세로부터 자유"를 말한 것이다. 그렇다면 6장은 바로 "죄 권세로부터의 자유"를 말하고 있다. 어떻게 보면 죽음과 죄는 마치 일란성(一卵性) 쌍둥이처럼 아주 깊이 연계되어있다.

순서를 말한다면 죄가 먼저이고, 다음이 죽음이다. 5장 12절에 "그러므로 한 사람으로 말미암아 죄가 세상에 들어오고 죄로 말미암아 사망이 들어왔나니 이와 같이 모든 사람이 죄를 지었으므로 사망이 모든 사람에게 이르렀느니라"라고 기술하고 있다. 또한, 6장 23절에는 더욱 명확하게 말하고 있다. "죄의 삯은 사망이요…." 그러므로 5장도 당연히 죄를 다루고 있다. 죽을 수밖에 없던 우리들이 믿음으로 의롭다 하심을 받았기에 하나님과 자녀의 관계가 되어 화평을 누리게 된 점을 말하고 있다. 그러나 6장에서는 죄의 몸이 예수 그리스도와 함께 세례를 받았다는 점을 말하고 있다. 우리가 세례를 받은 것은 바로 예수님과 함께 받은 것이다. 그냥 단순하게 보이기 위한 의식(儀式)이 아니다. 영적인 역사가 이루어진 것이다.

세례, 십자가, 그리고 부활

세례는 예수님과 함께 나도 죽고, 예수님께서 부활하실 때 나도 같이 살아나는 것을 뜻한다. 그러므로 예수님이 십자가에서 죽었을 때 우리의 옛사람도 같이 죽었음을 상기시킨다. 6절 상반 절에 "우리가 알거니와 우리의 옛 사람이 예수와 함께 십자가에 못 박힌 것은…"이라고 말하여 세례와 연결되어

〈부활과 자유의 상징: 나비〉

십자가의 죽음을 거론하고 있다. 그리고 부활을 거론한다. 결국 그리스도와 함께 죽었으니 함께 부활하는 것이다. 부활과 관련된 절은 4절 후반 절에 "…우리로 또한 새 생명 가운데서 행하게 하려 함이라", 5절 하반 절에 "…또한 그의 부활과 같은 모양으로 연합한 자도 되리라", 8절에 "만일 우리가 그리스도와 함께 죽었으면 또한 그와 함께 살줄을 믿노니"이다.

결론적으로 11절에서 히브리서 기자는 "이와 같이 너희도 너희 자신을 죄에 대하여는 죽은 자요 그리스도 예수 안에서 하나님께 대하여는 살아 있는 자로 여길지어다."라고 말하고 있다. 즉 죄와는 이제 상관이 없는 자라고 여기라는 것이다. 우리가 예수 그리스도 안에서 하나님의 은혜로 살아있는 자로 여기라는 말씀이다. 우리는 "죄에 대하여 죽은 자들"이라는 사실이다. 죄에 대하여는 죽은 자, 하나님께 대하여는 살아있는 자로 여기라는 말씀은 우리가 오직 예수 그리스도로 말미암기 때문이다. 이렇게 할 수 있는 근간에는 예수 그리스도께서 성부 하나님께 순종하심으로 우리를 죄를 대신 지시고 죽으셨기 때문이다.

죄 권세로부터의 자유

　그리고 사흘 만에 그 죽음을 이기고 살아나셨다는 것이 우리도 죄에서 죽고, 주와 함께 살아났다는 것이다. 하나님께서 인정(認定)하시고, 그렇게 여겨주셨다는 점이 중요하다. 왜 그렇게 하시는가? 바로 예수 그리스도 때문이다. 그래서 오늘 로마서 6장 1-11절은 우리가 예수 그리스도와 함께 죽고, 함께 살았음을 말하여 죄 권세로부터의 자유함을 얻었음을 말씀하고 있다. 다음에 거론되는 12-14절에서 그렇게 여김을 받은 자가 어떻게 살아내야 하는지를 말해 주고 있다. 「나 자유 얻었네.」라는 복음송이 있다. "나 자유 얻었네. 너 자유 얻었네. 우리 자유 얻었네. 주 말씀하시길 죄 사슬 끊겼네. 우리 자유 얻었네. 할렐루야" 얼마나 즐거운 복음송인가? 이 죄 권세로부터의 자유가 예수 그리스도로부터 왔다는 그 감격에 우리는 주님을 늘 찬양하고 송축하여야 할 것이다. 아멘!

[2023.09.05.]

묵상할 내용

죽음의 근본인 '죄'로부터의 자유를 분명히 인식하고 있는가?
예수 그리스도로 인한 은혜라는 점을 깊이 생각해 보자.

16. 은혜 아래
Under the Grace

───── 오늘의 성경: 로마서 6:12-14

✝

12. 그러므로 너희는 죄가 너희 죽을 몸을 지배하지 못하게 하여 몸의 사욕에 순종하지 말고

13. 또한 너희 지체를 불의의 무기로 죄에게 내주지 말고 오직 너희 자신을 죽은 자 가운데서 다시 살아난 자 같이 하나님께 드리며 너희 지체를 의의 무기로 하나님께 드리라

14. 죄가 너희를 주장하지 못하리니 이는 너희가 법 아래에 있지 아니하고 은혜 아래에 있음이라

설교에 관한 수필집 – 『가슴에 들리는 설교 이야기』

수필식 설교론인 『가슴에 들리는 설교 이야기』 책을 마무리해야 하고, 또 설교 원고도 작성해야 하는 분주함이 갑자기 생겼다. 그래도 감사한 것은 오늘 안에 정리가 잘되어가고 있으니 분명히 하나님의 은혜이다. 책 제목에 여전히 '가슴인가? 마음인가?'를 가지고 설왕설래하는 상황이지만 그래도 「가슴」으로 하는 것이 더 나

을 것 같다는 생각이다. 한편 보편적으로는 마음인데, 가슴으로 하자니 약간 미련이 남기는 하다. 그렇다고 마음으로 하면 별반 다르지 않은 아

주 평범한 제목이 될 텐데…. "가슴"이라는 정신과 육체가 함유되는 보다 확대된 말과 "들리는"이라는 뉘앙스가 연결되어 약간 생소함을 유발시키는 효과도 있어서 가슴으로 하기로 결정하였다. 이제 한 개의 파일에 53편의 글이 들어가고, 프로필과 사진, 그리고 참고문헌이 들어갔다. 조금만 더 정리되면 추천사를 써 주실 일곱 분의 목사님들께 의사 타진 서신을 보내고, 초안을 PDF파일로 하여 보내드리면 될 것이다.

예수 그리스도와 함께 죽고 함께 살아남

오늘 묵상할 본문은 로마서 6장 12-14절의 짧은 글이다. 그런데 여기에 중요한 진리가 함축되어있다. 6장의 큰 제목인 "죄 권세로부터의 자유" 속에서 오늘의 말씀 바로 앞 절의 내용은 예수 그리스도께서 죄에 대하여 단번에 죽으셨다는 것으로서, 우리가 예수님과 함께 죽었다는 점과 다시 그와 함께 살아났다고 기술하고 있다. 이를 근거로 12절에는 "그러므로"라고 시작함으로써 죄가 우리 몸을 지배하지 못하게 하라고 말하고 있다. 원래 우리 몸은 죽을 몸이었으나 예수 그리스도께서 대신 죽으셨기에 우리는 구원을 받게 되었다. 즉 우리가 늙어서 질병이나 사고로 죽게 되는 것은 육체의 죽음이라는 점이다. 이 죽음을 맛보지 않는다는 것은 아니다. 영적인 부분으로 우리 영혼이 살아났다는 점이다.

불의의 무기로 전락(轉落)시키지 말라

그러므로 우리는 죄가 우리 몸을 주관하고 지배하지 못하게 해야 한다. 이것을 몸의 사욕에 순종하지 말라고 사도 바울은 말하고 있다. 몸의 사욕(邪慾)이란 욕심이며 음란이고 쾌락을 말하고 있다. 몸은 육체이기에 자꾸만 우리 자신을 사욕으로 가게 만든다. 여기에 순종 즉 따라가지 말라는 것이다. 그리고 우리의 몸에서 지체가 있다. 이 지체는 손발을 비롯하여 몸의 각 부분을 말한다. 이 지체가 불의의 무기로 전락하기도 한다. 즉 손발을 이용하여 타인을 상해하기도 하고 훔치기도 한다. 우리 몸의 지체가 불의의 무기로 너무나 많이 활용되는 세상이다. 눈, 입, 귀 등 몸에 붙어있는 지체들이 온갖 죄에 취약하다.

그래서 사도 바울은 우리 몸을 불의의 무기로 사용하지 말라고 한다. 몸을 불의에 내주면 죄가 된다. 그러므로 비법은 우리 자신을 죽은 자 가운데서 다시 살아난 자 같이 여기는 것이 중요하다. 우리 자신을 하나님께 드려야 한다. 이것이 무슨 뜻인가? 하나님의 말씀에 순종하는 것이다. 주님의 일에 헌신하는 것이 하나님께 드리는 것이다. 헌금도, 봉사도 드림의 일종이다. 우리 자신을 하나님께 드림이 중요하다.

의의 무기(武器)로서 사용되어야 한다

그리고 두 번째는 우리 지체를 의의 무기로 하나님께 드리는 것이다. 13절에 불의(不義)의 무기와 의(義)의 무기를 대칭시키고 있다. 우리 지체가 불의의 무기가 될 수도 있고, 의의 무기가 될 수 있다. 어떤 무기가 되어야 하는가? 그렇다! 우리는 우리 자신을 의의 무기로 하나님께 드려야 한다. 의의 무기로 하나님께 드려지는 일은 구체적으로 어떤 것이 있을까? 찬양과 기도, 말씀 공부, 전도, 헌신과 봉사, 선행, 구제, 친절, 존중 등 의의 무기로서의 일이 여러 가지이다. 또한 애국(愛國)하는 것도 그 일환이다.

당연히 예수 그리스도의 보혈로 구원함을 얻은 우리는 주님께 우리 몸을 드려야 마땅하다. 이런 삶을 살면 죄가 우리를 주장하지 못하게 된다. 나는 의의 무기로 내 몸을 사용하고 있는가? 항시 점검하지 않으면 자칫 불의의 무기로 사용될 수도 있다. 불의의 무기로 가는 길이 쉽고 넓기 때문이다. 그래서 많은 사람들이 이 길로 나아간다. 그러나 기도와 말씀으로 우리를 거룩하게 한다면 이는 의의 무기로 사용될 수 있는 준비 자세가 되는 것이다.

은혜 아래에 있음이라

매일 새벽에 교회에 가서 예배드리며, 말씀을 듣고 기도하는 것도 바로 이미 구원받은 몸이지만 아직 이 세상에 속해 있기에 죄가 엄습하지 못하게 영성(靈性)이 있도록 하기 위함과 주님과 동행하며 살기 위함이다. 이렇게 살면 바로 그 죄가 우리를 주장하지 못하게 된다. 왜냐하면, 우리는 율법 아래 있는 것이 아니라 '은혜(恩惠, grace)' 아래 있기 때문이다. "은혜, 은혜, 하나님의 은혜" 은혜가 있기에 오늘도 감사하며 의의 무기로서 우리 지체를 항상 주님께 드리는 사람이 되어야겠다.

큰며느리의 영어 이름이 "그레이스(Grace)"이다. 정말 잘 작명하였다. 며느리는 이 이름을 어디에서 힌트를 얻었는지 모르지만 잘 결정하였다. 우리가 죄의 노예가 되어 죄를 먹고 마시며 우리의 몸을 불의의 무기로 죄에게 내 주었다. 그러나 예수 그리스도를 믿음으로 그리스도께서 하신 놀라운 일인 대속의 은혜를 받게 된 것이다. 믿음으로 인해 구원을 받았지만, 아직도 우리는 이 세상에서 육체를 가지고 살아가고 있다. 그래서 두렵고 떨림으로 구원의 완성을 향하여 나아가야 한다. 이미 죄에 대하여 죽었음을 인정하고 이제는 자신을 의의 무기로 주님을 기쁘시게 하는 일에 힘을 다하여야 한다. 그것이 하나님의 은혜 아래에 사는 것이다.

[2023.09.10.]

묵상할 내용

매일 매일 나의 지체가 의의 무기로 사용되고 있는가?

17. 의의 종
Slave of Righteousness

─────── **오늘의 성경: 로마서 6:15-23**

✝

15. 그런즉 어찌하리요 우리가 법 아래에 있지 아니하고 은혜 아래에 있으니 죄를 지으리요 그럴 수 없느니라
16. 너희 자신을 종으로 내주어 누구에게 순종하든지 그 순종함을 받는 자의 종이 되는 줄을 너희가 알지 못하느냐 혹은 죄의 종으로 사망에 이르고 혹은 순종의 종으로 의에 이르느니라
17. 하나님께 감사하리로다 너희가 본래 죄의 종이더니 너희에게 전하여 준 바 교훈의 본을 마음으로 순종하여
18. 죄로부터 해방되어 의에게 종이 되었느니라
19. 너희 육신이 연약하므로 내가 사람의 예대로 말하노니 전에 너희가 너희 지체를 부정과 불법에 내주어 불법에 이른 것 같이 이제는 너희 지체를 의에게 종으로 내주어 거룩함에 이르라
20. 너희가 죄의 종이 되었을 때에는 의에 대하여 자유로웠느니라
21. 너희가 그 때에 무슨 열매를 얻었느냐 이제는 너희가 그 일을 부끄러워하나니 이는 그 마지막이 사망임이라
22. 그러나 이제는 너희가 죄로부터 해방되고 하나님께 종이 되어 거룩함에 이르는 열매를 맺었으니 그 마지막은 영생이라
23. 죄의 삯은 사망이요 하나님의 은사는 그리스도 예수 우리 주 안에 있는 영생이니라

하나님의 은혜 안에 거하는 자유

로마서 6장을 장흥길 교수님은 "죄 권세로부터의 자유"라고 말하고 있다. 인간의 죄는 결국 자기가 판 무덤 속으로 들어가는 것과 같이 자

신을 부정과 불법에 내어 주어 죄의 종이 되는 것이라고 성경은 말하고 있다. 내가 그리로 가는 것이지 누가 떠민 것이 아니다. 내가 순종하는 자의 종이 된다고 말하고 있다. 아마도 죄의 종으로 살아갔던 때는 그 속에서의 질퍽한 늪과 같은 죄성과 함께 육신의 쾌락과 자기 자신의 말초신경의 충족을 위하여 살았을 것이다. 그러므로 사도 바울도 21절에서 그 일을 부끄러워한다고 말하고 있다. 죄로부터의 자유는 의에게 가야 그 죄 짐에서 풀리게 된.

이제 6장 14절에서 "죄가 너희를 주장하지 못하리니 이는 너희가 법 아래에 있지 아니하고 은혜 아래에 있음이라"라고 말하고 있다. 죄의 종에서 벗어나 하나님께 나아왔으므로 원수인 죄가 우리를 주장하지 못하게 되었다는 결과론적인 말을 한다. 그래서 오늘 본문의 시작에서 "그런즉"이라고 그 말을 받아서 진행한다. 자칫 우리가 은혜 아래에 있다고 방종해도 되는 것이 아닌가 하는 어리석은 생각을 할 때가 있다. 다 하나님께서 용서하시고 은혜를 베풀어 주시는데 내 마음에서 "또 죄를 지어도 괜찮지 않은가?"라고 말할 수도 있다. 그러나 그것은 아주 바보 같은 생각이다. 그럴 수 없다. 은혜 아래 있으니 죄를 질 수 없다.

선택과 견인의 교리(敎理)

그러나 억지로 죄에게 순종하여 버린다면 결국 죄의 종이 되어버리는 것인데 그것은 교리적으로는 그럴 수가 없다. 하나님께 나와서 성령의 빛을 받은 사람은 결코 그리고 갈 수가 없는 것이다. 주님의 선택(選擇, chosen)에는 실수가 없기 때문이다. 그리고 한번 선택된 사람은 끝까지, 구원에 이르도록, 지켜주시고 이끌어 주신다는 견인(堅忍, perseverance)의 교리가 뒷받침한다. 그러므로 선택받은 자가 그 구원의 은총을 마다하고 다시 죄의 종으로 되돌아갈 수가 없다. 만약에 그리로 갔다면 그는 원래 의의 종으로 오지 않았던 사람이라고 말할 수 있다.

죄의 종은 사망에 이르고, 순종의 종은 의에 이른다고 이 두 가지 내용을 대비하여 사도 바울은 16절에서 말하고 있다. 여기서 순종한다는 것을 "교훈의 본(本): The form of teaching"이라고 하였지만, 이는 바로 하나님의 말씀이다. 이 말씀에 순종하면 의에 이르고 거룩함에 이르게 된다. 내가 마음으로 복음에, 즉 예수 그리스도를 나의 주, 나의 하나님으로 믿고 순종하면 이때 죄의 사슬이 풀리면서 죄의 종에서 의의 종으로 신분이 180도 바뀌지는 것이다. 그런데 영화로운 왕자에서 형편없는 거지로 어떻게 다시 돌아갈 수 있으랴!

성령의 열매로 거룩함에 이른다

우리가 과거에 우리 지체를 불법에 내어 주는 경우가 많았다. 지금도 그렇게 사는 사람들이 많이 있다. 이 불법은 죄의 법이라고 할 수 있다. 죄의 법 아래에 사는 사람들은 자기의 생각대로 살아간다고 하지만 이는 죄로 인한 잘못된 생각인 줄은 모른다. 그리고 자신의 죄악의 태도와 말을 자꾸 합리화하며, 그 달콤함을 벗어나지 못하였다. "지금이 좋사오니"와 같은 마음으로 현재의 쾌락과 삶에 만족하여 예수 그리스도 앞에 나오지 않았다. 이런 것이 과거에 우리의 모습이다.

이 세상은 두 가지 종류의 사람들로 나누어진다. 죄의 종과 의의 종이다. 누구나 이 두 가지 중 어느 한편에 속해 있다. 죄는 사탄이 주장하며 죄를 짓게끔 사람들의 마음을 혼란하게 만든다. 한편 의의 종은 거룩하신 하나님의 뜻에 따라 살게 되므로 거룩함의 모습으로 점점 성화(聖化)되어간다. 거룩함에 도달한 사람은 어떤 생각을 해도 어떤 행동을 해도 거룩성을 잃지 않는다. 히브리서 12장 14절은 "모든 사람과 더불어 화평함과 거룩함을 따르라 이것이 없이는 아무도 주를 보지 못하리라"고 말씀하고 있다. 그런데 우리는 어떠한가?

사도 바울은 22절과 23절에서 매우 아름다운 말씀을 하고 있다. 죄로부터 해방이 되어 하나님의 종으로 살면 열매를 맺게 되는데 이는 거룩함에 이르는 열매가 된다. 이 열매는 갈라디아서 5장

〈풍성함의 상징: 포도송이〉

22-23절에 있는 성령의 열매와 연결이 된다. 사랑, 희락, 화평, 오래 참음, 자비, 양선, 충성, 온유, 절제의 아홉 가지 열매가 맺혀지는데 한마디로 거룩해진다. 이 거룩함이 영생으로 나아가게 된다. 이 성령의 아홉 가지 열매는 하나의 열매에 집결된다. 이것은 "사랑"이라는 열매이다. 이 열매에 나머지 여덟 가지 열매가 속한다.

하나님의 사랑으로 영생(永生)을 얻게 되다

그래서 사도 바울은 고린도전서 13장에서 "사랑"을 제일이라고 하지 않는가? 죄로부터 해방 → 하나님께 종 → 거룩함에 이르는 열매 → 거룩함

→ 영생의 flow-chart가 만들어진다. 시작은 죄로부터의 해방 즉 죄의 종에서 빠져나오는 것이다. 내 힘으로? 아니다. 나에게는 그럴 힘이 없다. 오직 하나님의 사랑으로 인하여 선택해 주심에 달려있다. 오로지 주님께서 나를 죄의 종인 신분을 값을 치르고 의의 종으로 전환시켜 주어야 한다. 요한복음 5장 24절에서 요약해 주고 있다. "내가 진실로 진실로 너희에게 이르노니 내 말을 듣고 또 나 보내신 이를 믿는 자는 영생을 얻었고 심판에 이르지 아니하나니 사망에서 생명으로 옮겼느니라."

그리고 또 가장 잘 알려진 성경 구절 가운데 하나인 23절로 종결된다. "죄의 삯은 사망이요 하나님의 은사는 그리스도 예수 우리 주안에 있는 영생이니라"고 말한다. 분명하게 죄는 사망으로 가는 지옥행 티켓이다. 죄에서 벗어나 거룩함에 이르면 그것이 바로 하나님께서 주시는 은혜의 선물인 예수 안의 영생임을 사도 바울은 힘주어 말하고 있다.

[2023.09.15.]

묵상할 내용

나는 지금 성화의 단계에 있다고 생각하는가?
그렇다면 일상에서 거룩함을 유지하고 있는지 생각해 보자.

"로마서는 신약성경 중 가장 체계적이고 논리적인 신학적 논증을
담고 있으며, 복음의 본질을 깊이 있게 설명한다."

"The book of Romans contains the most systematic and logical theological arguments
in the New Testament and deeply explains the essence of the gospel."

레온 모리스(Leon Morris, 1914-2006)

——————— 7장

율법 권세로부터의 자유
: 롬 7:1-25

Freedom from Power of the Law

제임스 티소트, <성 바울>(1894)
James Tissot, 〈Saint Paul〉(1894)

18. 율법에서 벗어난 삶
Life Freed from the Law

✝

1. 형제들아 내가 법 아는 자들에게 말하노니 너희는 그 법이 사람이 살 동안만 그를 주관하는 줄 알지 못하느냐

2. 남편 있는 여인이 그 남편 생전에는 법으로 그에게 매인 바 되나 만일 그 남편이 죽으면 남편의 법에서 벗어나느니라

3. 그러므로 만일 그 남편 생전에 다른 남자에게 가면 음녀라 그러나 만일 남편이 죽으면 그 법에서 자유롭게 되나니 다른 남자에게 갈지라도 음녀가 되지 아니하느니라

4. 그러므로 내 형제들아 너희도 그리스도의 몸으로 말미암아 율법에 대하여 죽임을 당하였으니 이는 다른 이 곧 죽은 자 가운데서 살아나신 이에게 가서 우리가 하나님을 위하여 열매를 맺게 하려 함이라

5. 우리가 육신에 있을 때에는 율법으로 말미암는 죄의 정욕이 우리 지체 중에 역사하여 우리로 사망을 위하여 열매를 맺게 하였더니

6. 이제는 우리가 얽매였던 것에 대하여 죽었으므로 율법에서 벗어났으니 이러므로 우리가 영의 새로운 것으로 섬길 것이요 율법 조문의 묵은 것으로 아니할지니라

7. 그런즉 우리가 무슨 말을 하리요 율법이 죄냐 그럴 수 없느니라 율법으로 말미암지 않고는 내가 죄를 알지 못하였으니 곧 율법이 탐내지 말라 하지 아니하였더라면 내가 탐심을 알지 못하였으리라

8. 그러나 죄가 기회를 타서 계명으로 말미암아 내 속에서 온갖 탐심을 이루었나니 이는 율법이 없으면 죄가 죽은 것임이라

9. 전에 율법을 깨닫지 못했을 때에는 내가 살았더니 계명이 이르매 죄는 살아나고 나는 죽었도다

10. 생명에 이르게 할 그 계명이 내게 대하여 도리어 사망에 이르게 하는 것이 되었도다

11. 죄가 기회를 타서 계명으로 말미암아 나를 속이고 그것으로 나를 죽였는지라

12. 이로 보건대 율법은 거룩하고 계명도 거룩하고 의로우며 선하도다
13. 그런즉 선한 것이 내게 사망이 되었느냐 그럴 수 없느니라 오직 죄가 죄로 드러나기 위하여 선한 그것으로 말미암아 나를 죽게 만들었으니 이는 계명으로 말미암아 죄로 심히 죄 되게 하려 함이라

율법으로 말미암은 죄의 정욕(情欲)

7장에 대하여 "율법 권세로부터의 자유"라고 장흥길 교수님은 그의 책『로마서』에서 말하고 있다. 그런데 그 '자유'라고 하는 주제가 오늘의 본문인 7장 1–13절에서 산뜻하게 나타나는 것이 아니다. 사도 바울은 계속 말을 돌리는데 왜 그렇게 하나? 라는 생각이 들 정도이다. 결국, 요지는 주 예수 그리스도를 믿는다는 것은 예수님이 우리의 죄를 짊어지고 십자가에서 죽임을 당하신 것인데 그때 우리도 그 십자가에 함께 죽임을 당한 것으로 간주한다는 점이다.

결과적으로 예수 그리스도의 대속의 사건이 나를 율법의 속박에서 벗어나게 하였다. 첫 사람 아담이 에덴동산의 선악과(善惡果)를 따먹지 말라는 하나님의 명령을 어기고, 불순종하였기에 죄가 이 세상에 들어온 것이다. 즉 아담 한 사람의 불순종이 죄의 씨앗이 되어버린 것이다. 그러므로 죄가 들어왔고, 온 인류는 그 죄의 유전, 즉 원죄의 세력권 안에 들어가 있음으로 여러 가지 죄악을 저지르게 되었고, 마침내 죽음이라는 형벌을 받게 되었다.

혼인(婚姻) 관계와 율법

그러나 다른 한 사람이신 흠과 죄가 없으신 예수 그리스도께서 온 인류

를 속박하는 저주의 사슬을 끊어지게 만든 역사의 대반전이 이루어졌는데, 그것이 바로 골고다의 십자가 사건이다. 이는 선악과(善惡果) 언약의 파기로 사망이 온 것처럼 십자가에 피 흘리심으로 말미암아 생명을 되찾게 된 것이다. 사도 바울은 이것을 율법과의 관계라는 예로 설명하고 있다. 율법과 계명은 거룩하고 의로우며 선하다고 말한다.(12절) 그렇다! 하지만 율법은 죄를 죄라고 말하는 초등교사의 역할 만을 할 뿐이다.

그 율법 속에 있는 계명을 따르지 않으면 그것은 죄가 되는 것이다. 성경 속에서 7장 전체의 소제목을 "혼인 관계로 비유한 율법과 죄"라고 명기하고 있다. 모든 법이 그렇지만 법은 살아있는 사람에게 적용되는 것이지

죽으면 모든 규정에 저촉되지 않는다. 1절에서 "형제들아 내가 법 아는 자들에게 말하노니 너희는 그 법이 사람이 살 동안만 그를 주관하는 줄 알지 못하느냐"라고 말하고 있다. 세상의 부부관계에서 남편과 아내는 법에 의하여 서로에게 매인바 되어있다. 하지만 어느 한쪽이 죽으면 슬프긴 하지만, 다른 한쪽은 법에 의한 매임이 풀어져서 재혼(再婚)할 수도 있는 외로움 속의 자유로움이 있게 된다. 그리고 오늘 성경에서도 사도 바울은 가부장적(家父長的)이고 무서운 남편이 죽으면, 그 아내는 자유롭게 재혼할 수 있다고 말하고 있다.(3절)

율법으로부터의 해방(解放)

세상의 혼인 관계를 말한 뒤에, 율법이라는 매우 가부장적인 엄격한 남

편을 모시고 살던 아내 입장의 인간에 대하여 말한다. 4절을 보면, 율법이라는 남편이 죽은 것이 아니라 아내인 내가 죽은 것이다. 여기서 우리는 조금 헷갈리게 된다. 이해하기로는 3절과 4절의 내용은 누구라도 어느 한쪽이 죽으면 매임이 풀어진다는 내용에 대한 비유 또는 원리이다. 이 세상에서 율법은 선하고, 거룩하며, 신령하다.(12절, 14절) 율법은 '기준점'이며, 나를 보여주는 '거울'과 같다.

그러므로 율법이 죽는 것이 아니다. 죽는 쪽은 아내인 우리이다. 그런데 잘 보면 율법이 나를 죽이는 것이 아니라, 죄(罪)라는 실체가 율법을 교묘하게 이용하여 나를 억압하며 괴롭히고 결과적으로 율법에 대하여 죽임을 당한 것이다.(4절) 그 죽임은 예수 그리스도께서 우리의 무거운 죄 짐을 다 지시고, 십자가에서 죽으셨는데 그때 우리가 주님과 함께 죽었다는 점이다. 이로 인하여 남편이었던 율법의 권세(權勢)로부터 해방되었다.

그러므로 율법이 더 이상 나를 속박할 수가 없게 되었다고 말하고 있다. 즉 율법의 속박으로부터 자유롭게 벗어나게 되었다. 율법이 나에게 영향을 미칠 수 없게 되었다. 왜냐하면, 내가 그리스도와 함께 십자가에서 죽었기 때문이다.(갈 2:20) 원래는 첫 사람 아담의 원죄(原罪)가 내 안에 흘러서 나도 그 죄로 말미암아 죽을 수밖에 없었다. 그 원죄는 또 다른 한 사람, 예수 그리스도의 순종하심으로 풀리게 되었다는 논리이다. 그런데 그 원죄만이 아니다. 인간들은 실질적인 죄 즉 자범죄(自犯罪)를 저지르게 되었으나 그 죗값도 모두 갚아진 것이다. 모든 죄로부터 우리는 해방되었다!

그리스도의 십자가의 죽음과 부활(復活) 사건

그러므로 가장 극적(劇的)인 부분이 바로 예수 그리스도의 십자가에서의 대속(代贖)의 죽음이다. 그리고 그 죽음에서 부활하심이다. 여기서 우리는 주님과 함께 죽었고 함께 살아났음을 알아야 한다. 이는 은혜이신 예수 그리스도의 신부가 되었다. 그러므로 율법과 나와는 아무런 관계가 없어진 것이다. 이제는 생명의 성령의 법으로만 살아가면 된다. 조상 대대로 유전되어 오던 그 원죄의 사슬이 끊어졌고, 하나님이 싫어하시는 죄악을 저지른 그 죄를 회개함으로 용서함을 받아 이제는 죽음과 죄와 율법으로부터의 자유를 얻게 된 것이다.

죽음은 죄에 기인한 것이다. 영적으로 육적으로 하나님과의 분리였다. 그런데 이 사이를 이어주신 분은 우리 주 예수 그리스도이시다. 연결시켜주신 것이다. 하나님과 분리된 인간은 자신의 노력과 힘으로 살아가려고 온갖 힘을 다하였다. 하지만 인간은 점점 피폐해졌으며, 무미건조하게 의미 없는 삶을 살아갈 수밖에 없었다. 율법이 주어졌지만, 인간은 그 율법을 표면상으로는 따르긴 하였어도, 내면적으로는 충심으로 그 법의 요구사항을 다 따라갈 수가 없었다.

그 어떤 종교나 철학이나 사상도 인간 영혼에 참다운 평안과 안식을 줄수가 없었다. 오직 예수 그리스도만이 길이요 진리요 생명이시므로 그 길로만 가야 죄의 문제가 해결되고 율법으로부터 해방이 되는 것이다. 그렇다면 우리는 어떤 법칙에 따라서 살아야 하는가? 이는 생명의 성령의 법에 따라서 살아가면 된다. 이 법은 바로 예수 그리스도가 주신 말씀의 법, 사랑의 법이다. 자유롭고 평안하며 기쁨을 주는 법이며 계명이다. 새 계명이라고 할 수 있다.

영(靈)의 새로운 것, 성령의 법

사랑의 법, 친절과 기쁨의 법, 봉사와 희생의 법, 인내와 헌신의 법이라고 말할 수 있다. 억지로가 아니라 자발적으로 주님께서 주시는 힘으로 능히 이를 감당할 수 있다. 오늘 본문에서 말하는 사도 바울의 의도는 율법은 거룩하고 의로우며 선하다는 것이지만 우리 힘으로는 그 계명을 따라 행할 수가 본래 없다는 점이다. 그리고 6절에서 "이제는 우리가 얽매였던 것에 대하여 죽었으므로 율법에서 벗어났으니 이러므로 우리가 영의 새로운 것으로 섬길 것이요 율법조문의 묵은 것으로 아니할지니라"고 말하고 있다. 오직 예수 그리스도만이 우리를 살리신 것이다.

[2023.09.20.]

묵상할 내용

나는 지금 생명의 성령의 법으로 살아가고 있는가?
아니면 여전히 율법 속에서 헤매고 있는가?

19. 내 힘으로는 지킬 수 없는 율법

The Law beyond my Strength

†

14. 우리가 율법은 신령한 줄 알거니와 나는 육신에 속하여 죄 아래에 팔렸도다
15. 내가 행하는 것을 내가 알지 못하노니 곧 내가 원하는 것은 행하지 아니하고 도리어 미워하는 것을 행함이라
16. 만일 내가 원하지 아니하는 그것을 행하면 내가 이로써 율법이 선한 것을 시인하노니
17. 이제는 그것을 행하는 자가 내가 아니요 내 속에 거하는 죄니라
18. 내 속 곧 육신에 선한 것이 거하지 아니하는 줄을 아노니 원함은 내게 있으나 선을 행하는 것은 없노라
19. 내가 원하는 바 선은 행하지 아니하고 도리어 원하지 아니하는바 악을 행하는도다
20. 만일 내가 원하지 아니하는 그것을 하면 이를 행하는 자는 내가 아니요 내 속에 거하는 죄니라
21. 그러므로 내가 한 법을 깨달았노니 곧 선을 행하기 원하는 나에게 악이 함께 있는 것이로다
22. 내 속사람으로는 하나님의 법을 즐거워하되
23. 내 지체 속에서 한 다른 법이 내 마음의 법과 싸워 내 지체 속에 있는 죄의 법으로 나를 사로잡는 것을 보는도다
24. 오호라 나는 곤고한 사람이로다 이 사망의 몸에서 누가 나를 건져내랴
25. 우리 주 예수 그리스도로 말미암아 하나님께 감사하리로다 그런즉 내 자신이 마음으로는 하나님의 법을 육신으로는 죄의 법을 섬기노라

너무나 많은 명목상(名目上)의 그리스도인

성경 속에 나타난 여러 이야기에서 사람들의 죄를 발견하게 된다. 여기에 필자도 포함되어 있다. 권모, 술수, 거짓말, 비난 등이 가정에서, 집단에서 생겨난다. 가까이에서 나타난 것은 바로 나 자신의 속에서 나타나는 죄의 모습이다. 나를 포

〈개굴거리는 소리보다 행동-랑벌파파 칼럼에서 발췌〉

함하여 한국교회의 문제점은 여전히 성도라고 하는 사람들이 하나님의 은혜로 구원받았음에도 불구하고 죄 가운데 사는 모습들이다. 가장 큰 문제는 교회 지도자들이 교인들을 바르게 가르치지 못했을 뿐만 아니라 자신들도 바르게 살지 못하였기 때문이다. 말은 진리의 말씀이지만 행동은 다르게 나타난다. 혼탁해지고 어지러운 기독교계가 반드시 정화되어야 한다. 그런데 우리 눈에 보이는 죄의 모습만이 아니라 내면의 죄 문제가 그리 간단하지가 않다. 모든 불법과 부정 그리고 부패의 문제가 매스컴에 나타나면 그에 연루된 사람들 가운데 크리스천이라는 사람들이 많이 있다. 이는 명목상(名目上)의 그리스도인들이 아닌가?

교회 내에서는 거룩한 성자이지만, 사회에서는 암투하고, 미워하며, 권모술수를 거리낌 없이 행하는 모습이 우리를 당황스럽게 만든다. 사실 내가 그런 부류의 사람이 아니었든가? 내 힘으로는 아무리 애를 써도 하나님의 율법에 가까이할 수가 없다. 그저 그 율법은 내가 행한 죄를 죄라고 말씀할 뿐이다. 나를 성화시켜 주지 못한다. 그럴 능력이 없기 때문이다. 그러므로 나

는 괴롭고 안타까울 뿐이다. 이 문제의 해결은 오직 예수 그리스도뿐이시다. 예수 그리스도의 보혈이 나를 죄로부터 건져주실 수 있는 유일한 길이다.

올가미에 걸린 인간의 가련(可憐)함

오늘 본문은 문자 그대로 읽어나가면 쉽게 이해하기 어려운 글이다. 사도 바울은 내 속에 거하는 죄를 인격적으로 보고 있다. 즉 17절과 20절에서 모두 "내 속에 거하는 죄"라고 하면서 이 죄가 나로 하여금 악을 행하게 하고, 선을 행하지 못하게 만든다고 강조하고 있다. 문제는 인간은 누구나 선을 추구하는 것 같지만 실제의 본성은 악을 더 선호하고 있다. 필자도 이 실체를 접하고는 놀라지 않을 수 없었다. 죄악의 달콤함이 인간의 본성에 더 어울리는 것이다. 왜냐하면, 죄의 권세 아래 인간 모두가 놓여있기 때문이다. 즉, 사도 바울은 21절에서 자신이 깨달은 바를 말하고 있다. "선을 행하기 원하는 나에게 악이 함께 있는 것이로다." 그렇다! 악이 함께 하고 있다. 이는 죄라는 실체가 나를 그 권세 아래 강하게 압박하고 있기 때문이다.

나에게는 겉 사람과 속 사람이 있다. 속 사람을 양심이라고 부를 수도 있겠다. 내 양심은 하나님의 법을 당연히 즐거워한다. 내 속에서 한 다른 법은 다른 말로는 타락한 본성의 법이라고도 할 수 있다. 이 법이 나를 사로잡아 '죄의 법' 아래 굴복시켜 버린다. 아무리 애를 써도 나는 그 올가미에 꼼짝없이 갇혀서 어찌할 바를 모르는 가련한 존재가 되어 버렸다. 이런 심정을 사도 바울은 강렬하게 느꼈기에 그는 24절에서 이같이 외친다. "오호라 나는 곤고한 사람이로다. 이 사망의 몸에서 누가 나를 건져내랴." 이는 일종의 절규(絶叫)이다.

도저히 내 힘과 능력으로는 그 '죄의 법' 아래 끌려가는 것을 막지 못하고 그냥 끌려갈 수밖에 없다. 여기서 새로운 반전이 일어난다. 요한계시록 5장 7절에서 나타난 하나님의 손에 들린 두루마리를 받은 어린 양으로 인하여 새로운 세계가 열린 것과 같다. "그 어린 양이 나아와서 보좌에 앉으신 이의 오른손에서 두루마리를 취하시니라." 모든 권한이 어린양이신 예수 그리스도께 이관되어가는 일종의 대관식(戴冠式) 직전의 모습이다. 그러므로 예수 그리스도를 구세주로 믿고 의지한다는 것은 보통 일이 아니다.

예수 그리스도만이 해결해 주신다

사도 바울은 드디어 자신이 만난 구세주를 높인다. 25절에서 "우리 주 예수 그리스도로 말미암아 하나님께 감사하리로다"라고 환성(歡聲)을 지른다. 오직 예수 그리스도만이 이 죄의 사슬을 끊어주실 수가 있다. 인간의 힘으로서는 새 사냥꾼의 올무에 걸린 새처럼 움직일수록 올무에 더욱 옥죄는 것과 같이 우리는 죄의 늪 속에 빠져 허우적거리며 나올 수가 없는 상태에 있었다. 그런데 그런 나를 성자 예수 그리스도께서 건져주심으로 인하여 나는 주님을 경배하고 그를 높여드리는 것이다. 이 세상을 살아가면서 의지하고 은혜를 갈구(渴求)하여야 할 분은 오직 예수 그리스도이시다.

그래서 "그런즉 내 자신이 마음으로는 하나님의 법을 육신으로는 죄의 법을 섬기노라"(25절)라며 7장을 마무리하고 있다. 여기서 말하는 죄의 법은 바로 죄의 권세라고 할 수 있다. 육신이 있기에 이 권세를 벗어날 수가 없다는 것이다. 사도 바울은 마음은 원이로되 육신이 죄를 저지르고 그 마음이 참담함을 느끼는 심정을 나타낸다. 하나님께서 모세를 통하여 주신 십계명과 율법은 선한 것이며, 놀라운 하나님의 사랑이다. 하지만 나의 죄를 깨닫게 해 줄 뿐이다.

그러나 인간은 이 율법이 선하고 항상 지켜야 한다는 것을 알지만 실제로는 그렇지가 않다. 육의 몸은 선한 것보다 악하고 더러운 것에 더 흥미를 느낀다. 마음은 그렇게 하지 말아야지 하고 결심을 하지만, 육은 그렇게 반응하지 못하고 죄를 짓게 되는 것을 보게 된다. 즉 율법의 권세를 벗어났다고 할지라도 그리스도인이 짓는 죄를 결코 부인(否認)하지 않는다고 장흥길 교수님은 그의 책 『로마서』에서 강변한다. 예수 그리스도만이 나를 죽음, 죄, 율법의 권세에서 자유케 한다.

[2023.09.27.]

묵상할 내용

가끔 "마음은 원이로되 육신이 약하도다"라며 약해진 자신의 믿음을 탓할 때가 있는가? 이런 경우, 어떻게 그 상황에서 빠져나오는가?

"로마서는 기독교 신앙의 기초를 이루는 교리적 기둥으로서
하나님의 의와 인간의 죄, 그리고 구원의 길을 명확히 제시한다."

"The book of Romans, as a doctrinal pillar that forms the foundation of Christian faith,
clearly presents God's righteousness, human sin, and the path to salvation."

존 스토트(John Stott, 1921-2011)

8장

성령 안에서의 자유
: 롬 8:1-39

Freedom in the Holy Spirit

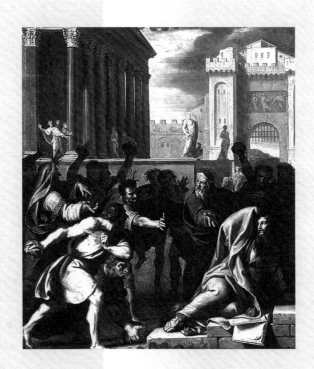

장 밥티스트 드 샹페뉴, <돌 던짐을 당하는 성 바울>(1667)
Jean-Baptiste de Champaigne, ⟨The Stoning of Saint Paul⟩(1667)

20. 성령의 법
The Law of the Spirit

———— 오늘의 성경: 로마서 8:1-11

✝

1. 그러므로 이제 그리스도 예수 안에 있는 자에게는 결코 정죄함이 없나니

2. 이는 그리스도 예수 안에 있는 생명의 성령의 법이 죄와 사망의 법에서 너를 해방하였음이라

3. 율법이 육신으로 말미암아 연약하여 할 수 없는 그것을 하나님은 하시나니 곧 죄로 말미암아 자기 아들을 죄 있는 육신의 모양으로 보내어 육신에 죄를 정하사

4. 육신을 따르지 않고 그 영을 따라 행하는 우리에게 율법의 요구가 이루어지게 하려 하심이니라

5. 육신을 따르는 자는 육신의 일을, 영을 따르는 자는 영의 일을 생각하나니

6. 육신의 생각은 사망이요 영의 생각은 생명과 평안이니라

7. 육신의 생각은 하나님과 원수가 되나니 이는 하나님의 법에 굴복하지 아니할 뿐 아니라 할 수도 없음이라

8. 육신에 있는 자들은 하나님을 기쁘시게 할 수 없느니라

9. 만일 너희 속에 하나님의 영이 거하시면 너희가 육신에 있지 아니하고 영에 있나니 누구든지 그리스도의 영이 없으면 그리스도의 사람이 아니라

10. 또 그리스도께서 너희 안에 계시면 몸은 죄로 말미암아 죽은 것이나 영은 의로 말미암아 살아 있는 것이니라

11. 예수를 죽은 자 가운데서 살리신 이의 영이 너희 안에 거하시면 그리스도 예수를 죽은 자 가운데서 살리신 이가 너희 안에 거하시는 그의 영으로 말미암아 너희 죽을 몸도 살리시리라

하마스 무장단체의 이스라엘 공격으로 시작된 전쟁(戰爭)

이스라엘과 팔레스타인 간의 전쟁이 조금씩 확산 분위기를 보이고 있다. 피의 보복이 이루어지고 있다. 가나안 땅에 정착하여 근 2000년간을 살아가던 팔레스타인인들을 쫓아내고, 이스라엘이 고토회복을 하여 1948년 5월 14일의 이스라엘 건국은 너무나 역사적이며, 사람이 한 일이 분명히 아니다. 오직 아브라함과의 약속에 따른 하나님의 강력한 손길이라고 할 수 있다. 어찌 보면 여호수아의 가나안 정복전쟁과도 같다는 생각이 들며, 이스라엘은 이렇게 유사한 경우가 모두 극적으로 이루어졌다. 그런데 팔레스타인의 하마스 무장단체가 수년간 준비하였다가 일제히 지난 10월 7일 토요일인 안식일에 이스라엘을 공격하였다. 닥치는 대로 민간인들을 살해하고 231명의 인질을 끌고 가자지구로 가서,

이스라엘군과 대치하며 싸우고 있다. 지구촌에 큰 전쟁이 우크라이나와 이스라엘에서 일어나고 있어서 참으로 걱정되며 귀추가 주목되지 않을 수 없다.

〈가자지구에 대한 이스라엘 보복공격〉

이런 일을 보면서 주 예수 그리스도의 재림 전에 평화와 번영이 있을 것이라는 후천년설(後天年說, postmillennialism)이 아닌 것 같고, 도리어 재림 전에 큰 환난이 있다고 하는 전천년설(前天年說, premillennialism)이 더욱 현실에 맞는 것이 아닌가 하는 생각이 강하게 든다. 그렇다면 전쟁과 기근, 재난, 지진, 해일 등과 같은 무서운 일들이 자주 그리고 많이 생겨나는 것이 당연한 것이 아닌가? 그럼에도 불구하

고, 인간은 희망을 갖고 살아가야 한다. 어떠한 어려움이 닥쳐오더라도 낙심, 포기, 실망하지 말고 계속 소망과 희망으로 최선을 다하여 살아가야 한다. 말씀을 읽고 그 말씀으로 용기와 위로를 받아야 한다. 특별히 로마서는 성경의 보석과 같은 말씀을 우리에게 가르쳐 주므로 우리는 더욱 집중하여 말씀의 의미를 깊이 깨달아야 할 것이다.

예수 그리스도로 말미암은 얻은 생명(生命)

로마서 7장까지 사망, 죄, 율법의 권세로부터 자유를 말하였다면, 8장에서는 성령 안에서의 자유를 말하고 있다고 장흥길 교수님은 그의 책 『로마서』에서 강조하고 있다. 7장 말미인 24절에서 사도 바울은 "오호라 나는 곤고한 사람이로다 이 사망의 몸에서 누가 나를 건져내랴" 라고 절규하듯 외쳤다. 사람의 속에 선과 악의 두 가지의 세력이 싸우는데 번번이 악의 세력에게 지는 자신을 바라보고 사도 바울은 외친 것이다. 그러면서 바로 그 해결책인 "예수 그리스도"로 말미암아 감사하는 모습을 나타내면서 7장을 마무리하고 있다. 그래서 8장에 들어와서는 "그러므로"라고 말하면서 "이제 그리스도 예수 안에 있는 자에게는 결코 정죄함이 없나니"라는 결과론적인 말로 시작하고 있다.

예수 그리스도로 인하여 더 이상 죄의 종이 되지 않게 되었다. 왜냐하면 생명의 성령의 법이 죄와 사망의 법에서 우리를 해방시켰기 때문이다. 성령 즉 하나님의 영 또는 예수의 영이 율법에서 우리를 풀어주신 것이다. 어떻게 성령께서 우리를 죄에서 자유케 하셨는가? 그것은 바로 예수 그리스도의 십자가의 사건이다. 예수 그리스도께서 우리의 죄를 대속하시기 위하여 바로 죽으심에 있다. 그의 피 흘리심으로 인하여 우리는 엄청난 은혜를 입게 되었다. 하나님의 독생자께서 죄 있는 육신의 모양으로 이 세상에 오셨기에 이 구원의 길이 넓게 열렸다. 율법의 모든 요구를 다 이루셨다.

육신(肉身)의 생각은 어떤 것인가?

육신 때문에 우리는 죄를 저지르게 된다. 육신은 근본적으로 편하고, 잘 먹고, 잘 자고, 잘 입고, 잘 되는 것을 극히 선호한다. 그래서 수많은 자력 종교에서는 이 육신의 욕구를 제어하려고 고행하며, 단식하고, 극한 금욕을 수행하기도 한다. 그 반면에 그저 쾌락적으로 사려고 하는 양상도 생겨날 수 있다. 더구나 육신은 탐욕적이고 이기적이어서 남보다 우월해지려고 노력한다. 수준이 낮은 공부를 하면서도 어쩌면 그런 바람이 점점 강해진 것은 아닌가?

이런 육신의 생각이나 행동은 성령의 것과는 사뭇 다르다. 육신의 생각은 사망이고, 하나님과 원수가 된다. 그런데도 사람들은 이 육신의 생각에 빠져든다. 여기에는 바로 죄의 달콤함이 있는데 이것은 에덴동산에서 아담과 하와가 범죄 한 후에 인간은 본성 자체가 대단히 망가져 있는 상태여서 육신의 유혹을 끊기가 너무나 어렵다. 어떠한 내용일까? 육신에서 나오는 생각은 탐욕, 음란, 부정, 미움, 시기, 살인 등이라고 할 수 있다.

골로새서 3장 5절에는 "그러므로 땅에 있는 지체를 죽이라 곧 음란과 부정과 사욕과 악한 정욕과 탐심이니 탐심은 우상 숭배니라"라고 말하고 있다. 그리고 갈라디아서 5장 19-20절에 육체의 일이 나타난다. "육체의 일은 분명하니 곧 음행과 더러운 것과 호색과 우상 숭배와 주술과 원수 맺는 것과 분쟁과 시기와 분냄과 당 짓는 것과 분열함과 이단과 투기와 술 취함과 방탕함과 또 그와 같은 것들이라"고 말한다. 이런 것들이 있다면 하나님을 기쁘시게 할 수가 없다.(8절) 다시 말하면 이런 생각들이 우리를 사망으로 몰아가는 것이다.

성령(聖靈)의 생각은 생명과 평안

그러나 하나님의 영, 곧 성령께서 우리 안에 거하시면 우리는 그리스도의 사람 즉 그리스도인이 되며, 하나님을 기쁘시게 할 수 있을 뿐만 아니라, 자연적으로 육신의 생각을 멀리하고 영의 생각을 하게 된다. 그러므로 영의 생각은 생명과 평안이다.(6절) 성령의 열매에 대하여 역시 갈라디아서 5장 22-23절에 잘 나타내고 있다. "오직 성령의 열매는 사랑과 희락과 화평과 오래 참음과 자비와 양선과 충성과 온유와 절제니 이 같은 것을 금지할 법이 없느니라." 성령으로 살고 성령으로 행하면 결국 이러한 열매를 맺게 될 것이다.

갈라디아서 5장에는 이 두 가지 극단적인 성품이 나타나는데 이는 육신을 따라 살면 더럽고 추한 곳을 좋아하게 되며, 이후 크게 좌절하게 되고 끝내 멸망하게 된다. 하지만 영을 따라 살면 고귀하고 거룩한 성품으로 변하여 생명을 얻게 되고 평안한 마음으로 변화된다. 그럼에도 불구하고, 마음이 완악해져서 예수 그리스도를 영접하지 않고 자신의 힘대로, 자기의 지혜대로 살아간다면 그는 죽음의 길을 면하지 못하게 될 것이다. 그러나 성령님이 우리 안에 거하시면 우리의 죽을 몸도 살리신다.(11절)

[2023.10.10.]

묵상할 내용

우리를 죄에서 구원해 주신 십자가의 구속의 은혜를 깊이 묵상해 보라.
죄와 사망에서 자유케 하셨는데
왜 나는 가끔씩 육신을 따라 살아가는지도 생각해 보라.

21. 성령의 인도하심
Guidance of the Holy Spirit

───── 오늘의 성경: 로마서 8:12-17

✝

12. 그러므로 형제들아 우리가 빚진 자로되 육신에게 져서 육신대로 살 것이 아니니라
13. 너희가 육신대로 살면 반드시 죽을 것이로되 영으로써 몸의 행실을 죽이면 살리니
14. 무릇 하나님의 영으로 인도함을 받는 사람은 곧 하나님의 아들이라
15. 너희는 다시 무서워하는 종의 영을 받지 아니하고 양자의 영을 받았으므로 우리가 아빠 아버지라고 부르짖느니라
16. 성령이 친히 우리의 영과 더불어 우리가 하나님의 자녀인 것을 증언하시나니
17. 자녀이면 또한 상속자 곧 하나님의 상속자요 그리스도와 함께한 상속자니 우리가 그와 함께 영광을 받기 위하여 고난도 함께 받아야 할 것이니라

물질(物質)에 빚진 자는 비참한 인생(人生)이다

세상에서 제일 비참한 사람 중의 하나가 누군가에게 돈을 빚진 자일 것이다. 아마도 은행으로부터 돈을 빌려서 그 이자와 원금을 갚아가는 경우가 많은데, 이 경우에는 어느 정도 괜찮겠지만, 고리대금업자나, 지인에게 돈을 빌린 경우에는 그 중압감이 너무나 크다

〈희년경제연구소 블로그에서 발췌〉

고 할 수 있다. 필자는 돈을 빌리기도 해 보았고, 또 빌려주기도 하였지만 될 수 있는 대로 돈은 남에게 안 빌리고, 또 빌려주는 것보다 그냥 주는

것이 더 마음이 편한 것을 느끼고 있다. 그러나 오늘 성경에서 빚진 자라고 표현한 것은 하나님의 은혜, 구원의 빚을 말하는 것이다. 이런 빚은 우리에게 꼭 필요하며, 구원의 빚이 있었기에 우리는 살게 되었다.

나를 사랑하셔서 값없이 구원해 주신 그 은혜로 바로 엄청난 빚을 나는 지게 된 것이다. 바로 그런 빚진 자를 말하고 있다. 은혜의 빚, 은총의 빚인 셈이다. 그러므로 이런 하나님의 빚을 진자는 육신(肉身)에게 지면 안 된다. 육신은 언제나 편하고, 호화롭고, 좋고, 안락함만을 추구하게 되어있다. 더구나 육신은 그 생각이 대부분 탐심, 음란, 시기, 미움, 불신, 다툼, 게으름, 교만, 자기 과시, 자기 자랑 등을 따라가며 그런 생각들로 차 있다.

갈라디아서 5장 19-21절에 정확하게 나타나 있다. "육체의 일은 분명하니 곧 음행과 더러운 것과 호색과 우상 숭배와 주술과 원수 맺는 것과 분쟁과 시기와 분냄과 당 짓는 것과 분열함과 이단과 투기와 술 취함과 방탕함과 또 그와 같은 것들이라…" 이러한 생각은 멸망의 생각들이다. 그러므로 성경은 육신대로 살면 반드시 죽는다고 명확하게 말하고 있다. 하지만 이 세상의 많은 사람들은 육신의 생각이 이끄는 대로 살아간다. 결국은 멸망의 늪으로 빠져가게 된다.

영(靈)의 생각은 생명과 평안

그러나 영으로써 몸의 행실, 즉 욕망을 죽이면 살게 된다. 하나님의 영을 받은 믿는 자들은 영으로써 살아가야 한다. 영의 생각은 생명과 평안이다. 그리고 사랑, 긍휼, 친절, 겸손, 정직, 믿음 등이다. 이런 선한 마음은 바로 영의 생각이다. 갈라디아서 5장 22-23절에 있는 성령의 아홉 가지 열매가 바로 그것이다. 우리는 영의 생각으로 육의 생각을 죽여야 한다. 이래야 살 수 있다. 성령으로 인도함을 받는 사람을 성경에서 말하기를 그는 하나님의 아들이라고 한다. 하나님의 아들이므로 하나님을 부를 때 "아바, 아버지"라고 말한다. 얼마나 친근하고 귀한 말인가? 나는 하나님을 아빠라고 그토록 친근하고 사랑스럽게 부를 수가 있는가? 나를 지극히 사랑하시는 아버지를 깊이 생각해 보라.

성령님께서 우리가 하나님의 자녀인 것을 증언하신다. 여기서 그저 하나님의 자녀라고만 하는 것이 아니다. 바로 하나님의 상속자인데 이 상속은 그리스도와 함께한 상속자이다. 예수 그리스도는 고난의 십자가를 우리를 위해 지셨다. 고난이라는 하는 것도 바로 그리스도와 함께 하는 고난이다. 그냥 홀로 놔두지 않으시는 하나님 아버지이시다. 우리는 상속자이기에 놀라우며, 이루 말할 수 없는 영광을 누리게 될 것이다. 이런 영광을 그리스도와 함께 누리기 위하여 그리스도와 함께 고난에도 동참해야 한다는 것을 잊어서는 안 될 것이다.

영(靈)에 속한 사람과 육(肉)에 속한 사람

성경에서 영에 속한 사람과 육에 속한 사람을 고르라면 당연히 '야곱(Jacob)'과 '에서(Esau)'로 대변할 수가 있을 것이다. 장자로 태어난 '에서'는 아버지의 상속자로서 큰 특권을 가졌음에도 불구하고 장자의 명분을 가볍게 여겼다고 성경은 말하고 있다. 영적인 것을 멀리하고 눈에 보이고 느끼는 대로 살아가는 육에 속한 전형적인 사람의 특징을 가지고 있다. 잘 생기고 멋진 수염과 건강한 신체적 모습을 갖춘 '에서'는 들로 산으로 돌아다니며 사냥하는 재미에 푹 빠져서 활로 짐승을 정확히 맞혀서 그 고기로 별미를 만들어 아버지 이삭을 즐겁게 해드리는 것을 낙으로 삼고 있었다. 굳이 영적인 것에 신경을 쓰지 않아도 재미있게 세상의 낙을 맛보고 있었다.

그러므로 팥죽 한 그릇에 장자의 명분을 동생 '야곱'에게 팔아버린 것이다. 한편, 야곱은 쌍둥이이지만 성격 자체가 판이하였다. 야곱은 영적인 것에 더 관심이 컸다. 하나님은 축복의 근원이 되시는 분임을 깊이 새기며 살아가고 있었다. 그러므로 장자의 권한이 보통이 아니라는 것을 알고는 지나가는 말로 형에게 해 보았는데, 덜렁 형은 자신의 장자를 팥죽 한 그릇과 바꾸어 버린 것이다. 아마도 야곱이 그것을 계산하여 노리고 있었던 것은 아니었을 것이다. 그 귀함만 알고 있었을 따름인데, 기회를 포착한 것일 뿐이다. 영에 속한 사람은 하나님을 생각하며 그 섭리를 중요하게 본다. 그는 구세주 예수 그리스도를 깊이 생각하며 그를 닮아가도록 노력하고 기도한다. 죄를 매우 싫어하고 선행하기를 기뻐하며 즐거워한다.

나는 어디에 속한 사람인가? 항상 영에 속한 사람으로 살아가야 하는데 가끔씩 육에 속한 사람의 모습이 나타날 때가 있다. 갈라디아서 5장 19-21절에 나타나는 육체의 일 가운데 몇 개의 특성이 나타날 때가 있다. 이럴 때는 '회개(悔改, repentance)'만이 살길이다. 그리고 어서 속히 영적인 일에 마음을 옮겨야 한다.

고난(苦難) 뒤에 나타나는 영광(榮光)을 바라보라.

　로마서 8장은 성령 안에서 자유를 말하고 있다. 성령은 하나님의 영이며, 예수님의 영이다. 이 영으로 인하여 나는 거룩해지고 주님을 닮아가게 된다는 것을 알아야 한다. 오늘 8장 12-17절은 짧은 말씀이지만 성령님으로 인하여 육신의 생각을 죽이고 살아야 한다는 것과 함께 하나님의 자녀가 됨을 증언해 주시니 감사하다. 그래서 우리는 하나님을 "아바 아버지"라고 부를 수 있고 상속자가 되는 것이다. 이는 영광을 얻기 위하여 고난도 받아야 한다는 점을 명확하게 우리에게 가르쳐 주고 있는 귀중한 문단이다.

　그렇다면 영광과 고난은 동전의 양면과 같아서 십자가와 부활이라는 말과 치환될 수 있다. 이 세상을 살면서 고난이 닥쳐오는 것을 너무 두려워하고 걱정해서는 안 된다. 고난 뒤에 있는 영광을 볼 수 있는 영안(靈眼)이 있어야 한다. 이 모든 일에 예수 그리스도와 함께한다는 그런 믿음이 늘 있어야 한다. 그런데 우리의 삶에서 고난을 좋아하는 사람은 그리 많지 않다. 아니 고난을 좋아하는 사람이 있을까? 하지만 싫어도 가야 하는 길이면 가야 한다. 순교자들이 과연 그 길이 기쁘고 좋아서 간 것만은 아닐 것이다. 믿음으로 주님을 바라보며 영광중에 받아주실 것을 바라며 고난의 길을 가셨을 것이다.

　오늘 본문은 영의 사람이 되어야 하며, 하나님을 "아바 아버지"라고 부를 수 있는 친밀감을 가지고 예수 그리스도와의 영광을 위하여 또한, 그와 함께 고난을 마다하지 않는 사람이 되어야 함을 더욱 알게 되었다. 이러한 힘과 다짐과 결심은 바로 하나님의 영인 성령께서 주셔야 가능하므로 부단히 성령님의 도우심을 구하고 기대하고 바라야 할 것이다.

[2023.10.12.]

묵상할 내용

나는 영에 속한 사람인지 묵상해 보라.
그리고 하나님을 "아빠, 아버지"로 부르고 있는가?

22. 모든 피조물의 구원
Salvation of All Creation

†

18. 생각하건대 현재의 고난은 장차 우리에게 나타날 영광과 비교할 수 없도다
19. 피조물이 고대하는 바는 하나님의 아들들이 나타나는 것이니
20. 피조물이 허무한 데 굴복하는 것은 자기 뜻이 아니요 오직 굴복하게 하시는 이로 말미암음이라
21. 그 바라는 것은 피조물도 썩어짐의 종 노릇 한 데서 해방되어 하나님의 자녀들의 영광의 자유에 이르는 것이니라
22. 피조물이 다 이제까지 함께 탄식하며 함께 고통을 겪고 있는 것을 우리가 아느니라
23. 그뿐 아니라 또한 우리 곧 성령의 처음 익은 열매를 받은 우리까지도 속으로 탄식하여 양자 될 것 곧 우리 몸의 속량을 기다리느니라
24. 우리가 소망으로 구원을 얻었으매 보이는 소망이 소망이 아니니 보는 것을 누가 바라리요
25. 만일 우리가 보지 못하는 것을 바라면 참음으로 기다릴지니라
26. 이와 같이 성령도 우리의 연약함을 도우시나니 우리는 마땅히 기도할 바를 알지 못하나 오직 성령이 말할 수 없는 탄식으로 우리를 위하여 친히 간구하시느니라
27. 마음을 살피시는 이가 성령의 생각을 아시나니 이는 성령이 하나님의 뜻대로 성도를 위하여 간구하심이니라
28. 우리가 알거니와 하나님을 사랑하는 자 곧 그의 뜻대로 부르심을 입은 자들에게는 모든 것이 합력하여 선을 이루느니라
29. 하나님이 미리 아신 자들을 또한 그 아들의 형상을 본받게 하기 위하여 미리 정하셨으니 이는 그로 많은 형제 중에서 맏아들이 되게 하려 하심이니라
30. 또 미리 정하신 그들을 또한 부르시고 부르신 그들을 또한 의롭다 하시고 의롭다 하신 그들을 또한 영화롭게 하셨느니라

고난은 영광으로 가는 관문(關門)

하나님 나라의 상속자인 우리가 천국에서의 그런 영광을 받으려면 고난도 함께 받아야 한다고 앞 절인 17절에서 말하였다. 그러므로 바로 오늘 본문에서는 그 말을 이어받아 우리가 현재 받는 고난은 앞으로 우리에게 나타날 영광과 비교할 수 없다고 사도 바울은 강조하고 있다. 그렇다면 '고난(苦難, tribulation)'은 무엇인가? 우리 앞서 고난을 보여주시고, 몸소 겪으신 예수 그리스도께서 앞서 하신 일이 바로 그렇지 않았던가? 그는 고난의 십자가 형벌을 받으셨다.

〈헨리 나우엔(1932-1996)〉

그 이전에도 바리새인들의 의도적인 질문, 배척, 3년간이나 따라다니며, 가르침을 받은 제자들의 배반과 도주. 특히 가룟 유다의 배반으로 주님은 체포되어, 헤롯과 로마 군병들의 희롱과 채찍이 있었다. 그리고 골고다 언덕에서 십자가의 그 처절한 죽음의 고난이 있으셨다. 하지만 이제는 죽음을 이기시고 부활 승천하시어 하나님 우편의 보좌에 앉아계신다. 우리의 삶도 마찬가지이다. 고난을 일부러 찾아가는 사람도 있을 수 있다. 현재 누리고 있는 엄청난 편안함과 인간적인 행복을 버리고 극히 불편하고 위험한 선교지로 떠나가는 신앙인도 있다. '헨리 나우엔(Henri Jozef Machiel Nouwen, 1932-1996)' 예일대 교수가 그런 본을 보여주었다. 교회에 나오면 모든 것이 평안해지고 행복해진다고 믿는 신앙도 크게 틀린 것은 아니다. 하지만 믿는 자에게도 고난과 불행과 환난이 엄습해 올 수 있다. 그럴 때 그 신앙의 깊이를 알 수가 있다.

동방의 의인이었던 '욥'의 고난을 생각해 보라, 까닭 없이 덮친 그 무서운 고난은 사실 상상하기도 싫을 정도이다. 아주 조금 마음이 흔들리기도 하였으나 하나님에 대한 그의 믿음은 옳았다. 그런 믿음은 우리의 상상을 초월한다. 또한, 형들의 시기와 미움으로 인하여 노예로 팔려간 '요셉'의 삶은 어떠하였나? 종살이 중에서도 모함을 받아 옥살이하는 가운데에서도 그의 하나님을 향한 믿음이 시들지 아니하였다. 그러기에 축복권(祝福權)이 아버지 야곱에서 '요셉'으로 옮겨졌음을 알 수 있다. 물론 장자권(長子權)은 '유다'에게 계승되었다. 신앙으로 인하여 고난을 일상 가운데 받은 사람이 바로 이 로마서를 쓴 '사도 바울'이다. 그는 고난의 길을 오로지 예수님께서 주신 사명으로 철저하게 믿고 순교의 자리에 갈 때까지 하늘의 백성으로 살아갔다. 그러므로 비록 고난이 오더라도 그 고난을 통하여 우리는 더 깊은 신앙의 경지에 도달할 수가 있다.

구원(救援)으로 가는 길

삼라만상의 피조물들은 모두 구원을 바라고 있다. 무슨 구원일까? 하나님의 창조질서에 맞는 그런 것으로의 회귀(回歸)가 아닌가? 본문에서는 그 피조물을 의인화시켜서 자기의 뜻은 현재 허무한데 굴복하는 것이 아니라 그렇게 하라고 허락하신 하나님의 뜻에 따르는 것이라고 한다. 하나님의 말씀으로 창조된 자연 만물들은 창조주의 명령에 의하여 분명히 움직인다. 홍해가 갈라지기도 하고, 오병이어의 기적이 일어나 5,000명이 배불리 먹기도 한다. 앉은뱅이가 일어나고, 시각장애인이 보게 되고, 각색 병이 주님의 은혜로 고침을 받게 된다.

이 산을 들어 바다로 던져지라 해도 그렇게 이루어진다. 해 그림자가 뒤로 물러가게 되기도 하고, 음란함이 극치를 이룬 소돔성에 하늘에서 유황불이 떨어져 멸망한 것도 모두 자연이 그 창조주 되시는 하나님께 순종하였기 때문이다. 피조물에는 사람을 비롯하여 자연, 천지, 동식물, 강, 바다. 바위 등 온갖 우리 눈에 보이는 모든 것이다. 이런 피조물들은 썩어짐의 종노릇을 하고 있다. 인간도 마찬가지이다. 하지만 이 피조물들의 바라는 것은 하나님의 자녀들의 영광의 자유에 이르는 것이라고 한다.(21절)

지구환경(地球環境)을 오염(汚染)시키는 인간

자연환경이 오염되면서 지구는 점점 병들어가고 있다. 인간이 배출하는 이산화탄소가 지구의 열을 우주로 발산하지 못하게 만들어 지구는 급속히 더워지고 있다는 문제이다. 이제 1.5℃만 지구의 온도가 상승되면 도저히 인간의 힘으로 기후위기를 돌이킬 수가 없다고들 한다. 피조물의 애환이 여기에 있는 것이다. 인간들이 자기들의 편의성과 발전을 위하여 배출한 각종 공해가 지구 환경을 망가뜨리고, 인간 스스로 살아갈 수가 없는 환경을 만들어가고 있다. 그러므로 피조물들이 탄식하고 고통을 느끼고 있다고 성경은 말한다.

이와 함께 또 탄식하는 존재가 바로 '우리'라는 말이다. 이제는 이 지구 환경에 인간이 살아갈 수가 없도록 되어가고 있다. 캐나다, 미국, 호주 등에서 발생되는 대형 산불, 지반이 점점 낮아지는 나라들은 엄습해 오는 바닷물에 침식되어간다. 북반구, 남반구의 빙하들이 녹아내린다. 우리나라도 아열대 기후로 변해가는 것이 이제는 기정사실화되었다. 그리고 영적으로 보면 우리도 탄식하며 최종의 구원을 기다리고 있다. 우리는 이미 구원받았다. 그러나 구원의 완성은 아직 다가오지 않았다. '이미 그러나 아직(Already, but not yet)'이다. 그래서 성령의 처음 익은 열매인 우리도 우리 몸의 속량을 기다린다고 말하고 있다.

성령님의 도우심

보이지 않는 소망을 기다리는 것은 오직 기다리며 인내하여야 한다.(25절) 이런 우리를 도와주시는 분이 바로 보혜사 성령 하나님이시다.(26절) 이 성령님의 역할이 참으로 크다고 할 수 있다. 성령님은 우리의 기도를 도와주신다. 우리의 신앙이 약해지지 않도록 힘을 북돋아 주신다. 요즘 새벽기도회에 참석하고 있다. 30분 이상 기도하면 그다음에는 더 이상 기도하지 못할 때가 있다. 기도에 정말 깊이 들어가야 하는데 그렇게 하지 못하고 있는 나의 연약함을 주님은 잘 아신다. 이때 성령님께서 우리를 위하여 말할 수 없는 탄식으로 우리를 위하여 친히 간구(懇求)하신다.(27절) 연약한 성도를 위하여 친히 간절한 기도를 대신해 주신다.

그러므로 기도할 때에 중언부언하지 말고 성령님을 의지하여 하나님의 뜻대로 간구하여야 한다. 성령님께서 하나님의 뜻대로 우리 대신하여 증명해 주신다는 점이다. 그리고 그 유명한 성경 구절인 28절은 "우리가 알거니와 하나님을 사랑하는 자 곧 그의 뜻대로 부르심을 입은 자들에게는 모든 것이 합력하여 선을 이루느니라"고 말하고 있다. 이것이 성령님의 역사이다. 우리가 하나님의 아들인 예수 그리스도의 형상을 본받을 수 있도록 미리 정하셨다.

구원의 여정

30절에는 그 유명한 구원의 여정(旅程)에 대하여 기술하고 있다. 즉 ① 예정(豫定, predestination) ② 소명(召命, calling) ③ 칭의(稱義, justification) ④ 성화(聖化, sanctification) ⑤ 영화(榮華, glorification)로 이루어진다고 30절에서 말하고 있다. 지금 우리는 칭의와 성화까지 이뤄졌으며, 영화는 주님 나라에서 가능할 것이다. 아직 우리는 영화로움의 단계가 아니다. 영화는 다음 세계에서 얻게 되는 영광의 면류관을 쓰고 얻게 되는 단계이다. 이 세상에서는 '성화(聖化)'의 단계가 극치이다. 즉 성스럽게 변하여진 것이다. 의로 워지면서 동시에 성스럽게 변해 간 것이다. 그러므로 구원의 여정 속에서 칭의와 성화가 동시에 이루어졌지만 쉽게 설명하기 위하여 보통 조금씩 성화의 단계로 나아간다고 말하게 된다. 그러나 우리는 예수 믿는 자들을 통상 "성도(聖徒)"라고 부르고 있다. 성스러운 사람이란 말이다. 영어로 Saint(聖人)가 아니던가? 그런데 우리의 실질적인 삶의 모습은 과연 성스러운 사람인지 자신을 돌아보아야 할 것이다.

[2023.10.15.]

묵상할 내용

피폐해져 가는 지구 환경을 위하여 나는 무엇을 하고 있는가?
그렇게 망가지게 되어있으니 그냥 놔두어야 하는가?
그리고 나는 성화되어가고 있는지 생각해 보라.

23. 삼위일체 하나님의 사랑
Love of the Trinity

―――― **오늘의 성경: 로마서 8:31-39**

✝

31. 그런즉 이 일에 대하여 우리가 무슨 말 하리요 만일 하나님이 우리를 위하시면 누가 우리를 대적하리요
32. 자기 아들을 아끼지 아니하시고 우리 모든 사람을 위하여 내주신 이가 어찌 그 아들과 함께 모든 것을 우리에게 주시지 아니하겠느냐
33. 누가 능히 하나님께서 택하신 자들을 고발하리요 의롭다 하신 이는 하나님이시니
34. 누가 정죄하리요 죽으실 뿐 아니라 다시 살아나신 이는 그리스도 예수시니 그는 하나님 우편에 계신 자요 우리를 위하여 간구하시는 자시니라
35. 누가 우리를 그리스도의 사랑에서 끊으리요 환난이나 곤고나 박해나 기근이나 적신이나 위험이나 칼이랴
36. 기록된 바 우리가 종일 주를 위하여 죽임을 당하게 되며 도살 당할 양 같이 여김을 받았나이다 함과 같으니라
37. 그러나 이 모든 일에 우리를 사랑하시는 이로 말미암아 우리가 넉넉히 이기느니라
38. 내가 확신하노니 사망이나 생명이나 천사들이나 권세자들이나 현재 일이나 장래 일이나 능력이나
39. 높음이나 깊음이나 다른 어떤 피조물이라도 우리를 우리 주 그리스도 예수 안에 있는 하나님의 사랑에서 끊을 수 없으리라

이스라엘과 팔레스타인 간의 생존(生存) 전쟁

이스라엘이 팔레스타인(Palestine) 사람들의 거주지역인 가자지구 북부에 지상군을 침투시켜서 하마스 무장 세력을 발본 쇄신하려고 한다. 속전

속결로 공격하려던 전략을 장기전으로 바꾸어 민간인과 인질들의 희생을 줄이면서 수백 킬로나 뻗은 지하터널 속의 하마스 세력을 고사(枯死)시키려는 장기전을 하는 듯 보인다. 사람을 죽여야 하는 전쟁은 너무나 비참하고 괴로운 현장이다. 하지만 그들을 죽이지 않으면 나와 내 가족, 내 민족이 죽는다면 어찌 그 적군을 죽이지 않겠는가? 누가 살상을 좋아서 하겠는가? 그렇다! 평화가 우선이다. 서로 죽이지 않고 평화롭게 서로 사랑하며 살아가야 하는 것이 인간사회여야 하는데 인간은 창조 이래 계속 죽이고 죽는 악순환을 거듭하고 있다. 속히 이-팔 전쟁, 러-우 전쟁이 끝나고 평화가 오기를 바란다.

이러한 장기적인 전략은 하마스의 허점을 찌르는 이스라엘의 고도의 심리전이다. 1년 이상의 장기전으로 가려는 전략을 예상하지 못한 상황에서 천천히 그러나 강력하

〈가자지구의 하마스 땅굴〉

게 하마스 세력을 진멸시켜나가고 있다. 하마스가 전격적으로 이스라엘로 침투하여 민간인들을 무참히 살해하고, 인질 수백 명을 납치한 것도 추후 이스라엘군의 강력한 공격에 대비하려는 그들의 술책이었다. 이스라엘이 승리하기를 바란다. 그러나 확전이 되어서는 안 된다. 팔레스타인인들은 마귀가 아니다. 그들도 하나님의 사랑하는 자녀들이라는 사실이다. 종전이 속히 이뤄지기를 바라지만 무력으로 살상하는 것을 다반사로 하는 그런 세력은 사라져야 할 것이다.

하나님 사랑의 표현(表現)

오늘의 로마서 8장 31-39절은 마무리가 되는 문단이다. 너무나도 귀중한 말씀이 들어가 있다. 여기서는 바로 예수 그리스도의 사랑 그리고 하나님의 사랑을 표현하고 있다. 삼위일체 하나님이시므로 나는 "삼위일체 하나님의 사랑"이라고 이 문단을 표현하고 싶다. 사도 바울은 오늘 문단에서 많은 질문을 던지고 있다. "누가(who)"라는 말을 4번이나 삽입하여 '하나님이 위하시면 누가 막을 수 있는가?'라고 말하고 있다.(31, 33, 34, 35절) 전지전능하신 하나님께서 도와주시면 세상의 그 누가 그것을 막을 수 있겠는가? 놀라운 안전과 평강의 기쁨을 얻게 되는 말씀이다. 하나님께서 앞서가시면 아무도 대적할 수가 없다.

우리는 항상 예수 그리스도를 중심으로 살아가야 한다. 왜냐하면, 그는 우리에게 새 생명을 주시게끔 순종한 분이셨기 때문이다. 성자 하나님께서 성부 하나님의 뜻과 섭리에 순종하셨기에 가능한 것이다. 왜 하나님께서는 자신의 독생자를 우리 대신 죄 짐을 지게 하셨나? 다른 방법이 없었기 때문이다. 인간을 구원하기 위한 방법은 죗값을 치러야 하는 것밖에는 없다. 죄인이 죄인을 사할 수가 없으므로 죄를 짓지 아니한 의인(義人)만이 그 일을 감당할 수가 있다. 그분이 바로 예수 그리스도인 것이다. 독생자 예수 그리스도께서 하나님의 그 사랑에 부응하고 순종하셨기에 가능하였다. 주님께서 만약에 그렇게 하지 않으셨다면 인간은 영원한 지옥 형벌을 면할 수가 없었다. 죄의 값은 죽음이기 때문이다. 이런 모든 은총은 바로 하나님의 극진하신 사랑 때문이다. 그리고 주 예수 그리스도의 순종의 결과로 그 사랑의 결실이 이루어진 것임을 우리는 확실히 알아야 한다.

대속(代贖)의 십자가 - 대속의 사랑

그 하나님께서 우리를 향한, 나를 향
한 사랑의 절정이 바로 성자 예수 그리
스도께서 나를 위하여, 우리를 위하여
십자가에 달려 돌아가신 일이다. 바로 대
속의 사랑이다. 이렇게 지고의 사랑을
베풀어 주셨다. 그러므로 '그 어떤 것이
라도 우리를 위하여 주시지 않겠는가?'
라고 반문하는 것이 사도 바울의 수사법
이다. 나는 본래 죄인이라서 죄를 짓는

〈십자가에 달리신 주님〉

습성이 강하다. 그 죄를 마귀가 정죄하고, 고발하려고 하나, 하나님께서는
이미 나의 죄를 용서하셨는데 이는 내가 지닌 작은 믿음이라도 긍휼히 여
기셔서 의롭다고 칭해 주셨기 때문이다. 하나님의 택하신 자들을 마귀는
수단과 방법을 가리지 않고 어찌하든지 파멸시키려고 한다. 성경은 그들
의 모습을 "우는 사자의 모습"(벧전 5:8)이라고 말한다.

그러므로 그 누구도 나를 정죄할 수 있는 자가 이 세상에 없다고 사도
바울은 물론 나도 그렇다고 믿는다. 나는 하나님의 택하신 자이기 때문이
다. 여기에서 우리에게는 주님 안의 자유와 평화가 있다. 주님은 나의 피
난처 되시며 견고한 산성(山城)이 되신다. 다윗은 바로 그런 사항을 일찍
알았다. 주님만이 참 진리와 보배가 되심을 알았기에 그는 본성(本性)으

로 지은 죄를 정말 통회하는 마음으로 회개하고 용서함을 받았다. 그렇다면 용서받음으로 모든 것이 원점으로 돌아가는가? 구원의 반열에서 축출되지는 않으나 죄의 벌은 주어진다. 그 벌은 정말 달게 받아야 한다. 이런 죄악에 빠지지 않기를 특별히 우리 주 예수 그리스도께서 나를 위하여 하나님 보좌 우편에서 간구하고 계신다. 무엇을 간구하시나? 죄를 이기고 승리하기를 간구하시는 것이며 이미 주어진 자녀의 특권을 소멸하지 않고 늘 기억하며 믿음으로 살 수 있기를 간구하신다.

그리스도의 사랑을 그 누구도 끊을 수 없다

여기서 35절의 그 유명한 문장이 나타난다. "누가 우리를 그리스도의 사랑에서 끊으리요 환난이나 곤고나 박해나 기근이나 적신이나 위험이나 칼이랴." 놀라운 고백이다. 이 고백에서는 7가지의 적대세력이 나온다. 환난, 곤고, 박해, 기근, 적신, 위험, 칼 등이다. 지금 나에게 닥쳐온 악한 세력은 무엇인가? 이 7가지의 부정적인 세력은 같이하고 싶지 않은 것들이다. 하지만 이런 것들이 그리스도께서 우리를 사랑하시는 그 사랑의 줄을 결코 끊을 수 없다고 한다. 정말 그렇다! 이 세상의 그 어떤 것도 우리를 주 예수 그리스도의 사랑에서 분리시키지 못한다. 도리어 나를 사랑하시는 주님의 그 사랑으로 말미암아 모든 어려움을 조금이 아니라 넉넉히 이긴다고 바울은 강조하고 있다.(37절)

그러므로 사도 바울은 주님을 찬양하며 그 신앙을 확신하며 고백하고 있다. 이것이 바로 나의 철저한 고백이 되어야 한다. 하나님의 사랑과 나를 분리시킬 수 있을 것 같은 10가지 내용이 나온다. 사망, 생명, 천사들,

권세자들, 현재 일, 장래 일, 능력, 높음, 깊음, 모든 피조물이다. 그러나 이것들은 우리를 즉 나를 주 예수 그리스도 안에 있는 하나님의 사랑을 끊을 수 없다.(39절) 왜냐하면, 하나님은 나를 너무나 사랑하시기 때문이다. 이미 하나님께서는 2000년 전에 예수 그리스도를 십자가에서 대속의 죽임을 당하게 하셨기에 나는 죄의 사슬에서 풀려날 수 있었으며 그 놀라운 사랑을 알게 되었다. 오늘 로마서 8장 31-39절에서 하나님의 사랑을 나타내고 있다. 십자가의 사랑이다. 아무도 그 사랑에서 나를 분리시킬 수 없다. 나는 오로지 삼위일체 하나님의 사랑 안에 거하면서 참 소망과 기쁨과 자유를 누리며 살아간다.

[2023.10.18.]

묵상할 내용

이 세상의 그 어떤 것이라도 하나님의 사랑과 나를 분리시킬 수 없음을 진정 깨닫고 있는가?
나는 어떻게 살아가야 하는지 생각해 보라.

"로마서는 바울의 신학적 사상을 집대성한 서신이다."

"The book of Romans is a letter that encapsulates Paul's theological thought."

제임스 던(James D.G. Dunn, 1939—2020)

9장

하나님의 구속사

: 롬 9:1-10:21

God's Redemption History

유스타케 레 수에르, <악령(惡靈)을 쫓아내는 성 바울>(1650)
Eustache Le Sueur, ⟨Saint Paul Exorcizing a Possessed Man⟩(1650)

24. 하나님으로 말미암아
Through God

──────── 오늘의 성경: 로마서 9:1-18

†

1-2. 내가 그리스도 안에서 참말을 하고 거짓말을 아니 하노라 나에게 큰 근심이 있는 것과 마음에 그치지 않는 고통이 있는 것을 내 양심이 성령 안에서 나와 더불어 증언하노니

3. 나의 형제 곧 골육의 친척을 위하여 내 자신이 저주를 받아 그리스도에게서 끊어 질지라도 원하는 바로라

4. 그들은 이스라엘 사람이라 그들에게는 양자됨과 영광과 언약들과 율법을 세우신 것과 예배와 약속들이 있고

5. 조상들도 그들의 것이요 육신으로 하면 그리스도가 그들에게서 나셨으니 그는 만물 위에 계셔서 세세에 찬양을 받으실 하나님이시니라 아멘

6. 그러나 하나님의 말씀이 폐하여진 것 같지 않도다 이스라엘에게서 난 그들이 다 이스라엘이 아니요

7. 또한 아브라함의 씨가 다 그의 자녀가 아니라 오직 이삭으로부터 난 자라야 네 씨라 불리리라 하셨으니

8. 곧 육신의 자녀가 하나님의 자녀가 아니요 오직 약속의 자녀가 씨로 여기심을 받느니라

9. 약속의 말씀은 이것이니 명년 이 때에 내가 이르리니 사라에게 아들이 있으리라 하심이라

10. 그뿐 아니라 또한 리브가가 우리 조상 이삭 한 사람으로 말미암아 임신하였는데

11. 그 자식들이 아직 나지도 아니하고 무슨 선이나 악을 행하지 아니한 때에 택하심을 따라 되는 하나님의 뜻이 행위로 말미암지 않고 오직 부르시는 이로 말미암아 서게 하려 하사

12. 리브가에게 이르시되 큰 자가 어린 자를 섬기리라 하셨나니

13. 기록된 바 내가 야곱은 사랑하고 에서는 미워하였다 하심과 같으니라

14. 그런즉 우리가 무슨 말을 하리요 하나님께 불의가 있느냐 그럴 수 없느니라

15. 모세에게 이르시되 내가 긍휼히 여길 자를 긍휼히 여기고 불쌍히 여길 자를 불쌍히 여기리라 하셨으니

16. 그런즉 원하는 자로 말미암음도 아니요 달음박질하는 자로 말미암음도 아니요 오직 긍휼히 여기시는 하나님으로 말미암음이니라

17. 성경이 바로에게 이르시되 내가 이 일을 위하여 너를 세웠으니 곧 너로 말미암아 내 능력을 보이고 내 이름이 온 땅에 전파되게 하려 함이라 하셨으니

18. 그런즉 하나님께서 하고자 하시는 자를 긍휼히 여기시고 하고자 하시는 자를 완악하게 하시느니라

인간의 영(靈)과 육(肉)이 지닌 신비로움

이 세상에는 나의 지혜와 능력으로는 이해하기 어려운 일들이 많이 있다. 인간의 한계가 아닌가 하는 생각이 든다. 물론 인간에게는 거의 측량할 수 없

〈미켈란젤로의 천지창조 그림〉

는 능력이 잠재되어있는 것은 사실이다. 일단 인간의 머리에서 생각한다는 것 그 자체가 놀라운 것이며 그 생각은 언젠가는 현실로 나타나게 된다는 사실이다. 이는 인간 문명의 발전 속에서 입증되었다. 참으로 하나님의 창조성은 무궁무진하다. 하나님의 형상을 따른 인간은 시공에 매여 있을 수밖에 없는 육체라는 물질이지만 그 안에 들어있는 영혼의 가치는 엄청난 것이다. 육체의 신비로움도 필설로 다 표현할 수가 없을 정도이다. 세포, 근육, 신경, 뼈, 피부, 뇌 등의 기능은 엄청나다. 그러므로 의학 분야의 연구 아이템은 마르지 않는다고 한다. 아직도 알지 못하는 부분이 굉장히 많다는 이야기이다. 그런 점에서 창조주 하나님의 섭리

와 권위는 우리의 상상을 초월한다.

이스라엘을 위하는 사도 바울의 파토스(pathos, 熱情)

오늘 묵상하는 이 로마서 9장 1-18절의 말씀은 하나님의 선택(選擇)과 예정(豫定)에 관한 이야기이다. 사도 바울은 대단한 애국자이며, 자기 민족을 사랑하는 민족주의자로 보이기도 하는 구절이 오늘 본문에 들어있다. 이스라엘 민족의 구원을 위하는 길이라면 자기가 저주를 받아 구원에서 떨어져도 된다고 하는 눈을 의심하게 만드는 글이 들어있다.(3절) 그만큼 동족을 사랑하여 고통스러운 그의 마음을 수사학적으로 표현하고 있다. 그렇다면 나는 자녀와 형제, 친척과 이웃의 신앙과 구원을 위하여 사도 바울과 같은 열정과 사랑과 고통이 있는가를 생각해 보게 한다.

사도 바울은 유대인이며, 바리새인이고, 가말리엘 문하에서 율법을 열심히 배운 사람으로서 이스라엘을 하나님께서 택하여 세상의 복의 근원이 되게 하신 그 은총을 기술하고 있다. 이스라엘의 복이 무엇인가? 그들에게서 그리스도가 탄생하셨다. 아마도 그것을 말하고 싶었을 것이다. 그 이전에 사도 바울은 이스라엘에게 양자됨, 영광, 언약들, 율법, 예배, 약속, 조상들, 또한 그리스도가 나셨다는 점이 대단한 영광임을 말하고 있다.(4-5절) 그리고 그리스도는 만물 위에 계셔서 세세에 찬양을 받으실 하나님이시라는 것을 분명하게 '아멘'으로 말하고 있다.

성자 하나님이신 예수 그리스도께서 이스라엘에서 육신으로 나오셨다는 것이 이스라엘이란 민족이 대단하다는 점이다. 그리고 갈대아 우르에서 택한 아브라함, 이분을 택하심으로 위대한 민족을 이루게 하셨다. 아브라함의 독자 이삭이 나타난다. 오로지 '사라'를 통한 아들이었기 때문에 약속의 자녀로 인정받았다. 그리고 12절에서 또 다른 난해한 문구가 눈길을 사로잡는다. 이삭의 아내 리브가는 하나님께서 "큰 자가 어린 자를 섬기리라"라는 계시(창 25:23)를 늘 마음에 품고 살았다는 점이다. 그러나 리브가는 하나님의 뜻을 인위적으로 성취시켰다고 필자는 생각한다. 리브가가 그렇게 야곱을 에서로 변장시켜서 아버지 이삭의 축복을 받게 한 것이 그녀에게는 일종의 저주로 작용하지 않았는가 생각한다. 리브가는 야곱을 오빠인 라반에게로 피신시킨 후, 영영 만나지 못하였다. 아들을 위해 큰 희생을 한 어머니의 모습도 보인다.

그런데 오늘 본문에서 말라기의 말씀을 그대로 인용하고 있다. 즉 "내가 야곱은 사랑하고 에서는 미워하였다"라는 말씀이다.(롬 9:13, 말 1:2-3) 여기서, 에서를 "미워하였다"의 원어인 '사네(שָׂנֵא)'는 야곱보다 "덜 사랑하였다"라는 뜻도 있다. 어찌 되었든, 야곱과 에서, 이 쌍둥이 아들들은 태어나기도 전에 이미 서로의 미래가 결정되었다는 말씀이다. 불공평한 것이 아닌가? 이런 것이 가능한가?

창조주 하나님의 섭리(攝理)는 인간의 권리를 상회(上廻)한다

그리고 사도 바울은 또 세 번째 예를 들고 있다. 애굽의 바로 왕을 끄집어내어 이스라엘 민족의 출애굽 시에 바로 왕이 열 번의 재앙을 당하면서도 완악한 마음이 계속된 것은 '하나님이 그렇게 하셨다'라고 한다.

사도 바울은 하나님의 권리 즉 창조주로서 이런 예정에 대하여 불의가 전혀 없으시다는 것을 강조한다. 15절은 하나님께서 모세에게 하신 말씀이다. "내가 긍휼히 여길 자를 긍휼히 여기고 불쌍히 여길 자를 불쌍히 여기리라."(출 33:19) 이 말씀에 대한 사도 바울의 해석이 16절이다. "그런즉 원하는 자로 말미암음도 아니요 달음박질하는 자로 말미암음도 아니요 오직 긍휼히 여기시는 하나님으로 말미암음이라." 이것이 하나님의 권위이다! 창조주 조물주의 권한이므로 피조물인 인간이 왜 그렇게 하셨냐고 대들 수 없는 노릇이다.

이삭과 이스마엘 그리고 야곱과 에서, 그들의 입장에서 본다면 억울할 것이 없다. 특히 '에서'에게 있어서 더욱 그렇다. 왜냐하면 '에서'는 하나님을 경외하지 않고, 전적으로 육에 속한 자였기 때문이다. 하나님께 경배하고 하나님의 뜻에 순종하려는 마음이 전혀 없었다. 하나님께서 그렇게 만드신 것이 아니다. 그가 그 길을 간 것이다. 이는 애굽 왕 바로의 경우에도 마찬가지이다. 이스라엘을 지키시고 보호하시는 여호와 하나님께 대한 경배심과 믿음이 1%도 없었다. 그가 완악함으로 자초한 결과라는 것이 필자의 생각이다. 인간에게 주어진 자유의지와 권리를 무시하는 것이 아니다. 인간은 하나님께서 주신 그 권리를 하나님을 경배하고 영광을 돌리는 가운데 집행하여야 한다. 분명히 하나님의 섭리는 인간의 권한 속에 있는 것이 아니라, 밖에 있으며 권한을 지배하실 수 있는 훨씬 더 큰 권위가 있다는 점이다.

참된 믿음

그래서 바울은 "하나님으로 말미암아…"라는 말을 자주 쓴 것이다. 내가 할 수 있음에도 불구하고 게으르고 나태하여 하나님께 다 맡긴다는 말도 안 되는 이유로서, 하지 않고 있다면 이는 책망을 받아 마땅하다. 인간은 자기에게 주어진 책임과 의무를 열정적으로 다하면 된다. 그리고 그다음은 주님께 맡기면 다음은 주님의 몫이므로 선하게 인도해 주신다. 이렇게 믿는 것이 참된 믿음이 아닐까?

[2023.10.20.]

묵상할 내용

하나님의 섭리를 인간의 눈으로 판단하여 왜 그렇게 하셨냐고 항의할 수 있을까?
하나님의 예정 섭리에 대하여 깊이 묵상해 보라.

25. 하나님의 전적인 권한
God's Sovereign Authority

──────── 오늘의 성경: 로마서 9:19-33

✝

19. 혹 네가 내게 말하기를 그러면 하나님이 어찌하여 허물하시느냐 누가 그 뜻을 대
    적하느냐 하리니
20. 이 사람아 네가 누구이기에 감히 하나님께 반문하느냐 지음을 받은 물건이 지은
    자에게 어찌 나를 이같이 만들었느냐 말하겠느냐
21. 토기장이가 진흙 한 덩이로 하나는 귀히 쓸 그릇을, 하나는 천히 쓸 그릇을 만들
    권한이 없느냐
22. 만일 하나님이 그의 진노를 보이시고 그의 능력을 알게 하고자 하사 멸하기로 준
    비된 진노의 그릇을 오래 참으심으로 관용하시고
23. 또한 영광 받기로 예비하신바 긍휼의 그릇에 대하여 그 영광의 풍성함을 알게 하
    고자 하셨을지라도 무슨 말을 하리요
24. 이 그릇은 우리니 곧 유대인 중에서뿐 아니라 이방인 중에서도 부르신 자니라
25. 호세아의 글에도 이르기를 내가 내 백성 아닌 자를 내 백성이라, 사랑하지 아니
    한 자를 사랑한 자라 부르리라
26. 너희는 내 백성이 아니라 한 그곳에서 그들이 살아 계신 하나님의 아들이라 일컫
    음을 받으리라 함과 같으니라
27. 또 이사야가 이스라엘에 관하여 외치되 이스라엘 자손들의 수가 비록 바다의 모
    래 같을지라도 남은 자만 구원을 받으리니
28. 주께서 땅 위에서 그 말씀을 이루고 속히 시행하시리라 하셨느니라
29. 또한 이사야가 미리 말한 바 만일 만군의 주께서 우리에게 씨를 남겨두지 아니하
    셨더라면 우리가 소돔과 같이 되고 고모라와 같았으리로다 함과 같으니라
30. 그런즉 우리가 무슨 말을 하리요 의를 따르지 아니한 이방인들이 의를 얻었으니
    곧 믿음에서 난 의요
31. 의의 법을 따라간 이스라엘은 율법을 이르지 못하였으니

32. 어찌 그러하냐 이는 그들이 믿음을 의지하지 않고 행위를 의지함이라 부딪칠 돌에 부딪쳤느니라

33. 기록된 바 보라 내가 걸림돌과 거치는 바위를 시온에 두노니 그를 믿는 자는 부끄러움을 당하지 아니하리라 함과 같으니라

하나님은 토기장이, 나는 진흙(사 64:8)

로마서 안으로 점점 익어 들어간다. 지난 9장 18절까지의 내용 가운데 '에서와 야곱'의 사례를 들어 사도 바울은 하나님께서 이들이 복중의 태아(胎兒)로 있을 때, 아무런 선이나 악을 행하기도 전에 13절에서 "야곱은 사랑하고 에서는 미워하였다"라는 하나님의 선택을 말하였다. 기묘한 이야기라고 생각할 수도 있었다. 하나님께서 그렇게 하셨다는 점에 대하여 오늘의 본문에서 사도 바울은 "누가 이에 대하여 감히 대적하거나 힐난할 수가 있겠는가?"라고 하면서 창조주 하나님을 토기장이로 비유하고 있다.

토기장이가 진흙을 가지고 생각하는 그 구상대로 토기(土器)를 만드는데, 맛있는 음식을 담는 음식 그릇으로 만들 수도 있고, 오물을 담는 항아리로 만들 수도 있다. 즉 귀한 그릇 또는 천한 그릇으로 만들어질 수 있다. 이것은 그 진흙 덩어리의 요청대로 하는 것이 아닌, 전적으로 토기장이가 구상하는 대로 그의 뜻대로 만들어지는 것이다. 바로 이것을 빗대어 하나님께서 그렇게 결정하신다는 것

〈레위의 뜰 블로그에서 발췌〉

이다. 여기서 만들어진 질그릇이 왜 나를 이렇게 만들었습니까? 모양은 이렇게, 색상은 이렇게 해야 한다고 말할 수가 있을까? 당연히 그렇게 할 수가 없다. 아무런 자격도 없다!

자유의지를 지닌 인간

그런데 여기서 한 가지 의문이 생긴다. 인간은 단순한 질그릇이 아니다. 인간은 하나님의 형상을 닮은 인격체이다. 그리고 중요한 것은 자신이 결정하여 순종하거나 불순종할 수 있는 독립된 하나의 인격체란 점이다. 특히 "자유의지(自由意志)"를 부여받은 귀중한 존재이다. 어찌 보면 인간이라면 모두가 고귀한 영혼을 가진 하나의 귀중한 존재인 셈이다. 하지만 토기장이와 진흙의 비유는 하나님의 입장에서 볼 수 있는 분명하고도 정확한 사실이다. 하나님은 창조주이시기에 그 창조의 권능과 권한이 분명하게 주님께 있다는 점이다. 그 누구라도 이 점에 대하여 이의를 제기할 수 없다. 하나님은 영혼과 생명의 창조예술가이시다. 그 거룩하고 복된 손에 우리는 그저 붙들려 있다.

하지만 단 한 가지 우리가 인간인데도 왜 이렇게 인도하시냐고 모르고 말할 수는 있다. 순전히 인간의 입장에서 말하는 것이다. 나를 좀 더 지혜롭게, 좀 더 키가 크게, 좀 더 날씬하게, 좀 더 믿음이 좋게 만들어 주셨더라면 좋았을 텐데 라며 "왜 이렇게 만드셨는가?"라고 투덜거릴 수도 있다. 하지만 이런 모든 환경과 조건은 기본적으로 하나님의 영광을 위하여 만들어졌다는 사실이다. 나는 주님의 영광을 위하여 살아가야 하는데, 내 힘과 의지로 그렇게 살지 못하고, 즉 하나님의 말씀대로 살지 못하고 내 결정과 내 뜻을 따르면서 하나님과 동떨어진 삶을 살아가기에 잘못된 길로 나아가게 된 것이다. 뿐만 아니라 하나님을 전적으로 믿고 의지하며 그를 높여야 하는데 그런 믿음이 부족하다는 점이다. '질문은 성장과 지성을 만들지만, 침묵은 성숙과 영성을 만든다'라고 베이직교회의 조정민(曺正敏, 1951-) 목사님이 말하였다. 귀한 통찰력이다.

믿음으로만 얻는 의로움

오늘 사도 바울은 "진노의 그릇" 그리고 "긍휼의 그릇"이라는 말을 22절과 23절에 각각 사용하고 있다. 진노가 긍휼로 바뀌어 간 것이다. 원칙적으로 우리는 선민 이스라엘의 입장에서 보면 당연히 이방인이다. 원래부터 진노의 그릇이라는 점이다. 처음부터 귀한 그릇이 아니라 천한 그릇으로 만들어졌다는 것이다. 그러나 바로 이 진노의 그릇이자 천한 그릇인 우리를 우리 주님께서 오래 참으시고는 긍휼의 그릇인 귀한 그릇으로 여겨주셨다는 놀라운 사실이다. 어떻게 이것이 가능할까? 이것은 바로 30절에서 말한 "믿음"으로 인하여 의롭게 여겨졌다는 것이다. 이 얼마나 "믿음"이 중요한 것인가?

그렇다면 이스라엘 백성은 하나님이 택한 언약의 백성이다. 이들은 귀한 그릇이며 하나님의 긍휼하심을 받은 복 받은 사람들이다. 하지만 이들은 가장 중요한 것을 잊어버렸거나 무시하였다. 그들은 율법의 의를 따라갔다. 즉 행위를 가장 중요한 의로움이라고 여긴 것이다. 32절에 "어찌 그러하냐 이는 그들이 믿음을 의지하지 않고 행위를 의지함이라 부딪칠 돌에 부딪쳤느니라"라고 말하고 있다. 행위를 의지하는 것! 바로 이것이 실패의 원인이었다. 행위라는 점은 우선 눈에 보이는 모습이다. 남을 의식하여 의롭게 보이는 것, 기도 많이 하는 신령한 사람처럼 여겨지기를 바라는 것, 적선(積善)을 많이 함으로 좋은 사람이라는 것을 나타내는 것 등이 행위가 파생시킨 외식이다. 사람들이 외식과 가식적인 모습으로 변모해 가는 것을 우리 예수 그리스도께서 가장 신랄하게 비판하셨다. 그런데 이렇게 하거나 되기가 쉬운 것이 참된 믿음이 없는 이들에게 보이는 현실적인 상황이다.

'남은 자'의 사상(思想)

사도 바울은 25절에서 호세아 선지자의 글을 인용하고 있다. 하나님의 아들로 이방인들이 인정된다는 말씀이다. 그리고 이사야의 글을 두 개나 인용하고 있다. 남은 자만 구원을 얻게 된다는 말씀이다. 렘난트(Remnant) 사상이 여기서 나온 것인지 확실하지는 않지만, 이스라엘 백성 가운데서 남은 자만 구원받게 될 것이다. 그리고 또 다른 이사야의 말인 주님께서 씨를 남겨두지 아니하셨더라면 우리가 소돔과 고모와 같이 완전히 멸망한다는 것이라는 말씀을 인용하고 있다. 남겨진 씨란 믿음의 사람들을 말하는 것이리라.

사도 바울은 9장을 마무리하면서 바로 "믿음으로 말미암은 의"를 말하고 있다. 다시 이사야 28장 16절을 인용하고 있다. "보라 내가 걸림돌과 거치는 바위를 시온에 두노니 그를 믿는 자는 부끄러움을 당하지 아니하리라." 여기서 "걸림돌과 거치는 바위"는 무엇인가? 아니 누구신가? 그렇다! 바로 예수 그리스도를 지칭하고 있다.(시 118:22, 행 4:11) 예수 그리스도를 믿는 자는 부끄러움을 당하지 아니한다고 말하고 있다. 이는 천국의 구원의 자리에 가지 못하고 멸망의 늪에 빠진 모습은 안 된다고 하신 말이다. 행위론자에게 무서운 결과론적인 말씀이지 않은가? 행위를 가지고 의롭게 된다는 것은 가능하지 않다. 행위 그 자체가 나쁜 것이 아니다. 다만, 행위로서는 그 누구도 구원의 길로 나아갈 수가 없다는 점이다. 행위가 나쁜 것이 아니라 그 행위가 외식으로 변질되어 결국 구원의 길로 나아가지 못하게 된다는 것이다. 그러므로 "믿음"이라는 그 놀라운 방법과 방향은 삼위일체 하나님께 나아가는 명확한 길이다.

[2023.10.28.]

묵상할 내용

'남은 자'의 사상도 결국 하나님의 긍휼하심에서 온 것이다.
나는 남은 자인가? 아닌가? 생각해 보라.

26. 믿음과 구원

Faith and Salvation

―――― **오늘의 성경: 로마서 10:1-15**

✝

1. 형제들아 내 마음에 원하는 바와 하나님께 구하는 바는 이스라엘을 위함이니 곧 그들로 구원을 받게 함이라
2. 내가 증언하노니 그들이 하나님께 열심이 있으나 올바른 지식을 따른 것이 아니니라
3. 하나님의 의를 모르고 자기 의를 세우려고 힘써 하나님의 의에 복종하지 아니하였느니라
4. 그리스도는 모든 믿는 자에게 의를 이루기 위하여 율법의 마침이 되시니라
5. 모세가 기록하되 율법으로 말미암는 의를 행하는 사람은 그 의로 살리라 하였거니와
6. 믿음으로 말미암는 의는 이같이 말하되 네 마음에 누가 하늘에 올라가겠느냐 하지 말라 하니 올라가겠느냐 함은 그리스도를 모셔 내리려는 것이요
7. 혹은 누가 무저갱에 내려가겠느냐 하지 말라 하니 내려가겠느냐 함은 그리스도를 죽은 자 가운데서 모셔 올리려는 것이라
8. 그러면 무엇을 말하느냐 말씀이 네게 가까워 네 입에 있으며 네 마음에 있다 하였으니 곧 우리가 전파하는 믿음의 말씀이라
9. 네가 만일 네 입으로 예수를 주로 시인하며 또 하나님께서 그를 죽은 자 가운데서 살리신 것을 네 마음에 믿으면 구원을 받으리라
10. 사람이 마음으로 믿어 의에 이르고 입으로 시인하여 구원에 이르느니라
11. 성경에 이르되 누구든지 그를 믿는 자는 부끄러움을 당하지 아니하리라 하니
12. 유대인이나 헬라인이나 차별이 없음이라 한 분이신 주께서 모든 사람의 주가 되사 그를 부르는 모든 사람에게 부요하시도다
13. 누구든지 주의 이름을 부르는 자는 구원을 받으리라
14. 그런즉 그들이 믿지 아니하는 이를 어찌 부르리요 듣지도 못한 이를 어찌 믿으리요 전파하는 자가 없이 어찌 들으리요

15. 보내심을 받지 아니하였으면 어찌 전파하리요 기록된 바 아름답도다 좋은 소식을 전하는 자들의 발이여 함과 같으니라

가을이 깊어가는 고즈넉한 때

이제 겨울의 문턱을 향하여 달려가고 있는 듯한 11월의 중순이 지나가고 있다. 천지사방에 가을색이 깊어지고, 낙엽은 지천에 깔려 있다. 계절의 순환이 이렇게 아름답게 진행되는 것이 하나님의

낙엽 떨어진 단풍나무 길

놀랍고 세밀한 솜씨가 아니겠는가? 그러나 하나님을 인정하지 못하고 아예 무신론으로 진화론을 신봉하고 있는 자칭 지식인들이 너무나 많다. 마음의 문이 유신론으로 열린 것이 아니라 무신론으로의 열린 문을 향하기 때문이다. 하나님을 믿음으로 전혀 그 인생에 손해가 되는 일이 일어나지 않는다. 혹 박해나 고난이 있을 수도 있지만, 그것은 장차 하나님의 나라가 도래하는 것을 바라보며 거뜬히 이겨낼 수가 있다.

인생의 겨울에 다다르고 나서 깨닫게 되면 다행이겠지만 그렇지 못하고 영벌의 늪으로 들어가게 된다면 그 얼마나 슬프고 안타까운지…. 상상만 해도 지금 하나님의 구원의 방주(方舟)에 들어가는 것이 백번 천번 옳은 방법이라고 생각한다. 물론 이런 생각을 무신론자들의 편에서 본다면 하나님에 의한 속박으로 보이고 내 마음대로 살아가는 일종의

자유로움을 누리지 못한다고 볼 수 있을 것이다. 하지만 결코 그렇지 않다. 인간에게 주어진 길은 분명하게 극단으로 나누어진다. 그 중간의 회색지대(灰色地帶)가 없다는 점이다. 의롭지 않으면 불의한 것이며, 믿음과 불신의 두 갈래 길만이 존재한다는 사실이다. 불신자들은 인정하지 않을지 모르지만, 우리 인생은 그러한 큰 울타리 속에서 살아가고 있다.

믿음에서 난 의(義)

오늘 로마서 10장의 시작은 앞에서 이스라엘은 율법의 의를 따라갔지만, 그 율법에 이르지 못하였다고 말한다. 율법은 도달할 수 없는 너무나 높은 단계에 있기 때문이다. 그 반면에 이방인들은 믿음에서 난 의를 따라갔다. 이방인들이 따라간 의가 바로 예수 그리스도인데 정확하게 하나님의 뜻을 믿고 따라간 것이다. 이 점을 너무나도 잘 아는 사도 바울은 자신의 민족인 이스라엘을 향하여 원하고 구하는 것이 이스라엘로 하여금 구원을 받게 하는 것이다. 길은 오직 하나 믿음에서 난 의를 따라가는 길뿐이다. 누구신가? 바로 예수 그리스도이시다.

그러므로 사도 바울은 믿음으로 구원을 받는 내용을 기술하고 있다. 로마서 10장이 마치 히브리서 11장인 "믿음장"이 되는 것처럼 믿음을 강조하고 있다. 율법의 의는 자기의 의를 세우려고 하는 것으로 하나님의 의에 복종하지 아니한다고 말하고 있다.(3절) 우리의 힘과 지혜로 율법의 의를 향하여 나아가도 거기에 도달될 수가 없다. 인간이 어떻게 그 율법을 달성할 수가 있는가? 율법을 지키기 위하여 예수님을 모시러 하늘로 올라갈 수 없으며, 무저갱으로 내려갈 수도 없다.(신 30:12) 믿음으로 만이 그 율법을 달성할 수가 있다. 이것이 바로 칭의(稱義)이다. 하나님께서 인정해 주시는 법이다. 내가 의로워서 구원하시는 것이 아니다. 나는 아니지만 하나님의 독생자 예수 그리스도의 복종과 피 흘리심을 보고 나를 인정해 주는 것이다.

마음으로 믿고, 입으로 시인(是認)

그리고 사도 바울은 너무나도 멋진 말을 하고 있다. 10절의 말씀이다. "사람이 마음으로 믿어 의에 이르고 입으로 시인하여 구원에 이르느니라." 내 마음에 누가 계시는가? 바로 주님께서 들어와 나와 동고동락(同苦同樂)을 하신다. 그러므로 마음으로 믿으면 의로움에 이르게 된다. 즉 믿음의 의를 간구한 것이다. 그리고 입으로 시인하는 것이다. 그리하면 구원을 받게 된다. 이것은 마음과 입이 거의 동시에 움직여야 한다. 어찌 보면 9절에서는 먼저 입으로 시인하는 것을 말하고 있다. 무엇을 입으로 시인하는가? "예수님을 주님으로 시인하는 것이다." 이것이 유명한 사영리(四靈理)의 영접기도이다. "주 예수님"이라고 소리 내어 부르는 것이다.

그리고 하나님께서 십자가에서 죽으신 예수님을 살리신 것을 내 마음에 믿으면 구원에 이른다고 말하고 있다. 마음에 믿지 못하면 입으로 예수님을 주님으로 부르지 못한다. 입이 안 떨어지는 것이다. 그러므로 입과 마음이 동시에 움직이게 된다. 여기에는 그 누구도 차별이 없다. 사도 바울은 단정적으로 말한다. 13절이다. "누구든지 주의 이름을 부르는 자는 구원을 받으리라." 유대인이든 헬라인 즉 어떤 나라의 사람이

든지 예수 이름을 부르는 자는 다 구원을 받게 된다. 이렇게 복음을 전하는 것이 중요한데 누군가 이 복음을 전해야 예수님의 이름을 부를 수 있는 것이다.

선교(宣敎)의 사명

사도 바울은 이사야 52장 7절을 인용한다. "좋은 소식을 전하며 평화를 공포하며 복된 좋은 소식을 가져오며 구원을 공포하며 시온을 향하여 이르기를 네 하나님이 통치하신다 하는 자의 산을 넘는 발이 어찌 그리 아름다운가." 이 구절은 전도자, 선교사를 칭송하는 말이기도 하다. 복음 전하는 자를 주님은 그렇게 그들의 발이 아름답다고 인정해 주신다. 다음 절인 17절에 "그러므로 믿음은 들음에서 나며 들음은 그리스도의 말씀으로 말미암았느니라"는 귀한 말씀이 이를 뒷받침해 주고 있다.

〈박운서(朴雲緒, 1939-2019)〉

주의 복음을 전하는데 전력을 다해야 한다. 그러나 과연 그렇게 하고 있는가? 당장 내 앞 가림도 제대로 하지 못하는 약한 존재라는 것을 필자는 인정하게 된다. 사도 바울의 이런 말씀을 들으면 늙었다고 하더라도 선교(宣敎)의 자리에 가야 한다는 것이 명확하다. 선교사의 길을 가야 하는데 나는 여기 안락한 곳에서 하루하루 살아가고 있는 것은 아닌가? 존경해 마지않는 故 박운서(朴雲緒, 1939-2019) 장로님은 1994년 김영삼 대통령 때, 통상산업부

차관, 공기업의 회장 등을 역임하셨다. 그러나 전격적으로 2005년, 66세에 필리핀의 민도로섬에 가서 원주민인 망얀족을 위하여 쌀농사 선교를 하며, 80세로 소천하실 때까지 헌신하셨던 모습이 생각난다. 온갖 인간적인 감정으로 나의 마음이 흔들린다.

[2023.11.15.]

묵상할 내용

나는 선교의 사명을 어떻게 감당하고 있는지 생각해 보자.

27. 그리스도의 말씀

The Words of Christ

✝

16. 그러나 그들이 다 복음을 순종하지 아니하였도다 이사야가 이르되 주여 우리가 전한 것을 누가 믿었나이까 하였으니

17. 그러므로 믿음은 들음에서 나며 들음은 그리스도의 말씀으로 말미암았느니라

18. 그러나 내가 말하노니 그들이 듣지 아니하였느냐 그렇지 아니하니 그 소리가 온 땅에 퍼졌고 그 말씀이 땅끝까지 이르렀도다 하였느니라

19. 그러나 내가 말하노니 이스라엘이 알지 못하였느냐 먼저 모세가 이르되 내가 백성 아닌 자로써 너희를 시기하게 하며 미련한 백성으로써 너희를 노엽게 하리라 하였고

20. 이사야는 매우 담대하여 내가 나를 찾지 아니한 자들에게 찾은 바 되고 내게 묻지 아니한 자들에게 나타났노라 말하였고

21. 이스라엘에 대하여 이르되 순종하지 아니하고 거슬러 말하는 백성에게 내가 종일 내 손을 벌렸노라 하였느니라

필자의 호(號), '별빛(星光)'

필자의 세 번째 책인『가슴에 들리는 설교 이야기』에 대한 인쇄를 오늘 최종 승인하였다. 2023년 대림절에 아름다운 글이 기록된 수필형태의 설교론을 발간하게 되는 것이 너무나 기쁘고 감사하다. 그래서 프롤로그 끝에 "2023년 12월, 은총의 대림절(Advent)에 하나님의 은혜를 감사하며, 별빛 이경만 목사"라고 기술하였다. 필자의 호를 처음으로 만들어서 세상

에 공개하였다.

햇빛같이 찬란한 주님의 빛을 받지만 약하고 초라하게 보이는 작은 별빛이라도 되고자 '별빛'이라고 호를 정하였는데, 근처 관악구 신원동에 '별빛 신사리'가 있고 '별빛 축제'가 있다는 것을 나중에 알았다. 하늘의 별에 대한 공부가 바로 천문학(天文學, Astronomy)이며, 점성술(占星術, Astrology)이다. 마치 동방박사들처럼…. 이들은 아마 점성술사가 아닌가라는 생각도 든다. 특히 청주 금천교회의 신경민 담임목사님은 필자의 호인 "별빛"에 관심이 많으신 것 같다. 자비로우신 하나님의 은혜가 분명히 이 책 발간 후에 나타날 것이다. 너무나 기대가 된다.

믿음의 출처는?

이제 로마서 10장의 후반부의 내용을 묵상하게 되는데 결국은 믿음이란 들음에서 나고, 들음은 하나님의 말씀이라는 중심 내용이다. 하나님의 말씀을 들음으로써 믿음이 생겨난다는 진리의 말씀이다. 사도 바울은 어찌하든지 로마교회의 성도들에게 복음을 바르게 전하고 싶어 하였다. 앞절인 15절에서 "보내심을 받지 아니하였으면 어찌 전파하리요 기록된 바 아름답도다 좋은 소식을 전하는 자들의 발이여 함과 같으니라"라는 말이 나타난다. 선교사나 전도자에게 더욱 해당하는 멋진 구절이다. 누구나 여기에 해당되는 것은 틀림이 없지만, 그분들에게 더욱 적절하게 맞는다.

복음은 어떻게든 온 세계에 전파(傳播)된다

그런데 16절부터는 전한 말씀을 순종하지 않는 자들이 너무나 많다고 한다. 이것을 이사야 선지자가 안타깝게 여겨서, 사람들에게 외쳐도 그들은 듣지 않는다고 한다. 요즘에도 길을 가다보면 교회에서나 전도자들이 열심히 전도지와 티슈 등을 주고 있지만 지나가는 사람들이 그다지 관심을 갖지 않는 것을 볼 수 있다. 이와 같이 무관심하고 깨진 독에 물 붓기와 같은 전도의 방식이어서 실망도 할 것이다. 하지만 오늘 사도 바울은 그렇지 않다는 말이다. "그 소리가 온 땅에 퍼졌고 그 말씀이 땅 끝까지 이르렀더라." 즉 복음이 이방인에게 전하여져서 이방인들이, 또는 백성 아닌 자들이, 미련한 백성들이 하나님을 믿게 되는 역사가 일어난다는 말씀이다.

이미 모세는 이스라엘 백성들을 시기 나게 하며, 노하게 함으로써 하나님을 따르게 만든다고 말하였다. 그리고 이사야는 이사야 65장 1절에서 "내가 나를 찾지 아니한 자들에게 찾은바 되고 내게 묻지 아니한 자들에게 나타났노라"라고 하나님의 말씀을 전하였다. 참으로 하나님은 아브라함과의 약속을 신실하게 지키시는 의의 하나님이시다. 그렇게 불법을 행하는 이스라엘 백성들을 버리지 아니하신다. 대체하지 않으신다. 이것은 하나님의 언약이기 때문이다.

하나님의 의(義), 언약에의 신실하심

도리어 하나님은 이스라엘에 대하여 "순종하지 아니하고 거슬러 말하는 백성에게 내가 종일 내 손을 벌렸노라"고 하신다. 진실로 신실하시고 의로우신 하나님이시기에 이렇게 하신 것이다. 하나님의 말씀에 순종하지 아니하고 도리어 거슬러 말하는 이스라엘 백성들이 돌아오기를 종일토록 손을 벌리고 맞이하실 준비를 하고 계셨다는 말이다. 우리 하나님은 이렇게 좋으신 아버지이시다. 이스라엘 백성들이 믿음이 없기에 자꾸만 곁길로 나가는 것이다. 이 말은 하나님의 말씀을 듣지 아니했기 때문이다.

믿음은 들음에서 나고 들음은 하나님의 말씀으로 인함이라는 정말 귀한 말씀이 여기 17절에 있다. 사도 바울은 실질적으로 유대인으로서 이스라엘 민족에 대한 그의 사랑과 집착은 대단하다고 할 수 있다. 자기 목숨보다도 더 귀하게 생각할 정도였다. 이제 복음이 온 세계에 편만하게 전해지기는 하였다. 하지만 아직도 하나님의 말씀을 듣지 못한 족속들도 많이 있다. 그러므로 지속적으로 전도자가 나타나야 한다. 선교의 깃발을 높이 들고 나가야 할 것이다.

한국인은 제2의 이스라엘 백성인가?

한국인은 분명히 이스라엘의 입장에서 보면 이방인이다. 그들의 눈으로 본다면 우리는 구원받을 백성이 아니다. 우리는 자칭 셈의 족속이라고 말하지만, 정통 유대인들에게는 천만의 말씀이다. 이스라엘의 입장이 아닌 복음이라는 입장을 본다면 우리가 전도와 선교를 하면서 낙심할 필요는 없는 것이다. 반드시 복음이 전해지고 싹이 나면 잎이 나고 꽃이 피고 열매가 맺혀질 것이다. 오늘날 전도자들은 하나님께서 늘 힘이 되시니 담대한 믿음으로 승리하면 나아가야 할 것이다. 부지런히 복음을 전하여 죽을 수밖에 없는 사람들이 소생하고 힘을 얻어서 새로운 능력의 사람이 되도록 해야 한다.

대한민국은 제2의 이스라엘이 될 수 있다. 우리도 '여호와 하나님'을 아버지로 모시고 있다. 다만 예수님을 그리스도로 모시며, 성부, 성자, 성령의 하나님 즉 삼위일체의 하나님을 믿고 있다는 점이 유대교와 다른 점이다. 하지만 점점 마지막 때가 다가오면서 분명히 이스라엘인들이 예수 그리스도께로 돌아올 것이다. 이스라엘 사람들이 예수님께로 돌아와서 메시아닉쥬(Messianic Jew)들이 점점 생겨나고 있다. 이는 주님의 재림(再臨)이 다가오고 있다는 증거이다. 오늘 "믿음"은 들음에서 나고, 들음은 그리스도의 말씀으로 말미암았다고 고백하는 사도 바울의 정확하고도 명확한 증거는 대단하다. 더욱 말씀을 듣고 배우며 가르쳐야 할 것이다.

[2023.11.27.]

묵상할 내용

나는 복음을 어디서 어떻게 전하고 있는가? 나는 복음의 능력을 믿고 있는가?

"로마서는 예수 그리스도의 신성과 구속 사역을
중심으로 한 신학적 논증이다."

"The book of Romans is a theological demonstration
centered on the divinity of Jesus Christ and His redemptive work."

리처드 보컴(Richard Bauckham, 1946–)

10장

이스라엘에 대한 종말론적인 구원계획

: 롬 11:1-36

Eschatological Salvation Plan for Israel 구원

렘브란트, <사도 바울>(1635)

Rembrandt, 〈The Apostle Paul〉(1635)

28. 남은 이스라엘인

Remnant of Israel

———— 오늘의 성경: 로마서 11:1-12

✝

1. 그러므로 내가 말하노니 하나님이 자기 백성을 버리셨느냐 그럴 수 없느니라 나도 이스라엘인이요 아브라함의 씨에서 난 자요 베냐민 지파라

2. 하나님이 그 미리 아신 자기 백성을 버리지 아니하셨나니 너희가 성경이 엘리야를 가리켜 말한 것을 알지 못하느냐 그가 이스라엘을 하나님께 고발하되

3. 주여 그들이 주의 선지자들을 죽였으며 주의 제단들을 헐어 버렸고 나만 남았는데 내 목숨도 찾나이다 하니

4. 그에게 하신 대답이 무엇이냐 내가 나를 위하여 바알에게 무릎을 꿇지 아니한 사람 칠천 명을 남겨두었다 하셨으니

5. 그런즉 이와 같이 지금도 은혜로 택하심을 따라 남은 자가 있느니라

6. 만일 은혜로 된 것이면 행위로 말미암지 않음이니 그렇지 않으면 은혜가 은혜 되지 못하느니라

7. 그런즉 어떠하냐 이스라엘이 구하는 그것을 얻지 못하고 오직 택하심을 입은 자가 얻었고 그 남은 자들은 우둔하여졌느니라

8. 기록된 바 하나님이 오늘까지 그들에게 혼미한 심령과 보지 못할 눈과 듣지 못할 귀를 주셨다 함과 같으니라

9. 또 다윗이 이르되 그들의 밥상이 올무와 덫과 거치는 것과 보응이 되게 하시옵고

10. 그들의 눈은 흐려 보지 못하고 그들의 등은 항상 굽게 하옵소서 하였느니라

11. 그러므로 내가 말하노니 그들이 넘어지기까지 실족하였느냐 그럴 수 없느니라 그들이 넘어짐으로 구원이 이방인에게 이르러 이스라엘로 시기 나게 함이니라

12. 그들의 넘어짐이 세상의 풍성함이 되며 그들의 실패가 이방인의 풍성함이 되거든 하물며 그들의 충만함이리요

대림절(待臨節) 첫 주간

　대림절 첫 주간을 보내고 있다. 나는 구세주이신 아기 예수를 만나려고 별을 따라왔던 동방박사들과 천사의 말을 듣고 달려왔던 양치기 목자들과 같은 간절함과 경배함이 있는가? 이제는 다시 오실 재림주 예수 그리스도를

〈남은 자의 상징인 그루터기〉

기다리는 것과 함께 2000년 전 베들레헴 외양간 구유에서 나신 예수 그리스도를 상기하며, 그 감격과 기쁨을 노래하는 때이다. 예수님의 순종하심이 아니었다면 인류의 구원계획은 늦춰지거나 무산되었을지도 모를 일이다. 이제로마서 11장으로 들어간다. 사도 바울의 마음이 격정적으로 강렬하게 요동치고 있다.

　복음을 전해도 받아들이지 않는 이스라엘 동족을 생각하며 안타까움에 가득 차 있다. 엘리야가 바알과 아세라 선지자들과의 대결에서 놀라운 승리를 하였다. 그러나 아합 왕의 특별하게 악독한 아내인 이세벨의 무서운 복수심과 앙심을 두려워하였다. 극심한 외로움과 두려움을 느낀 엘리야는 도망쳐서 자기 생명을 보전코자 움츠리고 있을 때, 하나님께서 "남은 자"인 7,000명의 이스라엘인들이 있다고 말씀하시며 힘을 북돋아 주셨다.(왕상 19:18)

진정한 남은 자

　사도 바울은 지금 "남은 자(Remnant)"를 말씀하고 있다. 이 시대의 렘

난트는 누구인가? 사도 바울은 자신이 아브라함의 씨인 이스라엘인이고 베냐민 지파라고 말하면서 11장을 시작하고 있다. 그만큼 정통 유대인이라는 뜻이다. 오래전에 하나님께서 아브라함을 갈대아 우르에서 부르셨고, 잠시 머물던 하란에서 그에게 말씀하셨다. "내가 너로 큰 민족을 이루고 네게 복을 주어 네 이름을 창대하게 하리니 너는 복이 될지라."(창 12:2) 하나님은 아브라함과 언약을 세우셨다. 그리고 아브라함이 이삭을 번제로 드리는 시험을 통과한 후, 하나님께서는 "내가 네게 큰 복을 주고 네 씨가 크게 번성하여 하늘의 별과 같고, 바닷가의 모래와 같게 하리니…"(창 22:17)라고 재차 약속하셨다. 왜 하나님께서 아브라함을 히브리 족속인 유대인의 조상이 되게끔 선택하셨는가?

그가 바로 노아의 맏아들 "셈(Shem)"의 자손이었기 때문이다. 그리고 아브라함에게는 바로 "믿음"이 있었다. 이것을 주님은 정말 귀하게 보신 것이다. 그에게 장자의 기업을 주시기 위함이었다. 아브라함을 믿음의 조상으로 믿고 따르는 이스라엘인들인데, 왜 하나님의 사랑의 결정체인 예수 그리스도를 받아들이지 않고 십자가에 처형하였는가? 그토록 기다리던 메시아이신데 그들은 예수 그리스도를 배척한 것이다. 이상한 일이다. 이는 생각의 차원이다. 그들은 하나님이 주신 율법을 잘못 이해하였다. 하나님께서 성부, 성자, 성령의 삼위일체 하나님이심을 이해하지 못하였다. 오로지 하나님은 한분, 유일하신 분이라는 것에만 몰두하였다.

오로지 여호와 하나님만이 계신다고 믿었기 때문이다. 그렇다면 멜기세덱 제사장은 누구이신가? 성령님은 그저 바람과 불과 능력인가? 하나님만이 가능한 자연의 순응, 모든 병의 고치심, 악한 마귀와 귀신을 물리치심,

죽음에서 소생시키시는 능력의 주님이신 예수 그리스도를 가까이에서 보았지만, 바리새인과 제사장과 율법사와 서기관들은 예수님을 메시아로 인정하지 않았다. 왜냐하면, 그들의 종교인 유대교는 껍데기만 남은 외식의 종교로 전락되었기 때문이다. 기도나 선행이나 모든 행위들이 다 타인의 눈에 보이기 위함이었고, 그러한 행위는 자신이 거룩하고, 여호와 하나님을 잘 믿는 사람이라는 것을 나타내기 위한 외식이 되어 버렸다.

우둔(愚鈍)해진 이스라엘의 남은 자들

그래서 사도 바울은 이스라엘인들 가운데 택하심을 받은 자들이 있다고 기술하였는바, 이들이 바로 예수님을 그리스도로 받아들인 사람들이다. 그런데 7절에서 남은 자(others)들이 많다고 한다. 여기서 말하는 남은 자들과 4절과 5절에 있는 바알에게 절하지 아니한 칠천 명의 남은 자(reserved)들과는 완전히 다른 종류의 남은 자이다. 그렇다! 원어의 표기도 4절과 5절의 남은 자는 레임마(λεῖμμα)이고, 7절의 남은 자는 로이포이(λοιποί)이다. 결국 선택된 이스라엘이 아닌 7절의 다른 종류의 남은 이스라엘인들은 어떻게 되었는가?

성경은 말한다. "그 남은 자들은 우둔하여졌느니라"고 7절 하반 절에서 말한다. "우둔(愚鈍)"은 완고하고 어리석다는 뜻이다. 영어로는 "Stupid"라고 할 수 있다. 왜냐하면, 이 남은 자들에게 혼미한 심령과 보지 못할 눈과 듣지 못할 귀를 하나님께서 주신 것이다. 아예 은혜의 자리에 들어오지 못하게 하셨다. 마음과 눈과 귀를 닫게 하고 멀게 하셨으니 그저 걸려 넘어질 일만 남아 버렸다. 그런데 여기서 반전(反轉)이 일어난다.

이 이스라엘의 남은 자들의 그런 모습으로 인하여 결국 이방인들이 구원을 받게 되었다. 이 사실이 유대인들에게 심각한 혼란을 가져다주었다. 그와 함께 "시기심(猜忌心)"이 지금 세상에서는 풍성함이 되었다. 그들의 넘어짐과 실패가 이방인들에게 풍성한 은혜가 되었다는 점이다. 남은 자인 이스라엘인들의 시기심과 넘어짐이 이방인에게 큰 은혜가 되었는데 만약에 이스라엘인들이 예수 그리스도께 충만한 은혜로 대하게 된다면 이방인들에게는 얼마나 더 큰 풍성함이 되겠느냐고 사도 바울은 외치고 있다.

이-팔 전쟁은 끊이지 않는 인간의 속성(屬性)

지금 이스라엘과 그들의 대적인 팔레스타인과의 전쟁이 계속되고 있다. 하마스는 계속 가자지구의 민간인과 인질들을 방패로 하여 싸움을 지속해 나가고 있다. 인질들을 무작위로 잡아간 것은 이런 술책을 생각하였기 때문이다. 가자지구의 북부에서 지상전을 감행한 이스라엘은 이제 남부까지 전진해 나가고 있다. 그런데 수백 km나 땅속에서 연결되는 땅굴 속의 하마스와 인질들을 어떻게 해야 하는가? 바닷물을 주입하여 나오게 하겠다는 보도가 나돌고 있다. 주님이 오실 날이 이전보다 가까워졌다는 생각이다. 우리의 구원의 완성이 가까워졌다는 말이다. 전염병이나 전쟁이 이와 같이 우리의 눈앞에서 실행되어 졌다는 사실을 보는가?

칭의의 단계가 바로 성화의 단계이다

그런데도 나의 마음과 눈과 귀가 막혀 있다면 나는 영적으로 우둔한 사람이다. 다시 하나님의 앞에 엎드리어 죄를 회개하고 새 힘을 얻어야 한다.

예수 그리스도의 은총으로 실로암의 기적과 주님 손끝의 능력과 니고데모에게 말씀하신 물과 성령으로 거듭나야 할 것이다. 그리하여 마음이 명료(明瞭)해지며, 빛을 보아야 하며 영적인 음성을 들어야 할 것이다. 이 세상에서 어떻게 살아가야 할 것인가? 정말 부끄러운 구원이 안 되려면 나는 어떻게 살아가야 할 것인가? 칭의(稱義)가 오직 믿음으로 되었다면 그다음 단계인 성화(聖化)는 그냥 주저앉아 있으면 저절로 되는 것이 아니다. 성화는 행동으로 나타나야 한다. 거룩함을 향하여 선행하고 행동으로 사랑하며 자신을 단련시키고 기도하고 말씀을 통하여 만들어가야 성화가 된다.

그런데 우리 한국교회는 왜 이 부분에 대하여 깊이 있게 다루지 않았는가? 그저 믿음으로 의롭게 된다는 칭의의 단계에서 머무르고 있었던 것은 아닌가? 맞다! 구원은 분명히 믿음으로만 이루어지는 것이다. 칭의의 단계에서 이루어진다. 실상 칭의의 단계가 바로 성화가 된 상태이다. 믿음으로 이루어진 칭의를 바탕으로 성화가 되었으니 거룩함의 열매를 맺혀나가야 한다. 주여! 나로 하여금 주님께로 나아가는 신실한 주님의 종이 되게 하옵소서!

[2023.12.03.]

묵상할 내용

나의 신앙이 외식(外飾)으로 흘러갔는지 되돌아보라.
성화의 단계는 어떻게 이루어지는지 생각해 보라

29. 이방인의 구원
Salvation of Gentile

오늘의 성경: 로마서 11:13-24

†

13. 내가 이방인인 너희에게 말하노라 내가 이방인의 사도인 만큼 내 직분을 영광스럽게 여기노니
14. 이는 혹 내 골육을 아무쪼록 시기하게 하여 그들 중에서 얼마를 구원하려 함이라
15. 그들을 버리는 것이 세상의 화목이 되거든 그 받아들이는 것이 죽은 자 가운데서 살아나는 것이 아니면 무엇이리요
16. 제사하는 처음 익은 곡식 가루가 거룩한즉 떡덩이도 그러하고 뿌리가 거룩한즉 가지도 그러하니라
17. 또한 가지 얼마가 꺾이었는데 돌감람나무인 네가 그들 중에 접붙임이 되어 참감람나무 뿌리의 진액을 함께 받는 자가 되었은즉
18. 그 가지들을 향하여 자랑하지 말라 자랑할지라도 네가 뿌리를 보전하는 것이 아니요 뿌리가 너를 보전하는 것이니라
19. 그러면 네 말이 가지들이 꺾인 것은 나로 접붙임을 받게 하려 함이라 하리니
20. 옳도다 그들은 믿지 아니하므로 꺾이고 너는 믿으므로 섰느니라 높은 마음을 품지 말고 도리어 두려워하라
21. 하나님이 원 가지들도 아끼지 아니하셨은즉 너도 아끼지 아니하시리라
22. 그러므로 하나님의 인자하심과 준엄하심을 보라 넘어지는 자들에게는 준엄하심이 있으니 너희가 만일 하나님의 인자하심에 머물러 있으면 그 인자가 너희에게 있으리라 그렇지 않으면 너도 찍히는 바 되리라
23. 그들도 믿지 아니하는 데 머무르지 아니하면 접붙임을 받으리니 이는 그들을 접붙이실 능력이 하나님께 있음이라
24. 네가 원 돌감람나무에서 찍힘을 받고 본성을 거슬러 좋은 감람나무에 접붙임을 받았으니 원 가지인 이 사람들이야 얼마나 더 자기 감람나무에 접붙이심을 받으랴

기후변화 속의 미국 대통령 선거 열풍(熱風)

2024년 9월이지만 8월의 더위가 지속되어 열대야가 있다는 것이 기이한 일이다. 이례적으로 8월 중에 우리나라로 태풍이 한 건도 오지 않았다. 연례적인 계절과 기후가 지구온난화와 필시 깊은 관련이 있다고 생각한다. 오늘은 비가 조용히 내리고 있다. 이 비가 9월의 제 모습을 가져다주기를 기대해본다. 47대 미국 대통령 선거는 공화당의 도널드 트럼프 전 대통령과 민주당의 카멀라 해리스 부통령의 대결로 결정이 되었다. 어제(9/10) ABC방송사 주관으로 두 후보 간에 90분간의 TV토론이 있었다. 불법 이민, 낙태권, 경제, 외교 등 다양한 주제를 가지고 열띤 토론이 이루어졌다. 객관적으로 볼 때 해리스 후보가 차분하게 잘 대처하였다는 생각이 든다.

언론에서도 6대4 정도로 해리스 후보의 판정승이라고 말하고 있다. 우리나라 언론들도 트럼프 보다는 해리스가 대통령이 되어야 바이든 정부의 기조를 유지할 것으로 보아 해리스를 조금 더 선호하는 것 같다. 그러나 기독교 신앙의 입장에서만 본다면 트럼프의 복음주의적 보수주의로 인하여 그를 옹호하는 마음이 많이 있다. 진보 성향의 민주당 해리스 후보는 상당히 급진적인 정책을 추진할 것 같다. 여하튼 앞으로 3개월여 남은 11월 5일 선거가 끝나는 날 패자는 깨끗하게 승복하는 정말 미국인다운 민주주의가 있어야 할 것이다.

참감람나무에 접붙임 된 돌감람나무 가지들

로마서 11장은 9장부터 시작된 큰 단원인 「하나님의 의와 이스라엘」에서 이스라엘의 죄로 인하여 이방인의 구원이 이루어지는 놀라운 반전의 역사가 나타난다. 오늘 본문인 로마서 11장 13-24절은 사도 바울이 이방인의 구원을 두 가지의 비유를 거론하여 설명하고 있다. 즉 "처음 익은 곡식가루와 떡덩이" 그리고 "나무의 뿌리와 가지" 이야기이다. 곡식가루가 거룩하니 그것으로 만들어진 떡덩이도 거룩하다는 것이다. 이와 같이 나무의 뿌리가 거룩하면 그 가지도 거룩하다는 것인데 실상은 그렇게 되지 못하다는 점이다. 이것은 이스라엘이 당연히 거룩한 백성으로 영원한 하나님나라의 백성이 될 터인데 실상은 우상숭배하며 자기 의를 따라가는 불순종의 백성이 되므로 구원에서 떨어져 나간 것이다. 그러므로 참감람나무에서 베어진 가지를 말할 수 있다. 그 베어진 가지 대신 돌감람나무의 가지를 참감람나무에 접붙이하여 거룩한 뿌리에서 올라오는 자양분으로 거룩해지는 이방인을 말하고 있다.

이방인의 구원이 이스라엘로 하여금 시기(猜忌)나게 하다

이방인들이 복음을 믿음으로 구원에 이르는 것을 하나님의 선택된 백성인 이스라엘이 보고 시기(jealousy)를 일으키게 하는 것이 사도 바울의 선교 전략이다. 한국인도, 미국인도, 중국인도, 일본인도 모두 유대인의 입장에서는 이방인

〈감람나무 열매(olive)〉

이다. 그러나 이들이 이신칭의(以信稱義)의 은혜로 구원을 얻게 되니 얼마나 감사한 일인가? 하지만 이방인으로서 구원을 받는다고 교만해서는 결코 안 될 것이다. 사도 바울은 20절과 21절에서 이렇게 말하고 있다 "옳도

다 그들은 믿지 아니하므로 꺾이고 너는 믿으므로 섰느니라 높은 마음을 품지 말고 도리어 두려워하라 하나님이 원 가지들도 아끼지 아니하셨은즉 너도 아끼지 아니하시리라." 즉, 교만하지 말고 두려워하라는 것이다. 구원받은 이방인 그리스도인들의 모습은 그래야 한다. 다른 말로 하나님을 경외하라는 말과 같다고 할 수 있다. 불순종한 이스라엘을 아끼지 아니하셨으니 이방인이 죄악 가운데 빠지고 불순종한다면 당연히 아끼지 않고 내치지 않으시겠는가라고 사도 바울은 경고하고 있다.

이방인 그리스도인들은 더욱 겸손하게 하나님을 경외(敬畏)하라

사도 바울의 자기 동족인 이스라엘을 생각하는 것이 애틋하기도 하다. 베어져 버린 참감람나무의 가지라도 복음에 순종하면, 예수 그리스도를 믿기만 하면 다시 원래의 모습으로 접붙임을 받게 될 것이라고 말하고 있다. 왜 사도 바울은 로마교회에 보내는 이 편지에서 이런 글을 쓰게 되었는지 생각할 필요가 있다. 로마교회의 설립 시에는 유대인 그리스도인이 주류를 이루었고 거기에 헬라인 그리스도인들이 합류하게 되었다. 국제도시인 로마이기에 여러 이방인들도 로마교회의 일원이 되었을 것이다. 그런데 모든 유대인을 로마에서 추방하라(행 18:2)는 글라우디오(Claudius) 황제의 칙령이 AD 49년경에 있었기에 로마교회 안에는 이방인 그리스도인들이 주축을 이루게 되었다. 이후 글라우디오 황제가 죽고, 네로(Nero) 황제 때인 AD 54년경, 유대인 그리스도인들이 5년 만에 로마교회에 귀환하였을 때에는 이미 주도권이 이방인(헬라인) 그리스도인들에게 넘어가 있었다. 그러므로 자칫 이 이방인 그리스도인들이 자신도 모르게 우쭐거리며 하나님을 경외하는 마음이 미약해질 수가 있었기에 강력하게 이 점을 지적하며 경성(警醒)하도록 한 것이다.

하나님의 인자(仁慈)하심에 머물라

그렇다고 사도 바울이 오직 자기 동족인 이스라엘만 생각하는 것이 아니다. 그는 분명하게 부활하신 주님으로부터 이방인을 위한 사도로 부르심을 받은 사람이다. 이런 사명을 잊고 사는 것이 아니다. 오죽하면 그 당시의 일반상식으로 땅끝이라고 여긴 서바나(스페인)까지 선교하려고 단단히 마음을 먹었을 것인가? 로마교회에서 선교 후원을 받아 서바나에 가려는 계획이 나타난다. 이방인의 사도로서 부지런히 복음을 전하며 가르치는 그를 통해 이스라엘이 하나님께 돌아오기를 간절히 바라고 있다. 이는 우리가 한국인이라는 긍지를 가지고 나라를 사랑하고 민족을 흠모하는 그런 마음을 갖는 것과 같은 이치이다. 사도 바울은 이방인 그리스도인들이 하나님의 인자하심에 머물러 있으라고 말하고 있다. 이 말은 하나님을 경외하며 그 사랑을 덧입기를 바라고 있는 말이다. 나는 오늘 하나님의 그 인자하심에 들어가 있는가?

[2024.09.11.]

묵상할 내용

원가지도 아끼지 않으시고 꺾어버리신 주님 앞에 우리는 곁가지로서
어떤 마음을 가지고 살아가야 하는가 생각하여 보라.

30. 이스라엘의 구원
Salvation of Israel

─────── 오늘의 성경: 로마서 11:25-36

✝

25. 형제들아 너희가 스스로 지혜 있다 하면서 이 신비를 너희가 모르기를 내가 원하지 아니하노니 이 신비는 이방인의 충만한 수가 들어오기까지 이스라엘의 더러는 우둔하게 된 것이라

26. 그리하여 온 이스라엘이 구원을 받으리라 기록된바 구원자가 시온에서 오사 야곱에게서 경건하지 않은 것을 돌이키시겠고

27. 내가 그들의 죄를 없이 할 때에 그들에게 이루어질 내 언약이 이것이라 함과 같으니라

28. 복음으로 하면 그들이 너희로 말미암아 원수 된 자요 택하심으로 하면 조상들로 말미암아 사랑을 입은 자라

29. 하나님의 은사와 부르심에는 후회하심이 없느니라

30. 너희가 전에는 하나님께 순종하지 아니하더니 이스라엘이 순종하지 아니함으로 이제 긍휼을 입었는지라

31 이와 같이 이 사람들이 순종하지 아니하니 이는 너희에게 베푸시는 긍휼로 이제 그들도 긍휼을 얻게 하려 하심이라

32. 하나님이 모든 사람을 순종하지 아니하는 가운데 가두어 두심은 모든 사람에게 긍휼을 베풀려 하심이로다

33. 깊도다 하나님의 지혜와 지식의 풍성함이여, 그의 판단은 헤아리지 못할 것이며 그의 길은 찾지 못할 것이로다

34. 누가 주의 마음을 알았느냐 누가 그의 모사가 되었느냐

35. 누가 주께 먼저 드려서 갚으심을 받겠느냐

36. 이는 만물이 주에게서 나오고 주로 말미암고 주에게로 돌아감이라 그에게 영광이 세세에 있을지어다 아멘

가을이 오는 것을 막고 있는 기후변화(氣候變化)

2024년의 불볕더위는 가을이 오는 것을 막고 있다. 사람들은 이제는 '추석(秋夕)'이 아니라 '하석(夏夕)'이라고 볼멘소리를 해댄다. 막는 것은 가을만이 아니라 한반도에 불던 그 많던 태풍도 막고 있다. 아주 강력한 태풍들(산산, 풀라산 등)이 다른 나라로 우회하였다. 중국과 일본에서는 엄청난 피해가 있었다. 기후변화라지만 정한 시각에 보름달이 뜨는 것은 변함이 없다. 그런데 온도에 의하여 오곡백과가 영글어지는데 어떻게 될 것인가? 기후변화가 우리 피부에 닿고 있다. 추석인데도 낮 기온이 32℃가 넘고, 열대야가 지속되어 잠을 설치게 만든다.

어떤 교회에서는 종말의 시기가 바로 닥쳐왔다고 경각심을 고취시킨다. 재림에 대한 내용을 강조한다. 또 다른 교회는 종말이나 재림과는 완전히 다른 평온함을 유지한다. 이런 가운데 중용(中

〈선한 영향력 블로그에서 발췌〉

庸)을 지키는 것이 쉽지는 않다. 현실에 발을 딛고 있으면서, 눈은 주의 재림을 바라보는 신실한 신자가 되어야 한다. 혹독한 기후변화를 인간은 또 적응해 갈 것이다. 하지만 그렇게 할 수도 없는 무섭고 두려운 날이 올 것이다. 새로운 세계가 펼쳐지는 그 날!(The Day!) 좌우가 극명(克明)하게 갈라질 것이다. 누가복음 16장 19-31절에 나오는 거지 나사로와 부자와 같은 상황이 연출될 것이다. 둘 다 죽은 후, 병들고, 음식을 주워 먹던 거지 나사로는 아브라함의 품에서 평강을 누리고 있고, 부자는 물 한 방울도 없는 음부에서 극심한 고통을 당하는 상황이다.

전쟁은 정보와 첩보전인가?

우크라이나와 러시아 간의 전쟁도 젤렌스키와 푸틴 간의 수 싸움으로 지속되고 있지만, 처참하게 양쪽의 군인들이 살상(殺傷)되고 있다. 이제 미국의 승인하에 우크라이나의 장거리 미사일 공격이 가능해지면, 젤렌스키는 러시아의 본토를 향하여 공격을 감행할 것이다. 이런 경우, 푸틴이 어떤 자세로 나올지 귀추가 주목된다. 끔찍하지만 핵무기가 사용될 수도 있다.

또한, 이스라엘과 헤즈볼라 간의 치열한 첩보전이 상상을 초월한다. 레바논에서 활동하는 헤즈볼라는 최근에 위치 파악이나 정보가 도청되는 것을 피하고자 스마트폰의 사용을 금하고, 대신 무선호출기(삐삐)를 사용토록 하였다. 그런데 납품된 3,000개의 삐삐 속에 들어가 있는 10~20g의 PETN(펜타에리트리톨 테트라니트레이트) 폭약이 원격조정을 통하여 폭발이 동시다발적으로 일어났다. 이로 인하여 주요 지휘관 등 42명이 사망하고, 2,800여 명이 심각한 부상을 입었다. 삐삐의 생산 과정에서 폭약이 삽입되었는데, 이스라엘의 정보특수작전국인 '모사드(Mossad)'의 공작이라고 알려지고 있다. 신출귀몰(神出鬼沒)한 방법을 이스라엘은 실행하고 있다.

로마서 11장은 이스라엘의 '남은 자'를 말한다

　로마서 11장까지가 9장부터 시작된 이스라엘의 불순종(不順從)의 죄로 인하여 이방인으로 구원이 넘어가 버리는 내용이 주를 이룬다. 이제 11장을 마무리하면서 소위 교리 부분에서 마감이 이루어지고, 12장부터는 교인들의 실제 생활에서 마주치는 여러 문제에 대한 내용이 나타난다. 로마서 1장부터 사도 바울은 끊임없이 자신의 동족인 이스라엘의 구원에 대하여 강한 집착을 나타낸다. 그들의 구원을 위해서라면 자신의 생명도 불사하겠다는 각오를 보인다.(롬 9:3) 분명한 것은 이스라엘의 불순종으로 인하여 이방인들이 주님의 긍휼하심을 입게 된 것이다. 이방인들이 구원을 얻게 되는 것을 보고 이스라엘이 시기(猜忌)하여, 예수 그리스도께로 돌아오기를 바울은 기다리고 있다.

　같은 성경 구절을 보고도 그 해석이 천차만별인 경우가 많다. 기독교와 천주교 그리고 유대교에게 '구약성경'은 모두 각자의 경전(經典)이다. 예수님을 그리스도, 즉 메시아로 보는가에 유대교는 갈라진다. 예수님의 어머니인 마리아에 대한 해석에서 기독교와 천주교는 나누어진다. 마리아를 신성시하고, 숭배하는 행위가 천주교에서는 성행한다. 하지만 기독교(개신교)는 오직 예수 그리스도만이 경배받으실 구세주이심을 믿는다.

하나님의 신비는 인간의 상상을 초월(超越)한다

　오늘 본문에서는 '하나님의 신비(神祕, mystery)'가 나타나고 있다. 무엇이 신비인가? 하나님께서 이방인의 구원받는 숫자가 차면 이스라엘의 구원이 이루어진다고 하신다. 25절이다 "이 신비는 이방인의 충만한 수가 들어오기까지 이스라엘의 더러는 우둔하게 된 것"이라고 한다. 26절에서 "온 이스라엘"이라고 하지만 이는 모든 이스라엘 백성이 아니다. 바로 이스라엘 백성 안에 구원받는 자들이 있다고 말한다. 이를 '남은 자(remnant)'라고 한다. 남은 자 사상이 그래서 중요하다. 이스라엘 백성이 예수 그리스도께 돌아오는 날이 있다. 이스라엘은 유대교에 심취하여 메시아로 오신 하나님의 아들 예수 그리스도를 십자가에 처형하였다. 이러한 내용이 이미 이사야 53장에 적나라하게 나타나 있다. 우리 주님은 성경에 응하시려고 의도적으로 십자가의 길을 가신 것이다. 인간의 생각으로는 가능하지 않다. 인간적으로는 십자가를 진다는 것을 용납하기 어렵다. 피하고 싶다는 그 마음을 분명히 알 것만 같다.

주님의 뜻을 이루소서

그래서 주님은 요한복음 12장에서 그 길을 가능하다면 안 가기를 기도하셨다. 그러나 곧바로 사명에 순종하셔서 이때를 위하여 오셨다고 하시며 십자가의 길을 가셨다. 겟세마네 동산에서 땀이 피가 되도록 간절하게 기도하신 내용과 동일하다. 아마도 요한복음에서도 잡히시던 날 겟세마네 동산에서 기도는 하셨지만, 공관복음(마태, 마가, 누가복음)에서처럼 공히 나타난 기도는 없다. 그러나 요한복음 12장에 나타난 내용이 유사하게 기술하고 있다고 생각한다. 사도 바울은 로마서 11장을 마무리하면서 많은 구약성경을 인용하고 있다. 26절과 27절은 이사야 59장 20절과 21절 그리고 시편 14편 7절, 27편 9절, 53편 6절을 인용하고 있다. 죄과를 떠난 자에게 임하실 것을 말씀하신다. 이스라엘의 구원은 시온에서 임하신다고 하신다.(계 14:1, 슥 14:4) 시온은 예루살렘이며, 예수 그리스도의 재림이 이루어지는 곳이다.

하나님을 향한 송영(頌詠)

33절로 36절까지의 내용은 독특하다. 하나님의 영광을 위하여 경배한다. 여기까지 사도 바울이 깨달은 기독교의 진리가 너무나 감사하여 말미에 이처럼 하나님을 찬양하고 있다. 33절에서 "깊도다 하나님의 지혜와 지식의 풍성함이여, 그의 판단은 헤아리지 못할 것이며 그의 길은 찾지 못할 것이로다"라고 사도 바울은 하나님의 지혜, 지식, 판단 그리고 길에 대하여 감탄의 말을 하고 있다. 하나님과 사람의 차이점을 말하고 있다. 창조주 하나님을 찬양하면서 영광을 돌리는 사도 바울이 지닌 믿음의 영적 깊이를 가늠하게 한다.

[2024.09.17.]

묵상할 내용

주님의 재림 징조 중 하나가 이스라엘인들이 예수 그리스도께 돌아오는 상황이라고 한다.
나는 재림을 위하여 어떤 역할을 하고 있는가?

로마서 묵상일기

"로마서는 하나님의 구원계획이 역사 속에서 어떻게 실현되는지를
보여주는 드라마이다."

"The book of Romans is a drama that shows
how God's plan of salvation is realized throughout history."

N.T. 라이트(N.T. Wright, 1948–)

11장

그리스도인의 일상생활에 대한 일반 권면

: 롬 12:1-13:14

General Advice for Christian Daily Life 구원

죄르지 팔코너, <성 바울>(1750)

György Falkoner, 〈Saint Paul〉(1750)

31. 하나님의 뜻을 분별하는 새 생활
A New Life Discerning God's Will

─────── **오늘의 성경: 로마서 12:1-13**

†

1. 그러므로 형제들아 내가 하나님의 모든 자비하심으로 너희를 권하노니 너희 몸을 하나님이 기뻐하시는 거룩한 산 제물로 드리라 이는 너희가 드릴 영적 예배니라
2. 너희는 이 세대를 본받지 말고 오직 마음을 새롭게 함으로 변화를 받아 하나님의 선하시고 기뻐하시고 온전하신 뜻이 무엇인지 분별하도록 하라
3. 내게 주신 은혜로 말미암아 너희 각 사람에게 말하노니 마땅히 생각할 그 이상의 생각을 품지 말고 오직 하나님께서 각 사람에게 나누어 주신 믿음의 분량대로 지혜롭게 생각하라
4. 우리가 한 몸에 많은 지체를 가졌으나 모든 지체가 같은 기능을 가진 것이 아니니
5. 이와 같이 우리 많은 사람이 그리스도 안에서 한 몸이 되어 서로 지체가 되었느니라
6. 우리에게 주신 은혜대로 받은 은사가 각각 다르니 혹 예언이면 믿음의 분수대로
7. 혹 섬기는 일이면 섬기는 일로, 혹 가르치는 자면 가르치는 일로
8. 혹 위로한 자면 위로하는 일로, 구제하는 자는 성실함으로, 다스리는 자는 부지런함으로, 긍휼을 베푸는 자는 즐거움으로 할 것이니라
9. 사랑에는 거짓이 없나니 악을 미워하고 선에 속하라
10. 형제를 사랑하여 서로 우애하고 존경하기를 서로 먼저 하며
11. 부지런하여 게으르지 말고 열심을 품고 주를 섬기라
12. 소망 중에 즐거워하며 환난 중에 참으며 기도에 항상 힘쓰며
13. 성도들의 쓸 것을 공급하며 손 대접하기를 힘쓰라

청주와 충주에서 생긴 일

　지난주일(9/22) 아내와 함께 청주
와 충주를 다녀왔다. 청주에선 새로
교회 건물을 신축하고 9월 7일(토)
입당감사예배를 드린 '생명의빛교회
(홍은익 목사)'인데, 그때 가질 못해
서 주일 예배에 참석 겸하여 방문한

〈신축된 생명의빛교회 전경〉

것이다. 지금은 1층이지만 추후 4층까지 건축될 예정이라고 한다. 미색(米
色)의 대리석으로 외관을 곱게 감싸고, 대형 유리창으로 되어있어서 마치
숲속의 카페 같은 느낌이 들며, 가슴에 안겨지는 아름다운 교회의 모습이
다. 하나님의 은혜와 능력으로 '생명의빛교회'는 온 천하에 그리스도의 복
음을 충실하게 전하는 복된 교회가 분명히 될 것이다. 그리고 오후에는
충주로 이동하여, 전도사 때 많은 도움을 주신 장로님 내외분을 만나고
오며 분주한 주일을 보냈다. 그러나 사람에게는 뜻하지 않은 일이 생기는
모양이다. 좋은 일보다 안 좋은 일에 대하여 사람은 매우 민감하게 생각
하는 것 같다. 주일 예배를 드린 후에 점심 식사를 대접받았는데 워낙 맛
이 있는 음식(감자탕)이어서인지 아내가 과식한 모양이다. 그다음 날인 월
요일 아침부터 토하고 매우 힘들어하여 동네병원을 3차례나 다녀오고 일
주일 만에 조금 괜찮아졌다. 아내가 앓고 힘들어하니 곁에서 바라보는 나
도 덩달아 힘이 들었다.

　그런데 충주에 간 그날 오후, 또 다른 일이 우리를 기다리고 있었다. 당
일 충주에서 장로님 내외분과 저녁 식사하였는데, 식당주차장에서 차량

에 탑승하고 앞에 주차된 차량을 피해 나오다가 그만 주차된 앞차의 범퍼를 스치는 차량접촉사고를 일으켰다. 괜찮을 줄 알았는데 타인 차량의 범퍼를 긁었고, 내 차의 범퍼에도 긁힌 자국이 생겼다. 보험으로 해결을 보긴 했어도 마음이 편한 것은 아니다. 이렇게 사람에게는 살다 보면 예상치 못한 일이 생긴다. 이럴 때, "왜 나에게 이런 일이?"라고 불평할 수도 있겠지만 그것은 좋은 태도가 아니다. 자신이 잘하지 못하여 생긴 것이다. 아내는 음식에 욕심을 내어 과식하여 탈이 났고, 나는 조심스럽게 운전하지 않아서 접촉사고가 발생하였다. "내 탓이요!"라고 생각하여야 한다. 어려운 일이 생길 때, 조심할 것은 결코 자학하거나 자꾸 부정적으로 생각하지 말아야 한다. 그런 마음을 가지도록 마귀는 교묘하게 꼬드긴다.

로마서 12장은 너무나 좋은 신앙 교과서(敎科書)

이제 로마서는 11장까지 이신칭의에 의한 구원의 내용이 면면히 흐르고 있다. 그리고 10장의 끝부분에서 하나님의 이스라엘을 향한 긍휼하심의 마음으로 그들이 돌아오기를 바라면서 두 손을 벌리고 계신다는 의미심장한 말씀이 나타

〈주님은 사랑이시라 블로그에서 발췌〉

난다. 그러면서 11장에서는 그 유명한 '남은 자'에 대한 말씀이 나온다. 엘리야 선지자의 예를 들면서 하나님께서 숨겨 놓은 7천 명이 있음과 같이 은혜로 택하심을 따라 남은 자가 있다고 바울은 강조한다. 참감람나무인 이스라엘의 불순종으로 말미암아 돌감람나무인 이방인들이 구원을 얻게

로마서 묵상일기

되는 신비를 알게 된다.

이제 12장부터는 그리스도인이 실생활에서의 삶을 말하고 있다. 그러므로 교리보다 이해하기 쉽고 마음에 잘 다가온다. 우리는 하나님의 뜻을 분별(分別)하는 생활을 하여야 한다. 복잡하고 어려운 인생길에서 하나님의 인도하심이 아니면 우리는 아무것도 할 수가 없다. 내 몸을 희생 제물로 드리는 번제물같이 하나님께 드려야 하는데 이것이 '영적 예배'이다. 합당한 예배라고 말할 수 있다. 예배를 드릴 때의 마음 자세이다. 나 자신이 하나님께 바쳐지는 제물이 되는 심정으로 예배를 드리는 것이 바른 자세이다.

성령충만(聖靈充滿)한 삶이 해결책

하나님의 뜻을 알려면 이 세상의 모든 잘못된 사상이나 행위 등을 본받아서는 안 된다. 그리고 마음을 새롭게 하여 변화를 받아야만 하나님의 뜻을 알 수가 있다. 이는 다른 말로 성령의 은혜를 받아야 한다는 말과 상통하지 않은가? 가장 중요한 사항은 이 세상의 악한 풍조나 사상에 동화되지 말고 말씀으로 지도함을 받아 성령 충만한 삶을 살아가야 한다. 로마서 12장 2절은 암기해야 하는 말씀이다. "너희는 이 세대를 본받지 말고 오직 마음을 새롭게 함으로 변화를 받아 하나님의 선하시고 기뻐하시고 온전하신 뜻이 무엇인지 분별하도록 하라."

여기서 "마음을 새롭게 하다"라는 말씀이 마음에 다가온다. 내 마음을 닦는다는 말도 있다. 그것을 타 종교에서는 수행이라고 하지만, 우리 그리스도인들은 성령님이 내 안에 충만한 상태라고 말할 수 있다. 매일 같이 성령님의 도우심으로 마음을 새롭게 하도록 정결하게 살아야 한다. 마음을 새롭게 하는 방법은 바로 회개(悔改)이다. 내 안의 죄를 회개하여 사함을 받아야 가능하다. 이런 성결한 마음이 이루어지면 새로운 사람이 된다. '날마다 새로운 피조물!' '보라 새것이 되었도다.'라고 바울이 외친 것같이 새사람이 되어야 한다.(고후 5:17) 그리하면 하나님의 뜻을 알게 된다. 하나님의 뜻은 선하시고 기뻐하시며 온전하시다.

그리스도인이 갖추어야 하는 성품(性品)

그리고 사도 바울은 교회 생활이나 가정생활에서 10절과 11절을 말씀한다. "형제를 사랑하여 서로 우애하고 존경하기를 서로 먼저 하며 부지런하여 게으르지 말고 열심을 품고 주를 섬기라." 사랑, 존경, 부지런함, 열심히 주를 섬김 등과 같은 단어는 너무나 중요하고 그리스도인에게는 반드시 갖추어야 할 덕목이다. 이런 일을 먼저 하라고 하신다. 하지만 우리는 그렇게 하지 못하며 살아간다. '내가 높으냐 네가 높으냐'라고 하면서 경쟁의식을 갖고 겸손하지 못한 채 살아왔다. 참으로 어리석은 삶을 오랫동안 지내 온 셈이다. 이제부터는 그런 일을 청산하고 깨끗하게 살아야 한다. 그리고 어려운 일이 있어도 소망 중에 즐거워하고, 혹 닥치는 환난이 있으면 참고, 기도에 항상 힘쓰기를 권면하고 있다. 가난한 성도들이 있다면 그들이 필요로 하는 것을 주고, 손님을 대접하기를 힘쓰라고 하신다.

[2024.09.29.]

32. 그리스도인의 생활
Christian Life

―――― 오늘의 성경: 로마서 12:14-21

†

14. 너희를 박해하는 자를 축복하라 축복하고 저주하지 말라

15. 즐거워하는 자들과 함께 즐거워하고 우는 자들과 함께 울라

16. 서로 마음을 같이하며 높은 데 마음을 두지 말고 도리어 낮은 데 처하며 스스로 지혜 있는 체하지 말라

17. 아무에게도 악을 악으로 갚지 말고 모든 사람 앞에서 선한 일을 도모하라

18. 할 수 있거든 너희로서는 모든 사람과 더불어 화목하라

19. 내 사랑하는 자들아 너희가 친히 원수를 갚지 말고 하나님의 진노하심에 맡기라 기록되었으되 원수 갚는 것이 내게 있으니 내가 갚으리라고 주께서 말씀하시니라

20. 네 원수가 주리거든 먹이고 목마르거든 마시게 하라 그리함으로 네가 숯불을 그 머리에 쌓아 놓으리라

21. 악에게 지지 말고 선으로 악을 이기라

어렵고 복잡해진 국제 정세

국제 정세나 우리나라의 각종 상황이 가볍지 않다. 우크라이나-러시아 전쟁은 끝날 것 같으면서 지속되고 있다. 이스라엘과 이란 간의 전쟁은 일촉즉발의 긴장 속에 이뤄질 듯하다. 미국의 11월 5일 대선에서 트럼프 전 대통령과 해리스 현 부통령 중에 한 사람이 될 것이다. 그런데 신앙적인 측면에서는 도널드 트럼프가 대통령이 되어야 미국이 제대로 복음 안에서 정립된다고 말하는 사람도 많다. 민주당의 정강은 너무나 진보적으로 나

아가다 보니 기독교의 복음을 무력화시키는 정책으로 일관하는 것 같다. 기독교로 세워진 나라에서 동성애를 옹호하고, "Merry Christmas" 대신 "Happy Holiday"로 말해야 하고, 학교에서는 기도와 십계명을 없앴는데, 그런 것이 그리스도인이 아닌 다양한 소수의 사람을 배려한다고 말하는 것이다. 그런 견지에서 트럼프 공화당 후보가 미국 내의 모든 비뚤어진 것들과 인본주의적인 사상과 행위들을 바르게 바꿀 수 있을 것인가?

우리나라의 정치 현실 그리고 일본

우리나라의 윤석열(尹錫悅, 1960-) 대통령과 집권 여당인 국민의힘 한동훈(韓東勳, 1973-) 대표 간에 불협화음이 자꾸 새어 나온다. 왜 정치에 노련한 분, 관록을 쌓아 정치를 제대로 구사할 수 있는 분들은 다 어디로 가 버렸는가? 이 두 분은 모

〈윤석열(尹錫悅, 1960-)〉

두 서울대학교 법학과를 나오고, 사법고시에 합격하여 오로지 검사 생활만으로 잔뼈가 굵은 분들이다. 매우 현명하고, 법과 원칙을 중시하는 분들이다. 다만, 모두 정치 초년생들이다. 정치를 할 수 없다는 것이 아니다. 정치에 큰 경험을 쌓은 관록 있는 분들이 아니기에 조금 어설픈 부분이 보인다. 또 하나 걱정되는 점은 영부인인 김건희(金建希, 1972-) 여사이다. 예술적인 능력이 있고 아름답고 호감이 가는 모습에다 사업능력도 출중(出衆)하다고 할 수 있다. 그러나 김 여사는 박사학위 논문에 나타난 운세(運勢)에 관련된 내용과 함께 사주(四柱)나 무속(巫俗) 등에 관심이 높은 것 같다. 안타깝게도 한국인이라면 정서상 그렇기도 하다. 하지만 이런

미신(迷信)에 빠지는 것은 하나님께서 기뻐하지 않으신다. 그러므로 대통령 내외분이 속히 전능하신 하나님을 의지하고 예전의 신앙을 되찾으시기 바란다. 그래도 우리나라를 바로 세울 분으로 믿고 뽑은 윤석열 대통령이므로 그가 임기까지 국정운영(國政運營)을 잘하실 수 있기를 필자는 새벽마다 주님께 기도하고 있다.

야당인 더불어민주당의 이재명(李在明, 1963-) 대표는 성남시장과 경기도지사 시절 주택개발에 대하여 석연치 않은 결정과 추진으로, 대선 과정 중의 거짓말로, 판사와 변호사에 대한 엄청난 로비 의혹 등으로 법의 심판을 기다리고 있다. 예전에 그의 정치력과 노련함을 좋아했던 필자는 이재명 대표와 그의 부인 김혜경 여사의 앞날이 밝게 보이지 않는다. 이는 이재명 대표만의 문제가 아니다. 대부분의 정치인들이 검은 먹물을 묻히고 있기 때문이다. 그러기에 윤 대통령이 임기를 잘 마치고 난 이후에, 느헤미야처럼, 모세처럼, 나라와 민족을 깊이 사랑하는 사람으로서 하나님의 지혜와 권능을 가진 올바른 정치지도자가 나타나기를 기도한다.

마침 일본에서 이번에 자민당 총재가 되고, 제102대 수상이 된 1957년생인 이시바 시게루(石破茂)는 인구의 1% 미만인 일본 그리스도인들 가운데 4대째 기독교를 믿고 있다고 한다. 기독교인이기에 정치를 잘하는 것은 아

〈이시바 시게루(石破茂, 1957-)〉

닐 것이다. 우리나라도 과거 김영삼(金泳三, 1929-2015), 이명박(李明博, 1941-) 대통령도 모두 장로님이 아니었던가? 두 장로 대통령이 재직 중

에 국정운영을 잘하셨다고 보기는 어렵다. IMF와 같은 국가적 외환위기가 김영삼 대통령 때에 나타났다. 그래서 많은 사람들이 이승만(李承晩, 1875-1965) 대통령 같은 위대한 지도자가 다시 출현하기를 고대하고 있다. 일본의 기독교인인 이시바 시게루 수상으로 인하여 한일(韓日) 간에 긴밀한 협력과 교류함에 하나님의 은총이 있기를 축복한다.

가르침 중에 으뜸의 가르침, "겸손(謙遜)"

오늘 본문은 그리스도인이 살아갈 때 겪는 여러 가지 상황 속에서 어떻게 대처해야 하는지를 말해 주고 있는 내용이다. 그런데 그 내용이 간단한 것이 아니다. 평범한 내용이 아니다. 박해(迫害)하는 자를 축복하라고 한다. 당연히 저주하지 않아야

〈한경직(韓景職, 1903-2000)〉

한다. 박해라고 하는 것은 억누르고 못살게 하고 괴롭히고 해롭게 하는 것인데 이렇게 하는 자를 저주하지 말고 축복하라고 사도 바울은 가르치고 있다. "원수를 사랑하라"는 말씀과도 같다. 쉬운 일은 분명 아니다. 하지만 이것이 하나님의 법이고 도리이므로 그렇게 가르치고 있다고 생각한다. 사람들과 같이 잘 지내되 그들의 형편과 처지를 이해하고 거기에 맞추어 동의하고, 격려해 주어야 한다.

그리고 성경은 그렇게도 수많은 지혜 있는 성현들이 말하고 가르치던 내용인 "겸손(humility)"을 말하고 있다. 성 아우구스티누스는 무엇보다도 '겸손'을 대단히 강조하였다. 존경하는 한경직(韓景職, 1903-2000)

목사님도 생전에 '겸손'을 많이 가르치셨다. 그리스도인이라면 바로 이 덕목이 최선이라는 것이다. "겸손"이란 자신을 낮추는 마음가짐이다. 잘난 척하지 않는 마음이다. 겉은 겸손한 듯 가장하지만, 그 속에는 교만과 자신의 월등함으로 가득 차 있는 사람들이 있다. 가끔씩 이 못난 필자도 그런 생각으로 살아갈 때가 있다. "그래도 내가 이런 사람이다"라고 자랑하려는 마음이 생기기도 한다. 그럴 때마다 주님의 겸손을 기억해야 한다. 겸손은 마치 나무의 뿌리와 같다. 뿌리가 깊을수록 나무는 더 튼튼하게 자란다. 그러므로 겸손은 아마도 그리스도인 가져야 할 덕목 가운데 최고의 자리에 놓일 정도로 중요하다는 생각이다.

Peace-maker는 사랑의 사도(使徒)이다

본문은 선한 일을 도모하는 것을 장려하고 있다. 아마도 선한 사마리아인을 비유로 말씀하신 예수님과 같은 마음일 것이다. 자비를 베푼 사마리아인처럼 이웃을 사랑하라는 주님의 말씀이다. 그리고 내 마음을 움직이는 구절이 나타난다. 18절이다. "할 수 있거든 너희로서는 모든 사람과 더불어 화목하라." 내 힘이 가능한 대로, 나와 만나는 사람들, 그 어떤 분들이라도 모두와 화목하라는 것이다. 화목은 평화를 가져온다. 또한, 즐거움과 기쁨을 가져오게 하는 것이 바로 화목이다. 즉 "peace-maker"가 되라는 말씀이다.

그런데 교회 안에서는 겸손한 모습이고 좋은 말을 사용하지만, 교회 밖을 나오면 돌변하는 사람들이 있다. 특히 주차장에서와 도로에서 운전하는 모습이 실제의 모습이다. 그리고 가정에서 부부간에, 부모와 자녀

〈손양원(孫良源, 1902-1950)〉

간에 어떤 말과 행동이 오가는지 알아보면 그의 신앙의 진면목이 나타난다. 그렇다! 우리는 종종 "trouble-maker"가 되는 경우가 많다. 함부로 험한 말을 내뱉고, 자신을 바르게 제어하지 못하기도 한다. 하지만 우리는 언제 어디서나 "화목"의 사절단으로 살아가야 한다. 여기에 놀라운 주님의 계명이 연결된다. "원수를 사랑하라"는 계명이다. 사랑의 원자탄이라는 손양원(孫良源, 1902-1950) 목사님처럼 원수 사랑을 실천하여야 한다. 1948년 여순사건 때, 공산주의자인 안재선에 의하여 아들 둘(동인, 동신)이 희생을 당하였는데, 손 목사님은 그 원수인 안재선을 양자(養子)로 삼았다. 그러나 본인도 2년 뒤인 1950년 6.25 한국전쟁 중, 인민군에게 잡혀 9월 28일 총살을 당해 48세에 순교하였다. 예수님처럼 원수(怨讐)를 사랑한 그의 모습은 마치 주님을 보는듯하다.

자비(慈悲)와 선(善)을 행하라

사도 바울은 자기를 죽이려는 유대인들을 결코 미워하거나 저주하지 않았다. 그러므로 그의 로마서 말씀은 가슴에서 나온 말이다. 성령님은 그에게 귀한 마음을 주셨다. 20절과 21절이다. "네 원수가 주리거든 먹이고 목마르거든 마시게 하라 그리함으로 네가 숯불을 그 머리에 쌓아 놓으리라 악에게 지지 말고 선으로 악을 이기라." 원수가 곤란하고 도움이 필요할 때 그에게 자비를 베풀어야 함을 강조하고 있다. 그러나 "숯불을 그 머리에 쌓아 놓으리라"라는 말씀은 숯불의 열기로 얼굴이 뻘게 짐같이 부끄러움을 알게 한다는 뜻이다. 그러므로 회개에 이르게 할 수 있다. 하나님께 모든 것을 맡기고 우리는 그저 선(善)을 행하되 악(惡)에게 대항하고 선으로 악을 이기는 사람이 되어야 하는 것을 표현하고 있다. 그러므로 이 말은 적극적인 선행(善行)을 말하고 있다고 생각한다.

오늘 나는 배웠다. ① 겸손(謙遜) ② 화목(和睦) ③ 자비(慈悲) ④ 선행(善行)은 그리스도인이라면 반드시 행하여야 하는 내용이다. 나는 오늘 로마서 본문에서 그리스도인이라면 이 4개의 덕목을 반드시 행하여야 한다는 것을 배웠다.

[2024.10.01.]

묵상할 내용

나는 얼마나 겸손한 사람인가?
나는 일상에서 어떻게 겸손을 실천하고 있는가 생각해 보라.

33. 그리스도인과 세상 권세
Christians and Secular Authority

—————— **오늘의 성경: 로마서 13:1-7**

✝

1. 각 사람은 위에 있는 권세들에게 복종하라 권세는 하나님으로부터 나지 않음이 없나니 모든 권세는 다 하나님께서 정하신 바라
2. 그러므로 권세를 거스르는 자는 하나님의 명을 거스름이니 거스르는 자들은 심판을 자취하리라
3. 다스리는 자들은 선한 일에 대하여 두려움이 되지 않고 악한 일에 대하여 되나니 네가 권세를 두려워하지 아니하려느냐 선을 행하라 그리하면 그에게 칭찬을 받으리라
4. 그는 하나님의 사역자가 되어 네게 선을 베푸는 자니라 그러나 네가 악을 행하거든 두려워하라 그가 공연히 칼을 가지지 아니하였으니 곧 하나님의 사역자가 되어 악을 행하는 자에게 진노하심을 따라 보응하는 자니라
5. 그러므로 복종하지 아니할 수 없으니 진노 때문에 할 것이 아니라 양심을 따라 할 것이라
6. 너희가 조세를 바치는 것도 이로 말미암음이라 그들이 하나님의 일꾼이 되어 바로 이 일에 항상 힘쓰느니라
7. 모든 자에게 줄 것을 주되 조세를 받을 자에게 조세를 바치고 관세를 받을 자에게 관세를 바치고 두려워할 자를 두려워하여 존경할 자를 존경하라

박정희 대통령의 서거(逝去)와 그 이후

1979년 10월 26일은 박정희(朴正熙, 1917-1979) 대통령이 중앙정보부장인 김재규(金載圭, 1926-1980)에 의하여 시해(弑害)당한 날이다. 생각

하지 못한 일이 생긴 것이다. 항상 원수는 가장 가까운 곳에 있다고 하니, 로마의 시저(Caivs Ivlivs Caesar, BC 100-44)가 믿었던 양자(養子)인 브루투스(Brutus)의 칼에 맞아 죽으면서 "브루투스 너 마저…"라고 말한 것이 생각났다. 10·26 당시 필자는 용산의 육군본부 정보참모부 1031처(북한땅굴탐지)에서 대위로 근무하고 있던 청음분석 장교였다. 박정희 대통령의 서거는 모두를 너무나 놀랍게 만들었다. 이후 12·12사태가 일어났는데, 합동수사본부장이 된 국군보안사령관 전두환 소장은 직속상관인 정승화 육군참모총장을 강제로 연행하였으며, 국방부 벙커 안으로 공수부대원들을 투입시켰다. 쌍방 간에 죽고 죽이는 유혈사태가 있었다.

《전두환(全斗煥,1931-2021)》

결국, 육군본부도 공수부대에 점령을 당하였다. 이후 1980년 5월 18일, 치열하고도 참혹한 광주에서의 무자비한 군사진압이 있었지만, 당시 대다수의 군인들과 국민들은 광주에서의 항거를 북한이 사주한 폭동으로만 이해하고 있을 뿐이었다. 모든 언론들이 강력하게 통제되고 있었기에 한쪽의 정보만을 들을 수밖에 없었다. 군사 쿠데타의 정점이었던 당시 49세의 전두환(全斗煥, 1931-2021) 국보위원장은 야욕을 품고 대통령이 되고자 했다. 드디어 그는 11대 및 12대 대통령(1980-1988)으로 취임하였는데, 임기 내내 국민, 특히 기독교 사회단체와 대학생들로부터 심한 저항을 받았다.

그런데 그 당시 권력자들이 내세웠던 성경 구절이 바로 오늘 본문인 로마서 13장 1절의 말씀이다. "각 사람은 위에 있는 권세들에게 복종하라 권세는 하나님으로부터 나지 않음이 없나니 모든 권세는 다 하나님께서 정하신 바라"라고 성경에 있으니 권력을 가진 전두환 정권에 대하여 반대하지 말고 순종하라는 것이었다. 이는 로마서에서 말하고 있는 진정한 뜻을 아전인수격으로 해석한 것이다. 모든 국민은 권세자의 부정과 불의에 항거할 권한이 있으며, 이는 하나님께서 주신 것이다. 20세기의 행동하는 신앙인으로 추앙받고 있는 독일 고백교회의 순교자 디트리히 본회퍼 목사님은 1943년 당시 히틀러를 "미친 버스 운전사"라고 하고, 그를 암살하는 계획에 깊이 관여하였다. 결국 본회퍼 목사님은 39세의 젊은 나이에 교수형을 당하였다.

권세자들이 도용(盜用)하는 로마서 13장 1절

이 본문은 권세자들이 먼저 하나님의 사역자가 되어 선을 베푸는 자들이어야 함을 말하고 있다. 6절에는 그들을 '하나님의 일꾼'이라고도 말하고 있다. 결론적으로 선을 행하지 않는 권세는 지탄받아야 하며, 그런 권세가들은 디트리히 본회퍼(Dietrich Bonhoeffer, 1906-1945) 목사님이 말한 대로 그 자리에서 내려와야 한다. 그런데 인간은 권세를 얻으면 그 권세 놓기를 죽기보다 싫어한다고 한다. 권세와 권력이 주는 그 황홀한 힘에 취해버렸기 때문이다. 1절에서 모든 권세는 하나님으로부터 나왔다고 하고 있다. 즉 하나님께서 주시지 않으면 누구라도 '권세'를 가질 수가 없다.

〈디트리히 본회퍼(Dietrich Bonhoeffer, 1906-1945)〉

인간 역사에서 권세나 권력을 가지고 누린 사람들 가운데 지탄(指彈)받으며, 망해 버린 사람들이 많다. 보수 논객인 전원책(全元策, 1955-) 변호사는 칼럼에서 "권력은 패망에 이르는 유혹(誘惑)"이라는 멋진 정의를 내리고 있다. 권력은 잘 사용하면 칭송을 받지만, 함부로 휘두르면 그 권력자를 영원히 망하게 만들어 버리는 에덴동산의 뱀과 같은 묘한 유혹자라고 할 수 있다. 구약성경에 나오는 왕들이 그 대표적인 사례이다. 그 밖에 칭기즈칸, 진시황, 나폴레옹, 히틀러 등이 가졌던 막강한 권력은 모두 하나님으로부터 받은 것이나 대부분 잘못 사용하고는 망해 버렸다. 하지만 선하고 정당하게 권력을 행하는 자에게는 복종하는 것이 마땅하다. 4절에서 "그는 하나님의 사역자가 되어 네게 선을 베푸는 자니라"고 말하고 있다.

국민의 4대 의무(義務)

대부분의 권력자들은 공권력을 가지고 있다. 요즘으로 본다면 법시행을 말하는 것이다. 우리나라의 국민에게는 헌법에서 요구하는 4대 의무가 있다. ① 국방의 의무 ② 납세의 의무 ③ 근로의 의무 ④ 교육의 의무이다. 추가로 환경보전의 의무와 재산권 행사의 의무가 있다고 한다. 그중에서 오늘 성경은 "납세의 의무"를 말하고 있는데 국민이라면 자신이 속한 국가의 운영을 위하여 세금을 내지 않으면 안 된다. 7절에서는 "모든 자에게 줄 것을 주되 조세를 받을 자에게 조세를 바치고 관세를 받을 자에게 관세를 바치고 두려워할 자를 두려워하며 존경할 자를 존경하라"고 말하고 있다.

조세(租稅, tax)와 관세(關稅, tariff)의 차이점은 조세는 일반적으로 국민이 내는 세금을 말하며, 관세는 국경을 통과하여 들어오는 물품에 대한 조세를 말한다. 국가 간의 무역에서 자국의 상품을 보호하기 위하여 국경 넘어 들어오는 물품에 대하여 일정량의 관세를 붙이기도 하며, 상호 조약인 자유무역협정(FTA)을 통하여 상호 관세를 부과하지 않기도 한다. 대개가 수출입 불균형을 이루는 나라 간에 관세 경쟁이 일어나기도 한다. 미국과 중국이 그렇다.

로마는 뉴욕과 같은 곳

사도 바울이 로마교회에 이 편지를 보내면서 왜 조세와 관세에 대한 글을 써서 보냈을까? 그 당시에 '로마(Rome)'는 지금 미국의 '뉴욕(New York)'과 같은 곳이라고 할 수 있다. 로마시민권은 엄청난 힘이 있었다. 세계최강의 나라인 로마제국의 수도이었기에 여기에 많은 사람들이 모여들었고 무역도 성행하였을 것이다. 그런데 로마에 살고 있는 로마교회의 교인들에게 있어서 로마제국이 거주민들에게 부과하는 조세 문제에 대하여 의구심을 갖거나 저항하려는 움직임이 있었던 모양이다. 그리고 로마교회의 교인들은 이제 임박한 하나님의 나라를 앙망하면서 썩어져 가는 이 세상 나라에 세금을 내는 것을 그리 달갑지 않게 생각할 수도 있다. 더구나 1세기 중반에는 기독교라는 신흥종교에 대한 박해 조짐도 있었다.

그러므로 사도 바울은 이 세상 나라에 살고 있는 하늘나라 백성들에게 필요한 가이드로서 이 문제를 거론하지 않을 수 없었다. 예수 그리스도를 믿는 그리스도인들에게 있어서 권력자들을 경원시하고, 그들이 요구하는 세금 납부를 은근히 늦추거나 회피하는 일이 있을 수 있었다. 그러므로 세금 납부는 당연한 것으로 내야 함을 말하고 있다. 외국의 물품을 가지고 와서 판매하려는 자들은 관세를 내야 했다. 세금을 안 내려고 속이거나 회피하지 말고 "양심을 따라 할 것이라"고 말하기도 한다.

[2024.10.04.]

묵상할 내용

우리나라의 권력자들,
특히 국회의원들이 그 권력을 정당하게 행사하고 있는지 생각해 보자.

34. 사랑은 율법의 완성

Love is the Fulfillment of the Law

──────── 오늘의 성경: 로마서 13:8-10

✝

8. 피차 사랑의 빚 외에는 아무에게든지 아무 빚도 지지 말라 남을 사랑하는 자는 율
법을 다 이루었느니라
9. 간음하지 말라, 살인하지 말라, 도둑질하지 말라, 탐내지 말라 한 것과 그 외에 다
른 계명이 있을지라도 네 이웃을 네 자신과 같이 사랑하라 하신 그 말씀 가운데 다
들었느니라
10. 사랑은 이웃에게 악을 행하지 아니하나니 그러므로 사랑은 율법의 완성이니라

2024년도 노벨문학상, 한국의 여성 작가 '한강'에게 주어지다

지난 10월 10일, 놀라운 뉴스가 전해졌다.
바로 스웨덴 한림원에서 우리나라의 '한강(韓
江, 1970-)' 작가에게 '노벨문학상'을 준다고
발표한 것이다. 2000년에 김대중 대통령에게
노벨평화상이 주어졌지만 이후 그렇게도 기다
리던 '노벨문학상'이 여성 작가인 '한강' 씨에
게 돌아갔다. 수상작품은 광주민주화운동을

《한강(韓江, 1970-)》

배경으로 한 소설『소년이 온다』이다. 그의 작품은 상당수가 소설인데『채
식주의자』,『작별하지 않는다』.『흰』 등이다. 한강 작가는 유명한 소설가인
'한승원(韓勝源, 1939-)' 작가의 딸로서, 재능이 특출한 그녀는 여러 번

국내외의 유명한 상(이상 문학상, 맨부커상 등)을 받았고, 그의 소설은 영어, 일본어, 베트남어 등 28개국 언어로 번역되어, 외국에도 많이 알려져 있다. 한국에서는 '고은(高銀, 1933-) 시인'이나 '황석영(黃晳暎, 1943-) 소설가'와 같은 원로급 문학인들이 노벨문학상을 받을 것을 기대하였지만, 뜻밖에도 54세의 비교적 젊은 여성인 '한강 작가'에게로 돌아갔다.

그런데 한강 작가의 소설 내용에 대하여 보수진영에서 문제를 제기하고 있다. 역사를 왜곡하고 있다든지, 선정적인 요소가 너무 많다든지, 좌파적인 사상이 문재인 전 대통령과 거의 동일하다와 같은 비판을 받고 있다. 더구나 지난 박근혜 정권에서는 그녀를 문인 블랙리스트에 올려 통제하였고, 그의 책이 청소년 유해도서라는 지적을 받았다고 한다. 제주 4·3 사건이나 광주민주화운동에 대한 관점이 너무나 좌파적이라고 보는 시각이 크다. 우리가 그토록 목말라하던 노벨문학상을 받는데 작가에 대한 사상적인 비난이 사실 안타깝기도 하고, 어쩌다가 우리나라가 이렇게 좌우 사상의 대립이 커졌는지 참으로 개탄스럽다. 서로를 역지사지로 볼 수 없는가? 전라도 광주사람의 마음으로 1980년 5월 18일의 일련의 사태들을 본다면 어느 정도는 이해가 가능하지 않겠는가? 언제까지 이렇게 팽팽하게 대립하여야 하는지…. 진보적(進步的) 좌파(左派) 사상을 가진 자는 모두 싹 쓸어버려야 하는가? 우리가 긍휼의 가슴으로 이들을 품어야 하지 않겠는가? 자유민주주의자(自由民主主義者)들이 진정 경계해야 할 사상은 공산주의(共産主義), 사회주의(社會主義) 그리고 전체주의(全體主義)에 몰입된 악(惡)한 극좌파(極左派) 사상이다.

나라와 민족을 사랑하는 그리스도인

개혁이나 진보에 대하여 거부감을 가지고 오로지 보수를 수구하려고 그렇지 않은 생각이나 사람에 대하여는 못 쓸 사람으로 치부한다고만 생각하지 말고 그런 사상을 돌이켜보아야 한다. 하지만 다분히 이런 대립은 과거에도 엄청나게 있었다. 그럼에도 불구하고, 우리나라는 남북자유통일을 향하여 나아가야 하며, '통일 한국'으로 온 세계에 중심이 되는 위대한 나라가 될 것이다. 19세기 말, 암울한 조선 땅에 오로지 예수 그리스도의 복음을 전하기 위하여 오신 선교사님들이 기억난다. 그들의 헌신과 기도로 우리나라는 기독교가 소망이 되었고 나라와 민족을 사랑하는 사람은 모두 그리스도인이었다. 하늘나라를 지향하지만, 이 땅에서의 삶에도 성경에 기록된 하나님의 말씀에 따라 살아가므로 그리스도인에게 있어서 사랑의 실천이란 너무나 중요한 가치이다.

사람들은 자신의 이념, 사상, 종교를 지키기 위하여 죽을힘을 다해 싸운다. 그래서 이슬람교에서는 '지하드(jihad, 聖戰)'라는 이름으로 '자살 폭탄'을 미화하여 자기 생명을 바치게 한다. 뼈와 살로 구성되어있는 인간의 육체는 강철처럼 강한 것 같으나 실상은 엄청나게 약한 존재이다. 최고의 레슬링선수였던 '역도산(力道山, 1924-1963)'도 한 건달의 칼에 찔려 39세에 허무하게 생을 마감하였다. 인간이라면 살을 뚫고 뼈를 가르는 물질에는 견뎌낼 수가 없다. 거기에다 정신까지 혼미하게 만든다면 이는 얼마나 비참한 것인가?

사랑은 율법의 완성(完成)

사도 바울은 본문에서 '사랑'에 대하여 말하고 있다. 사랑의 빚을 지는 사람을 말하고 있다. 내가 타인, 이웃, 원수에게 사랑의 빚을 지고 있다고 생각하며 사랑을 실천에 옮겨야 한다. 남을 사랑하는 자는 율법을 다 이루었다고 한다. 간음, 살인, 절도, 욕심에 대하여 십계명은 금하고 있다. "6계명은 살인하지 말라, 7계명은 간음하지 말라, 8계명은 도둑질하지 말라, 9계명은 네 이웃에 대하여 거짓말하지 말라, 10계명은 네 이웃의 집을 탐내지 말라"이다. 이렇게 금하고 있는 다섯 개의 계명들은 "네 이웃을 네 자신과 같이 사랑하라"는 말씀 속에 다 들어있다. 즉 주님은 십계명을 '하나님 사랑과 이웃 사랑'으로 나누고 있는데, 이것을 유대교인들도 인정하고 있다. 이웃을 사랑하는 사람이 간음하거나, 살인하거나, 도둑질하거나, 탐심을 가질 수가 없다. 이웃에게 결코 악을 행하지 않을 것이다. 인간에게 '자기애(愛)'는 본능이다. 누가 가르치지 않아도 자신이 춥거나 더운 경우, 아프거나 괴로울 때 이를 해결하기 위하여 많은 노력을 기울인다. 이렇게 자기를 사랑하는 노력을, 이웃을 위해서도 베풀라는 것이 하나님의 가르침이다. 이웃 사랑의 실천이 이루어진다. 그래서 결국 "사랑은 율법의 완성"이라는 말이 실감 난다.

사랑은 구원을 창조하는 모티브(motive, 動機)

예수 그리스도는 공생애 기간에 수많은 바리새인, 율법사, 제사장들로부터 끊임없이 비난을 받고 공격을 당하였다. 손 씻지 않고 음식 먹음, 안식일에 병 고침 등에 대하여 장로의 유전을 안 지킨다거나 귀신의 힘을 빌려 병을 고친다, 율법을 지키지 않는다고 비난하였다. 예수 그리스도께서는 이렇게 답변하신다. 마태복음 5장 17절에서 "내가 율법이나 선지자를 폐하러 온 줄로 생각하지 말라 폐하러 온 것이 아니요 완전하게 하려 함이라"고 말씀하셨다. 무엇으로 완전하게 하시는가? 바로 사랑의 실천을 통하여 완전케 하신다. 예수 그리스도의 사랑은 바로 십자가에서의 죽음이다. 죄인 된 세상의 모든 사람을 위하여 스스로 자신을 제물로 드리는 즉슨 생명을 바치신 것이다. 그러므로 여기서 그 유명한 요한복음 3장 16절이 나온 것이다. "하나님이 세상을 이처럼 사랑하사 독생자를 주셨으니 이는 그를 믿는 자마다 영생을 얻게 하려 하심이라"고 사도 요한은 강조하고 있다. 사랑은 구원을 창조하는 모티브(동기)이다.

[2024.10.12.]

묵상할 내용

생활하면서 사랑의 실천을 언제 어디서 누구에게 어떻게 행하였는지 생각해 보라.

35. 가까워진 구원
Salvation is Nearer

―――― 오늘의 성경: 로마서 13:11-14

✝

11. 또한 너희가 이 시기를 알거니와 자다가 깰 때가 벌써 되었으니 이는 이제 우리의 구원이 처음 믿을 때보다 가까웠음이라
12. 밤이 깊고 낮이 가까웠으니 그러므로 우리가 어둠의 일을 벗고 빛의 갑옷을 입자
13. 낮에와 같이 단정히 행하고 방탕하거나 술 취하지 말며 음란하거나 호색하지 말며 다투거나 시기하지 말고
14. 오직 주 예수 그리스도로 옷 입고 정욕을 위하여 육신의 일을 도모하지 말라

설교(說敎)의 어려움

얼마 전에 필자는 주일 예배에서 이 본문으로 설교하였다. 설교에서 자그마치 네 명의 주요인물이 등장한다. 본회퍼(순교자, 목사), 아우구스티누스(성인, 교부), 션(가수, 기부 천사),

〈호세 무히카(José Mujica, 1935-)〉

무히카(우루과이 전 대통령) 등이다. 여동생에게 이 설교 녹음을 보냈더니 '호세 무히카(José Mujica, 1935-)'만 생각난다고 말할 정도로 무히카 전 대통령은 가난한 자들을 돌보고, 섬기며, 자신은 철저히 절제하는 분이다. 그 밖의 세 분들도 말할 수 없이 훌륭한 분들이다. 특별히 아우구스티누스는 가톨릭교에서 성인으로 추앙받고 있다. 그가 기록한 『고백록』은

고전으로 분류된 명작이다. 필자의 설교에서 너무 눈에 띄는 분들을 거론하여서 정작 본문에서 사도 바울이 전하는 메시지의 진가가 잘 나타나지 못하였다는 자평이다.

인간 본성 속에 도사린 사탄의 계략(計略)

로마서 13장에서는 세상 권세 이야기가 처음에 나오며, 이 권세에 그리스도인들은 어떻게 반응해야 하는지 말하고 있다. 그러면서 사랑은 율법의 완성이기에 타인을, 이웃을 사랑하는 자야말로 율법을 다 이룬 것이라고 말하고 있다. 그런데 13장을 마무리하면서 갑자기 구원의 때가 가까웠다는 말을 한다. 다른 말로 예수 그리스도가 재림하시는 날이 가까이 왔다는 말씀이다. 작금의 세상은 밤이다. 어두움의 세상이라고 한다. 그리고 이 어둠이 너무나도 깊어졌다.

TV에서 뉴스를 보면 사람을 무참하게 죽인 사건들이 나타난다. 헤어지자는 여자친구를 잔인하게 살해한 30세의 한 청년을 보면 할 말을 잊는다. 아파트 위아래 층에서 층간소음 때문에 다투다가 살인으로 이어지는 일들이 많이 우리 주변에 나타난다. 이와 같이 누구나 '아차' 하면 순식간에 깊은 나락(奈落)으로 떨어진다. 인간 본성 속에 숨겨져 있는 사탄의 악함이 나타나는 것이 얼마나 안타까운가?

이제 '인공지능(AI)'이 아주 빠른 속도로 발전해 가는 시대이다. 이들은 선과 악이 없는 기계장치들인데 이들이 극도로 발전되면 자기들 나름의 창조성이 나타나게 된다고 한다. 결국 AI는 인간이 본능적으로 악하다는 것을 눈치채게 되며, 이런 악한 인간의 명령을 거부할 뿐 아니라 인간을 멸절시키려고 공격할 수도 있다는 말이 조금 이해가 된다.

로마를 거쳐 땅끝인 스페인으로 가려고 한 바울

본문에서 사도 바울은 만나지도 못했고, 세우지 않은 로마교회 교인들에게 복음을 전하고 있다. 바울은 로마로 가는 것이 최종 목표가 아니고 당시 땅끝으로 여겼던 서바나, 지금의 스페인으로 가서 복음을 전하려는 희망이 있었다. 그러므로 당시 최강의 나라인 로마제국의 수도인 로마시에 세워진 로마교회를 통한 선교비 지원을 바라고 있었다. 하지만 사도 바울은 서바나에 가보지 못하고 로마에서 육신의 생명을 마감하였다. 그의 사명은 거기까지만 해도 충분하였나 보다.

어둠의 일을 버려야 한다

그가 로마교회 교인들에게 전한 말씀은 아우구스티누스에게, 마틴 루터에게, 그리고 현대를 살아가는 우리에게 깊숙이 전해주는 구원의 진리가 들어있다. 구원이 가까워졌으므로 이 어두운 세상 속에서 우리는 어떻게 살아가야 하는가? 먼저 어둠의 일을 벗어버려야 한다. 단정하지 못하면 몸가짐이 흐트러진다. 이 어둠의 일이란 방탕하게 사는 것, 술에 취하여 자신을 잃는 것, 음란과 호색하는 것 등이다. 대개 방탕(放蕩)한 자들은 술을 마신다. 그것도 정신을 차릴 수 없도록 질펀하게 마신다. 그러면 이성을 잃고 자제력이 급격히 없어져서 더욱 음란하거나 호색하게 된다. 뿐만 아니라 조그만 일에도 자제력을 잃고 남과 다투게 된다.

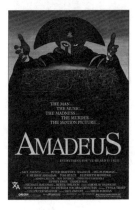

〈아마데우스 영화 포스터〉

2023년에 우리나라의 연간 술 취한 사람들이 단속 경찰관들에게 행패 부리는 건수가 100만 건이나 된다고 하니 술중독이 얼마나 큰 사회적인 문제인가? 이런 사람들이 가지는 특성 중 하나는 바로 다투거나 시기한다고 한다. 시기(猜忌)와 질투(嫉妬)는 아마도 여성들이 조금 남성보다 많을 것 같지만 남성들도 엄청나게 많이 시기하고 질투한다고 한다. 이는 "아마데우스(Amadeus)"라는 영화에서 알 수 있다. '안토니오 살리에리'라는 아주 능력 있는 궁중 음악가는 '볼프강 아마데우스 모차르트(Wolfgang Amadeus Mozart, 1756–1791)'의 천재적인 음악성에 너무나 강한 질투심을 품고는 그를 파멸시키고자 계략을 꾸며 결국 모차르트가 죽게 되었다. 이에 대한 강박관념에서 정신병에 걸려 버린 '살리에리'가 35세의 젊은 나이에 정신병원에서 자신의 일생을 회고하는 것으로 영화는 시작되고 있다.

예수 그리스도로 옷 입으라

그러므로 우리는 빛의 갑옷이신 예수 그리스도로 옷 입어야 한다. 예수 그리스도로 옷을 입는다는 것은 언제나 성령 충만하며, 말씀과 기도로 '거룩함'을 유지해 나가야 함을 의미한다. 그리고 정욕을 위하여 육신의 일을 도모해서는 안 된다. 그런데 이것은 예수 그리스도가 없는 불신자들에게 있어서 결코 쉬운 일이 아니다. 육신의 일은 정욕을 위한 것이다. 골로새서 3장 5절에 그 내용이 기록되어 있다. "그러므로 땅에 있는 지체를 죽이라 곧 음란과 부정과 사욕과 악한 정욕과 탐심이니 탐심은 우상승배니라." 이와 같이 성경에는 인간의 내면에서 올라오는 각종 악한 것들을 묘사하고 있다.

사도 바울의 유언(遺言)

디모데후서 4장에서 사도 바울은 로마 감옥에서 자신의 죽음을 느끼고 있으면서, 영적인 아들인 디모데에게 매우 숙연(肅然)하지만, 영광의 날을 기대하는 말로 교훈하고 있다. 6절에서 사도 바울은 말하고 있다. "전제와 같이 내가 벌써 부어지고 나의 떠날 시각이 가까웠도다." 그리고는 자신이 선한 싸움을 싸우고, 달려갈 길을 마치고, 믿음을 지켰다고 담대하게 말한다. 그러므로 이제 의의 면류관이 예비 되었다고 영광된 그 날을 바라보고 있는 내용이 나온다.

[2024.10.18.]

묵상할 내용

주의 재림이 가까운 지금, 나는 과연 예수 그리스도로 옷을 입고 있는지 돌이켜 보라

"로마서는 하나님의 구원 계획과 인간의 반응을 포괄적으로
다루고 있으며, 신자들에게 깊은 영적 통찰을 제공한다."

"The book of Romans comprehensively addresses God's plan of salvation
and human response, providing deep spiritual insights to believers."

더글라스 무(Douglas J. Moo, 1950–)

12장

성도 간에 필요한 특별 권면

: 롬 14:1-15:13

Special Advice for Relationships among Saints 성화

페르난도 갈레고, <성 바울이 감옥에 갇힌 성 베드로를 방문하다.>(1500년경)

Fernando Gallego, 〈Saint Paul Visiting Saint Peter in Prison〉(circa 1500)

36. 형제에 대한 비판
Judgment toward Brothers

✝

1. 믿음이 연약한 자를 너희가 받되 그의 의견을 비판하지 말라
2. 어떤 사람은 모든 것을 먹을 만한 믿음이 있고 믿음이 연약한 자는 채소만 먹느니라
3. 먹는 자는 먹지 않는 자를 업신여기지 말고 먹지 않는 자는 먹는 자를 비판하지 말라 이는 하나님이 그를 받으셨음이라
4. 남의 하인을 비판하는 너는 누구냐 그가 서 있는 것이나 넘어지는 것이 자기 주인에게 있으매 그가 세움을 받으리니 이는 그를 세우시는 권능이 주께 있음이라
5. 어떤 사람은 이 날을 저 날보다 낫게 여기고 어떤 사람은 모든 날을 같게 여기나니 각각 자기 마음으로 확정할지니라
6. 날을 중히 여기는 자도 주를 위하여 중히 여기고 먹는 자도 주를 위하여 먹으니 이는 하나님께 감사함이요 먹지 않는 자도 주를 위하여 먹지 아니하며 하나님께 감사하느니라
7. 우리 중에 누구든지 자기를 위하여 사는 자가 없고 자기를 위하여 죽는 자도 없도다
8. 우리가 살아도 주를 위하여 살고 죽어도 주를 위하여 죽나니 그러므로 사나 죽으나 우리가 주의 것이로다
9. 이를 위하여 그리스도께서 죽었다가 다시 살아나셨으니 곧 죽은 자와 산 자의 주가 되려 하심이라
10. 네가 어찌하여 네 형제를 비판하느냐 어찌하여 네 형제를 업신여기느냐 우리가 다 하나님의 심판대 앞에 서리라
11. 기록되었으되 주께서 이르시되 내가 살았노니 모든 무릎이 내게 꿇을 것이요 모든 혀가 하나님께 자백하리라 하였느니라
12. 이러므로 우리 각 사람이 자기 일을 하나님께 직고하리라

정치(政治)가 잘되어야 나라가 잘된다

사람이 한 세대를 살아가면서 많은 중요한 요소가 있지만, 그중에서 중요한 분야는 '정치'가 아닌가 생각한다. 나라는 정치가 안정되어야 발전할 수 있으며 평안을 누릴 수 있다. 가혹한 정치가 호랑이보다 무섭다고 하여 다른 나라로 이민을 가버려서 생긴 '가정맹어호(苛政猛於虎)'라는 공자님의 말이 있다. 정교분리라는 원칙을 고수하여 서

로 간섭하지 않는다고 한다. 하지만 정치가 종교를 길들이려고 줄 곧 노력한 흔적이 현대사에 있다. 또한, 종교도 그 원칙을 버리고 세속의 권력을 추구한 적도 있었다. 일부 종교 지도자들이 권력을 이용하고자 변칙을 만드는 경우가 있었다. 그런데 최근에는 일부 기독교계에서 당연히 정치에 적극적으로 관여하여 정책을 바꾸고, 더 좋은 나라를 세우려고 하는 정치적 집단화하기도 한다. 기독교 목회자가 정당을 만들어서 기독교 국가를 만들려고 하는 것보다는 신실한 평신도가 정치조직을 만들고, 그 믿음으로 나라가 잘되게 하는 것에 필자는 찬동하는 편이다.

극단적인 이념의 쟁투(爭鬪)

기독교의 핵심적인 덕목은 '거룩성(holiness)'에 있다. 이것이 훼손되면 기독교의 존립 자체가 위태롭게 된다. 문제는 요즘 우리나라의 정치는 너무 극단적이어서 가까이하고 싶지가 않다. 여(與)는 여대로, 야(野)

는 야대로 물러나면 살아날 곳이 없기에 극우, 극좌로 나아가고 있다. 소위 정당정치의 꽃인 상임위원회에서의 대정부 질의하는 모습은 너무 하다 싶어서 야당 질의자의 인품과 경력을 극히 의심하게 만든다. 또한, 답변하는 정부 요직의 책임자도 너무 공격적이며 결코 물러나지 않는다. '너는 너고, 나는 나다'라고 말하며, 부드러움이 존재하지 않고, 그저 창과 칼로 대결할 때 나는 고함과 부딪힐 때 보이는 번갯불만이 존재하고 있다. 과연 무엇을 우리 후손들에게 가르치고 물려줄 것인가? 여기서는 오로지 상호 간에 반대와 비판만이 있을 뿐이다. 앞으로 어떻게 될 것인지 매우 걱정스럽다.

믿음이 연약한 형제에 대한 비판(批判)을 조심하라

오늘 로마서 14장이 시작되면서 형제에 대한 비판을 사도 바울은 거론하고 있다. 교회 안에서의 비판인데 자주 발생하는 문제이다. 왜냐하면, 교회 안에는 믿음에 초보이고 약한 자가 있기 마련이다. 이를 1절에서 "믿음이 연약한 자를 너희가 받되 그의 의견을 비판하지 말라"라고 한다. 여기서 '비판'은 무시하고 업신여기며, 하잘것없는 의견이나 답변으로 간주해 버리는 것을 말한다. 믿음이 강한 자는, 모든 음식을 잘 소화 시킬 수 있는 것처럼, 모든 경우에 잘 대처하고 마음이 흔들리지 않는데, 연약한 믿음의 형제는, 채소와 부드러운 음식만을 먹을 수 있는 것처럼, 흔들리기 쉽기에 그를 좌절시킬 수 있는 비판을 하지 말아야 함을 강조하고 있다. 어떤 사람은 생일 챙기는 것을 가장 중요하다고 생각하지만, 그것을 중요하지 않게 생각하는 사람도 있다. 이것으로 다툼이 있어서는 안 된다.

우리는 주의 종이자 자녀이다

우리가 그리스도인이 되었다는 것은 주 예수 그리스도의 종(從)이 되었다는 것이다. 그럼 그 이전에 우리는 자유인이었는가? 아니다. 우리는 사탄의 종으로 살아가고 있었는데 그것을 마치 내가 자유롭게 살고 있었다고 잠시 착각하는 것이다. 그래서 얼마나 큰 실패를 맛보았던가? 얼마나 큰 좌절과 분노와 미움 그리고 다툼이 일어났는지 필자는 잘 알고 있다. 하지만 지금은 너무나도 신실하시고 사랑이 많으신 예수 그리스도의 종이 된 것이다. 말이 종이지 사실은 하나님의 자녀(子女)이며, 유업을 이어받을 권한을 가진 자로 극적 변화가 되었다. 그러므로 사도 바울은 8절에서 기막힌 고백을 한다. "우리가 살아도 주를 위하여 살고 죽어도 주를 위하여 죽나니 그러므로 사나 죽으나 우리가 주의 것이로다"라고 말한다. 주의 것이 되었고 하나님의 자녀가 되었는데 나와 같이 하나님의 자녀로서 형제가 된 연약한 지체에 대하여 무시하거나 업신여긴다면 바른 행동은 아닐 것이다.

이런 종류의 비판에 대하여 주님은 공생애 때 산상수훈에서 명확하게 말씀해 주셨다. 마태복음 7장 1-2절에 "비판을 받지 아니하려거든 비판하지 말라 너희가 비판하는 그 비판으로 너희가 비판을 받을 것이요 너희가 헤아리는 그 헤아림으로 너희가 헤아림을 받을 것이니라"라고 하셨다. 그리고 이에 대한 쉬운 해설로 주님은 형제의 눈 속에 있는 티는 보고, 네 눈 속에 있는 들보는 깨닫지 못하느냐고 하셨다. 문제의 중심을 나에게 돌리는 귀중한 교훈이라고 할 수 있다. 그러므로 형제를 비판하는 것은 극히 조심하여야 한다. 비록 그 비판이 형제를 위하고 발전시킬 수 있는 내용이라고 할지라도 기도하면서 조심하고, 겸손히 하여야 한다.

건전한 비판(批判)이라도 함부로 해서는 안 된다

〈정장복(鄭長福, 1942-2024)〉

부정적인 사례이긴 하지만 사회에서는 위로 올라갈수록 비판하는 자를 극히 싫어하고, 아첨하는 자를 좋아하게 된다. 그저 좋은 소리만 하는 사람을 가까이하게 되어버린다. 또 나이가 들수록 비판의 소리 듣기를 피하게 된다. 그러므로 발전할 수 없게 된다. 건전한 비판은 필요하다. 하지만 정말 조심하여야 한다. 특별히 교회 안에서 연약한 형제에 대한 비판에 대하여는 함부로 해서는 안 될 것이다. 비판은 하되 심사숙고하여 엄선된 문장과 말로 잘해야 한다. 1980년부터 20여 년간 장신대에서 설교학을 가르치신 故 정장복(鄭長福, 1942-2024) 교수님은 한일장신대 총장도 역임한 상당한 지식인이고, 기독교 예전(禮典. liturgy)과 설교학(說敎學, homiletics)을 처음으로 미국 콜롬비아신학교와 샌프란시스코 신학대학원에서 제대로 배우고 오신 훌륭한 분이었다. 교수님이 2001년에 발간한 책 『한국교회의 설교학 개론』을 여러 번 정독하면서 많은 배움을 얻을 수 있었다.(1992년에는 최초의 설교학 교과서인 『설교학 서설』을 발간하심.)

그런데 신학생들의 설교실습에서 너무나도 가차 없이 수모(受侮)와 같은 비판을 하여 그들을 낙담시켰기에, 어떤 목회자는 긴 시간을 마음이 괴로웠다고 한다. 물론 교수님은 장차 목회할 신학생들이 설교를 제대로 잘하기를 바라는 마음에서 그리하셨을 것이다. 결국, 정 교수님은 인생의 종점에 다가와서는 그때의 무도(無道)함을 당시의 학생들에게 진실하게 사과하였다고 한다. 그렇다고 잘못된 형제에 대하여 건전한 비판을 안 하고, 무조건 좋은 소리만 해서는 발전할 수가 없다. 전혀 아무런 비판 없이 살라는 말씀은 아니다. 비판할 때는 잘 생각하고 함부로 말해서는 아니 될 것이다.

[2024.10.25.]

묵상할 내용

다른 사람을 비판할 때 어떤 마음으로 하였는지 생각하라.
나는 타인으로부터의 비판을 어떻게 받아들이고 있는가?

37. 교회 안의 소중한 형제자매

Precious Brothers and Sisters in the Church

───── 오늘의 성경: 로마서 14:13-23

✝

13. 그런즉 우리가 다시는 서로 비판하지 말고 도리어 부딪칠 것이나 거칠 것을 형제
앞에 두지 아니하도록 주의하라

14. 내가 주 예수 안에서 알고 확신하노니 무엇이든지 스스로 속된 것이 없으되 다만
속되게 여기는 그 사람에게는 속되니라

15. 만일 음식으로 말미암아 네 형제가 근심하게 되면 이는 네가 사랑으로 행하지 아
니함이라 그리스도께서 대신하여 죽으신 형제를 네 음식으로 망하게 하지 말라

16. 그러므로 너희의 선한 것을 비방을 받지 않게 하라

17. 하나님의 나라는 먹는 것과 마시는 것이 아니요 오직 성령 안에 있는 의와 평강과
희락이라

18. 이로써 그리스도를 섬기는 자는 하나님을 기쁘시게 하며 사람에게도 칭찬을 받느
니라

19. 그러므로 우리가 화평의 일과 서로 덕을 세우는 일을 힘쓰나니

20. 음식으로 말미암아 하나님의 사업을 무너지게 하지 말라 만물이 다 깨끗하되 거
리낌으로 먹는 사람에게는 악한 것이라

21. 고기도 먹지 아니하고 포도주도 마시지 아니하고 무엇이든지 네 형제로 거리끼게
하는 일을 아니함이 아름다우니라

22. 네게 있는 믿음을 하나님 앞에서 스스로 가지고 있으라 자기가 옳다 하는 바로
자기를 정죄하지 아니하는 자는 복이 있도다

23. 의심하고 먹는 자는 정죄되었나니 이는 믿음을 따라 하지 아니하였기 때문이라
믿음을 따라 하지 아니하는 것은 다 죄니라

하이브리드 목회(牧會)로

　요즘에 교회 출석하는 성도들은 적지 않은 딜레마(dilemma)에 빠져 있을 수 있다. 꼭 교회당에 나와서 예배를 드려야 하는가? 라는 개념이다. 예전에 우리는 '주일성수(主日聖守)'라는 말을 귀에 따갑게 들었다. 주일에는 물건도 사지 말고, 유흥도 하지 말고, 그저 교회에서 하루 종일 보내야 하는 것으로 배우며 그렇게 살아왔다. 어떠한 일이 있더라도 주일 예배에 빠진다는 것은 상상도 하지 못할 일이었다. 그런데 2019년 말부터 퍼지기 시작하여 거의 3년간 온 세계를 공포의 도가니로 몰아넣었던 '코로나-19'로 인하여 교회당에 나와서 예배를 드린다는 개념에 아니 신앙에 실금이 가기 시작하였다. 온라인으로 예배를 드려도 효과는 동일하다는 생각이 보편화 되어 버린 것이다.

그래서 소위 '하이브리드 목회'라는 말이 등장하였고 소망교회와 같은 일부 교회에서는 이 목회를 실천하고 있다. 교회에 오지 않고 인터넷으로, 유튜브로 예배드리는 신자들도 교인으로 여기는 것이다. 물론, 헌금도 교회 계좌로 이체하여 보낸다.

　그렇다고 필자가 온라인 예배를 두둔하거나 권유하려는 말은 전혀 아니다. 당연히 현장예배 또는 성전예배를 드리는 것이 바른 신앙생활로 이끌 수 있다고 믿는 목사이다. 어쩔 수 없이 교회에 나오지 못하는 분들이 있을 수 있다. 전문 직업군의 성도들이나 출장 또는 공적 회의로 인해 예배당에 나올 수 없는 분들이 있다. 그런데 아예 교회에 와서 성

도들과 어울리기를 싫어하여 혼자서 예배드리려고 하는 소위 '가나안 성도'들도 있다. 거짓말같이 들리는 200만 명의 가나안 성도라고 하니…. 이것을 어떻게 하는 것이 좋겠는지 고민이 될 정도

〈술집으로 변한 영국 에든버러 루터교회〉

이다. 사도 바울은 1세기에 생겨난 초기 교회인 로마교회의 성도들에게 교회 내의 성도들 간에 서로 비판하지 말고 화목하라는 말을 하고 있다. 화평(和平)과 덕(德)을 세우라고 하고 있다. 믿음이 강한 성도가 있는가 하면, 약한 성도가 있다. 신앙 연륜이 오래되면 믿음이 자라나서 강한 믿음이 되며, 초신자들은 연약한 신앙이 있기 마련이다. 반드시 그런 것은 아니지만 보편적으로 그렇다.

화평(和平)의 일과 덕(德) 세움의 교회 공동체

로마서 14장은 공동체 즉 교회 안에서 형제를 대하는 내용이다. 14장의 전반부인 12절까지는 '형제를 비판하지 말라'고 하는 데 초점을 두었다면, 후반부에서는 그 형제가 음식 문제로 인하여 거리낌을 갖지 않도록 배려하여 회복할 수 있도록 배려하는 데 있다. 교회는 부르심을 받은 사람들의 모임이다. 사도 바울의 로마교회를 향한 열심은 그 공동체가 헬라인 그리스도인과 유대인 그리스도인으로 구성되어있으며, 그중에는 믿음이 연약한 형제들이 많았기 때문에 그 점에 대한 권면이 많이 나타나고 있다. 교회 성도들끼리는 서로를 소중히 여기고 어찌하든지 "화평의 일"과 "덕 세움"으로 교회로 하나가 되어야 한다. 이에 대하여

사도 바울은 권면하고 촉구하고 있다.

세속화(世俗化)의 거센 물결

개신교 한국교회는 공식적으로 불모지인 조선 땅에 복음이 전래된 해를 1884년으로 정하고 있다. 이 해에 의사인 알렌(Horace Newton Allen, 1858-1932) 선교사가 입국하였기 때문이다. 그로부터 벌써 140년의 세월이 흘러간다. 이제 한국교회에서도 4-5대째 예수 믿는 가정이 많아졌다. 필자와 같이 가정에서 처음으로 예수를 믿은 사람에게는 어떤 목사님이나 성도님이 증조나 고조할아버지, 할머니 때부터 기독교 가정이었다는 말을 들으면 참으로 존경스럽고 부럽다. 유럽의 종교개혁이 이루어진 1517년을 기점으로 한다면 그들은 507년이나 되었으니 우리 기독교의 역사는 유럽에 비하여 ¼정도이다. 그런데 큰 문제는 미국을 비롯한 서방의 교회는 이제 쇠퇴기에 접어 들어섰다고 말해도 과언이 아니다. 서방교회에 출석하는 성도의 숫자가 급속하게 줄어들어 그 옛날 쟁쟁하던 교회들이 문을 닫고, 세속의 물결로 가득 찬 레스토랑, 술집, 카페 심지어는 이슬람 사원으로 바뀌어 가고 있다.

이제 한국교회가 그 뒤를 조금씩 닮아가고 있다고 하면 너무 성급한 것은 아닌가라는 생각도 들지만, 한국교회 내의 분란과 교회 지도자들의 타락 그리고 성도들의 안일한 신앙생활은 서방교회와 같은 몰락의 길을 가고 있는 것으로 보인다. 그래도 소망이 되는 것은 파키스탄, 탄자니아, 인도, 네팔 등 아시아지역과 아프리카에서 복음의 열기가 뜨겁게 달아오르고 있으니 얼마나 감사한 일인가? 역사의 수레바퀴는 참으로 오묘하기도 하고 두렵기도 하다. 우리 주님의 재림이 곧 가까이 다가오고 있음이 느껴진다. 그날이 오기 전에 이방인의 충만한 숫자가 찰 때까지 선교의 불길은 뜨겁게 달아올라야 한다.(롬 11:25) 이것이 하나님의 신비이다. 그러므로 죽음을 각오하고라도 선교지로 나가야 하는데 나는 오늘 무엇을 하고 있는지….

연약한 믿음의 성도를 위하여

2,000년 전 그 위대한 사도 바울이 초창기의 로마교회의 성도들에게 권면한 말씀인 로마서 14장은 교회 내에서 서로 불평하고 비난하며 비판하는 것을 경고하였고, 더 나아가 연약한 믿음의 성도들을 적극적으로 배려하여, 그들의 신앙이 자라도록 기존의 강한 믿음의 성도가 도와주어야 함을 강조하고 있다. 형제 사랑을 말하고 있다. 이는 화평의 일과 덕을 세우는 일이다. 이로 인하여 교회가 하나가 되어야 함을 강조하고 있다. 로마서 14장에서는 음식 문제로 인하여 믿음의 강약을 표현하고 있다. 당시에 워낙 많은 이교도들의 신전에서 우상에게 올린 고기나 음식물이 그대로 시장에 나와 판매되는 상황에서 교회 내에서 이것을 어떻게 처리해야 하는가를 말하고 있다. 이런 음식들이 초신자들에게는 거리끼는 것이 되었을 것이다.

믿음을 따라 행하라

그러나 믿음이 강한 성도는 마음에 전혀 거리낌이 없이 먹을 수가 있었다. 그럼에도 불구하고, 초신자들을 위하여 이런 음식을 함부로 먹지 않기를 사도 바울은 바라고 있다. 사도 바울은 14장을 마무리하면서 이렇게 말하고 있다 "의심하고 먹는 자는 정죄되었나니 이는 믿음을 따라 하지 아니하였기 때문이라 믿음을 따라 하지 아니하는 것은 다 죄니라." '의심'과 '믿음'을 비교하고 있다. 현재로 본다면 '제사 음식'이라고 할 수 있으며 '술' 이나 '담배'도 이와 같은 반열에 올릴 수 있으리라. 어찌하든 교회 안에서 성도 간에 서로 소중히 여겨야 할 것이다.

[2024.11.01.]

묵상할 내용

교회 안에서 상대방을 얼마나 존중하고 귀하게 여기고 있는가?
먹고 마시는 일로 시험에 들은 적이 있는가?

38. 스트롱 맨
Strong Man

✝

1. 믿음이 강한 우리는 마땅히 믿음이 약한 자의 약점을 담당하고 자기를 기쁘게 하지 아니할 것이라
2. 우리 각 사람이 이웃을 기쁘게 하되 선을 우리고 덕을 세우도록 할지니라
3. 그리스도께서도 자기를 기쁘게 하지 아니하셨나니 기록된 바 주를 비방하는 자들의 비방이 내게 미쳤나이다 함과 같으니라
4. 무엇이든지 전에 기록된 바는 우리의 교훈을 위하여 기록된 것이니 우리로 하여금 인내로 또는 성경의 위로로 소망을 가지게 함이니라
5. 이제 인내와 위로의 하나님이 너희로 그리스도 예수를 본받아 서로 뜻이 같게 하여 주사
6. 한마음과 한 입으로 하나님 곧 우리 주 예수 그리스도의 아버지께 영광을 돌리게 하려 하노라
7. 그러므로 그리스도께서 우리를 받아 하나님께 영광을 돌리심과 같이 너희도 서로 받으라
8. 내가 말하노니 그리스도께서 하나님의 진실하심을 위하여 할례의 추종자가 되셨으니 이는 조상들에게 주신 약속들을 견고하게 하시고
9. 이방인들도 그 긍휼하심으로 말미암아 하나님께 영광을 돌리게 하려 하심이라 기록된 바 그러므로 내가 열방 중에서 주께 감사하고 주의 이름을 찬송하리로다 함과 같으니라
10. 또 이르되 열방들아 주의 백성과 함께 즐거워하라 하였으며
11. 또 모든 열방들아 주를 찬양하며 모든 백성들아 그를 찬송하라 하였으며
12. 또 이사야가 이르되 이새의 뿌리 곧 열방을 다스리기 위하여 일어나시는 이가 있으리니 열방이 그에게 소망을 두리라 하였느니라

13. 소망의 하나님이 모든 기쁨과 평강을 믿음 안에서 너희에게 충만하게 하사 성령의 능력으로 소망이 넘치게 하시기를 원하노라

초강대국 미국의 제47대 대통령, 도널드 트럼프

2024년 11월 5일, 미국의 대선에서 제 47대 대통령으로 '도널드 트럼프(Donald Trump, 1946-)' 공화당 후보가 당선되었다. 미국의 주요언론들인 ABC, CNN, 뉴욕타임스 등은 대부분 민주당 후보인 '카멜라 해리스(Kamala Harris, 1964-)'가 유력하거나 박빙이라고 줄곧 기사화하였고, 여론조사도 그렇게 나타났다. 한국의 KBS,

〈도널드 트럼프(Donald Trump, 1946-)〉

MBC, SBS 등 TV들도 미국의 주류언론과 동일한 행보를 보여 왔었다. 그런데 막상 투표된 선거결과를 보니 트럼프 후보가 선거인단을 독식하여 312대 227의 압도적인 차로 승리하였다. 상원과 하원까지 공화당이 승리하였다. 그간의 여론조사가 제대로 되지 않은 것이다.

미국의 복음적인 교회의 신자들은 점점 피폐화되어가는 자국 내 교회와 함께 마약, 불법 이민, 경제적 불안정, 동성애, 전쟁 등을 해결할 수 있는 인물로 트럼프를 지지한 것이다. 트럼프 당선자는 승리 연설에서 펜실베이니아 유세 시에 암살을 모면한 상황은 하나님이 자신을 통하여 미국을 새롭게 하고 성장시켜나가도록 인도하신 것이라는 신앙적인 말을 하여 지지자들을 뜨겁게 하였다. 필자도 그가 당선되기를 기도

하였다. 너무 진보적이며 비신앙적인 해리스보다는 많은 약점은 있지만, 그래도 트럼프가 기독교 신앙을 지킬 수 있는 인물로 생각되어서였다.

트럼프 정권에 기대하는 것

앞으로 트럼프 당선자가 내년 1월 20일, 제47대 대통령으로 취임하고, 4년간(2025-2029), 미국을 잘 이끌어 나가면서 성경 속에 나타난 페르시아의 '고레스 왕'처럼 하나님의 도구로 잘 사용되기를 바란다. 현재 이뤄지고 있는 러-우 전쟁, 이-팔 전쟁도 그의 외교적 능력으로 종식되어 평화로운 세상이 되기를 바란다. 그리고 한반도 통일에 기여하는 인물이 되면 좋겠다. 북한의 김정은 세습독재정권은 북한의 백성들을 조선민주주의인민공화국(DPRK)이라는 거대한 감옥에 수용시키고 세뇌시키며 강하게 통제하고 있다. 2,600만 명의 백성들 대부분이 몹시 가난하고, 매우 굶주린 상황이지만, 김정은은 자신의 안위와 정권만 유지하려고 핵 개발과 군사력만 증강시키려 하니 인면수심(人面獸心)의 인간이 아닐 수 없다.

로마교회 내의 강자(强者)와 약자(弱者)

로마서 15장은 믿음에 있어서 강자와 약자가 나타난다. 마치 트럼프 당선자를 '스트롱 맨'이라고 하는 것처럼 강자와 약자가 모든 부분에서 있기 마련이다. 성경 본문 속에서의 강자란 누구를 말하는 것인가? 로마서는 로마교회에 보내는 사도 바울의 편지이므로 일단 로마교회를 대부분 구성하고 있는 '헬라인 그리스도인들'을 지칭하며, 약자는 '유대인 그리스도인들'을 말하는 것으로 분석된다. 또한, 교회 내에서 먼저 믿은 사람(기존 신자)이 나중에 신앙을 갖고 교회에 나온 사람(초신자)과 비교하여 강자라고 할 수 있으며, 초신자는 약자라고 할 수 있다.

서로 용납(容納)하는 신앙생활

로마교회에서의 강자인 헬라인 그리스도인 또는 기존 신자에게 1절에서 권면하고 있다. "믿음이 강한 우리는 마땅히 믿음이 약한 자의 약점을 담당하고 자기를 기쁘게 하지 아니할 것이라." 약자가 가진 약점은 여러 가지가 있을 것이다. 일단 수적(數的)으로 열세이다. 그리고 복음에 대하여 이해도가 낮을 수 있다. 강자의 편에 서서 강자가 즐거워하는 일만을 한다면 그것은 선을 이루고 덕을 세우는 일이 아니다. '이웃 사랑'이라는 계명은 십계명의 5계명에서 10계명까지를 말하는데, 하나님 사랑 다음으로 중요한 계명이다. 그리스도인이란 마땅히 이웃을 기쁘게 하는 이웃 사랑을 실천해야 한다. 세상에서 말하는 강자(强者), 스트롱 맨이 아니라 믿음에서의 스트롱 맨은 이웃을 사랑하며, 이웃을 기쁘게 하는 사람을 지칭한다. 7절에서 "그러므로 그리스도께서 우리를 받아 하나님께 영광을 돌리심과 같이 너희도 서로 받으라"고 말하고 있다. 우리 죄인을 예수 그리스도께서 받아주시고 구원해 주심과 같이 우리 신앙인들도 서로 용납하는 그런 삶을 살아가야 한다.

이방인 그리스도인들의 자세

사도 바울은 오늘 본문에서 구약성경의 4개 구절인 사무엘하 22장 50절, 신명기 32장 43절, 시편 117편 1절 그리고 이사야 11장 10절을 인용하고 있다. 모두가 하나님께 찬송하며, 영광을 돌리는 내용이다. 그리고 13절에서 다음과 같이 기록하고 있다. "소망의 하나님이 모든 기쁨과 평강을 믿음 안에서 너희에게 충만하게 하사 성령의 능력으로 소망이 넘치게 하시기를 원하노라." 왜 이렇게 사도 바울은 기쁨과 소망을 거론하는 것인가? 이방인인 헬라인들이 복음을 받아들여 그리스도인이 되었다. 그런데 어쩌다가 로마교회의 주축이 되었다. 그러므로 사도 바울은 구약성경을 인용하면서 이방인들이 예수 그리스도로 말미암아 그 긍휼하심으로 인하여 구원을 받았으니 하나님께 영광을 돌려야 하는 것을 강조하고 있다.

이는 11장에서 거론된 '곡식 가루와 참감람나무'의 예에서도 강조하는 것과 유사하다. 11장 20-21절이다. "옳도다 그들은 믿지 아니하므로 꺾이고 너는 믿음으로 섰느니라. 높은 마음을 품지 말고 도리어 두려워하라. 하나님이 원 가지들도 아끼지 아니하셨은즉 너도 아끼지 아니 하시리라"고 말하고 있다. 사도 바울의 유대인들을 향한 엄청난 사랑과 긍휼의 마음은 어디에서 왔는가? 자기의 생명을 이스라엘의 구원과 맞바꿀 수 있다고 공언하는 놀라운 사람이다. 로마서 9장 3절에서 이렇게 말하고 있다. "나의 형제 곧 골육의 친척을 위하여 내 자신이 저주를 받아 그리스도에게서 끊어질지라도 원하는 바로라." 얼마나 대단한가? 나는 대한민국을 위하여 사도 바울과 같은 나라 사랑의 마음이 있는가?

약자로 표현된 '유대인 그리스도인'의 유익(有益)

사도 바울은 하나님께서 선택하고, 율법을 주셨으며, 구별하셨다는 점을 강조하고 있다. 그리고 구세주이신 예수 그리스도께서 유대인으로 탄생하셨으니 유대인에 대한 자부심과 긍지가 대단하였다고 할 수 있다. 그러므로 8절에서 예수 그리스도께서 할례의 추종자가 되었고, 이스라엘 조상들에게 주신 약속을 견고하게 하심을 거론하였다. 약자인 유대인 그리스도인들을 잘 용납하고 기쁘게 하는 것이 필요하다고 말하고 있다. 선을 이루고 덕을 세우기를 바라고 있다.

[2024.11.08.]

묵상할 내용

나는 교회 안에서 강자인가? 약자인가? 생각해 보라.
어떤 자세로 믿음 생활해야 하는지 진지하게 고민해 보라.

"로마서는 하나님의 의가 복음 안에서
어떻게 드러나는지를 설명하는 서신이다."

"The book of Romans is a letter that explains how God's righteousness
is revealed in the gospel."

토마스 슈라이너(Thomas R. Schreiner, 1954–)

13장

종결 단락

: 롬 15:14-16:27

Conclusion

야코프 헤리츠 카위프, <책상에서 글을 쓰고 있는 사도 바울>(1626)

Jacob Gerritsz Cuyp, 〈Paulus aan zijn schrijftafel〉(1626)

39. 사도 바울을 통하여 역사하신 일
The Lord's Work through the Apostle Paul

✝

14. 내 형제들아 너희가 스스로 선함이 가득하고 모든 지식이 차서 능히 서로 권하는 자임을 나도 확신하노라
15. 그러나 내가 너희로 다시 생각나게 하려고 하나님께서 내게 주신 은혜로 말미암 아 더욱 담대히 대략 너희에게 썼노니
16. 이 은혜는 곧 나로 이방인을 위하여 그리스도 예수의 일꾼이 되어 하나님의 복음 의 제사장 직분을 하게 하사 이방인을 제물로 드리는 것이 성령 안에서 거룩하게 되어 받으실 만하게 하려 하심이라
17. 그러므로 내가 그리스도 예수 안에서 하나님의 일에 대하여 자랑하는 것이 있거 니와
18. 그리스도께서 이방인들을 순종하게 하기 위하여 나를 통하여 역사하신 것 외에 는 내가 감히 말하지 아니하노라 그 일은 말과 행위로
19. 표적과 기사의 능력으로 성령의 능력으로 이루어졌으며 그리하여 내가 예루살렘으 로부터 두루 행하여 일루리곤까지 그리스도의 복음을 편만하게 전하였노라
20. 또 내가 그리스도의 이름을 부르는 곳에는 복음을 전하지 않기를 힘썼노니 이는 남의 터 위에 건축하지 아니하려 함이라
21. 기록된 바 주의 소식을 받지 못한 자들이 볼 것이요 듣지 못한 자들이 깨달으리라 함과 같으니라

주민을 위한 양보(讓步)와 헌신(獻身)

필자가 거주하는 조그만 아파트는 주위가 야산으로 둘러싸여 있음으로 써 서민이 사는 곳으로서는 그런대로 자연 친화적 환경이라고 할 수 있다.

그런데 오고 가는 차로가 좁아서 운행하는 마을버스나 차량에 조심하지 않으면 주민들이 사고를 당할 위험이 있었다. 그러므로 구청에서 고민하던 차에, 도로 옆의

〈종친회에서 내주신 산책 통행로〉

야산을 소유하고 있는 '전주이씨화의군파종친회(全州李氏和義君派宗親會)'에서 주민들을 위하여 지나다닐 수 있을 만큼의 부지를 통행로 겸 산책로로 선뜻 내어주셨다. 아무나 할 수 있는 쉬운 일이 아니어서 감사한 마음이 들지 않을 수가 없다. 이 종친회의 시조(始祖)인 화의군(和義君)은 세종대왕의 여섯째 아들로서, 본명은 '이영(李瓔)'이다. 한글 창제에 기여(寄與)할 정도로 영민한 분이었다고 한다. 그런데 최근에 연세가 꽤 드신 어떤 주민이 혼자서 몇 달간 새벽마다 나와서 그 산책로 옆으로 병행하여 흙을 퍼나르며 수고한 끝에 약간 조잡하지만, 그런대로 흙길이 만들어져서 주민들이 건강을 위해, 맨발로 걸어 다닐 수 있도록 하였다. 누군가가 협조와 양보하며, 누군가는 자발적으로 수고하여 많은 사람들을 기쁘게 하는 일이 되었다.

교회 내에서 성도 간에 양보(讓步)와 용납(容納)

하나님의 사역도 이와 같다고 할 수 있다. 청년 사울은 유대교와 율법에 극도로 충성한 바리새인이었다. 그러나 그는 부활하신 예수 그리스도를 극적으로 만나서 회심하였다. 바울이 된 그는 복음을 위하여 모든 것을 바쳐 선교함으로써 죽을 수밖에 없는 세상의 이방인들이 구원을 얻게 되었다. 로마서 14장과 15장에서 사도 바울은 로마교회 안에서 갈등을 겪고 있는

두 그룹에 대하여 믿음에 있어서 '강자와 약자'라는 용어를 사용하여, 강자가 약자를 돌보아주어야 한다는 말을 하고 있다. 그렇다면 '강자(强者)와 약자(弱者)'는 누구인가? 신학자마다 견해를 달리하고 있는데, 필자는 로마교회 내에서 주축세력이 되어버린 헬라인 그리스도인을 강자로, 유대인 그리스도인을 약자로 보는 해석에 동의한다.

그러나 어떤 신학자는 유대교를 믿었던 이방인이 그리스도인이 되어 로마교회의 일원이 된 가운데 나온 말이라고 해석하기도 한다. 하지만 여전히 믿음에 대하여 강한 사람과 약한 사람이 있다는 사도 바울의 말에서 누구를 지칭하는지 약간은 헷갈리게 보이기도 한다. 요지는 믿음의 강자가 약자를 무시하지 말고 잘 이끌어 주어야 하며, 서로 용납하는 소위 "서로 받으라"라는 말로 결말을 짓고 있다. 아마도 로마교회 공동체 안에서 일어날 수 있는 성도 간에 알력(軋轢, friction)이 있음을 사도 바울은 전해 듣고 더욱 그랬을 것이다.

하나님을 높여드리는 성숙(成熟)한 믿음

그리고 이제 15장 14절부터 사도 바울은 로마교회의 교인들에게 "내 형제들아"라고 매우 친근하게 말하며 시작한다. 계속하여 그들을 추켜올리는 말을 한다. 14절에서 "너희가 스스로 선함이 가득하고 모든 지식이 차서 능히 서로 권하는 자임을 나도 확신하노라"라고 말한다. 로마교회의 교인들에게 선(善)하다고 하고, 또 지식(知識)도 가득 있다고 한다. 그러면서 서로 양보하고 배려해 주는 그런 성도들인 것을 확신한다고 말하고 있다. 그렇게 되기를 바라는 마음에서 할 수도 있다. 그리고 사도 바울은 지금까지의 자신의 선교사역을 정리하여 기술하고 있다. 이방인의 사도답게 그동안 온갖 고생을 하면서 복음을 전한 사역은 오로지 하나님께서 하신 일이라고 하나님께 영광을 돌리고 있다. 자기를 드러내는 것이 아니라 하나님을 높여드리는 성숙한 모습을 보여준다. 그는 복음을 전하는 말과 행위, 표적과 기사의 능력, 성령의 능력으로 이 사역을 감당하였다.(18-19절)

사도 바울의 선교를 구체적으로 나타낸 성경은 '의사 누가'가 기록한 '사도행전'에 자세하게 나타나 있다. 사도행전 7장 58절에 처음으로 "사울(Saul)"이라는 청년이 나타난다. 그리고 9장 1절부터 청년 사울이 다메섹 도상에서 부활하신 예수 그리스도를 만나 회심하게 되며, 사도행전 13장 9절부터 "바울(Paul)"이란 이름으로 불리게 된다. 그리고 사도행전의 마지막 장인 28장까지 사도 바울의 놀라운 선교의 여정을 보여주고 있다. 선교하는 가운데 고린도후서 11장 23절부터 26절까지 옥에 갇히고, 매를 맞았으며, 태장과 돌로 얻어맞고, 여행 중에 각종 위험을 겪은 내용이 나온다. 결론적으로 27절에서 사도 바울은 "또 수고하며 애쓰고 여러 번 자지 못하고 주리며 목마르고 여러 번 굶고 춥고 헐벗었노라"라고 말하고 있다. 얼마나 고생하였는가? 이런 말을 로마서에서는 하지 않지만, 자신이 개척한 고린도교회에는 아주 강하게 말하고 있음을 알 수 있다.

하나님의 복음의 제사장(祭司長)

또한, 사도 바울은 자신을 '하나님의 복음의 제사장' 직분을 담당한 사람으로 소개하고 있다.(16절) 이방인을 영적 제물로 드린다고 하며, 구약의 제사를 빗대어 아주 멋진 비유를 말한 것이다. 영적으로 본다면 분명하다.

이 내용은 사도 바울이 이방인의 사도가 된 것과 대동소이하다. 복음이 전해지지 않은 곳에만 복음을 전한다고 하는 말을 하고 있는데, 로마교회는 사도 바울이 개척한 교회가 아니다. 그러므로 정중하고 깊이 있게 복음의 진수를 알려주고 있다. 이런 면에서 마틴 루터는 로마서를 '외양간 구유 안의 아기'라고 경외감으로 말할 수 있게 되었을 것이다.

사도 바울은 자신이 이방인을 위한 사도라는 부분을 강조하고 있다. 즉 로마교회의 주류가 된 헬라인 그리스도인도 이방인이었다가 복음을 듣고 그리스도인이 된 것이다. 그리고 선교사역이 '예루살렘'에서 시작하여 마게도냐 지역의 맨 북쪽에 있는 '일루리곤'까지 훑다시피 선교사역을 감당하였으며 이제 로마를 거쳐 서바나까지 이방 선교의 길을 가야 한다. 결국은 당시 세계에서 최고최강의 제국인 로마제국의 수도인 '로마(Rome)'에 있는 로마교회의 후원으로 땅 끝인 서바나까지 선교하고자 갈망하는 노년의 바울이 가지고 있는 비전임을 알 수 있다.

[2024.11.22.]

묵상할 내용

사도 바울은 왜 그리스도의 이름을 부르는 곳에는
복음을 전하지 않기를 힘썼는지 생각해 보라.

40. 나를 위하여
For Me

✝

22. 그러므로 또한 내가 너희에게 가려 하던 것이 여러 번 막혔더니

23. 이제는 이 지방에 일할 곳이 없고 또 여러 해 전부터 언제든지 서바나로 갈 때에 너희에게 가기를 바라고 있었으니

24. 이는 지나가는 길에 너희를 보고 먼저 너희와 사귐으로 얼마간 기쁨을 가진 후에 너희가 그리로 보내주기를 바람이라

25. 그러나 이제는 내가 성도를 섬기는 일로 예루살렘에 가노니

26. 이는 마게도냐와 아가야 사람들이 예루살렘 성도 중 가난한 자들을 위하여 기쁘게 얼마를 연보하였음이라

27. 저희가 기뻐서 하였거니와 또한 저희는 그들에게 빚진 자니 만일 이방인들이 그들의 영적인 것을 나눠 가졌으면 육적인 것으로 그들을 섬기는 것이 마땅하니라

28. 그러므로 내가 이 일을 마치고 이 열매를 그들에게 확증한 후에 너희에게 들렀다가 서바나로 가리라

29. 내가 너희에게 나아갈 때에 그리스도의 충만한 복을 가지고 갈 줄을 아노라

30. 형제들아 내가 우리 주 예수 그리스도와 성령의 사랑으로 말미암아 너희를 권하노니 너희 기도에 나와 힘을 같이하여 나를 위하여 하나님께 빌어

31. 나로 유대에서 순종하지 아니하는 자들로부터 건짐을 받게 하고 또 예루살렘에 대하여 내가 섬기는 일을 성도들이 받을 만하게 하고

32. 나로 하나님의 뜻을 따라 기쁨으로 너희에게 나아가 너희와 함께 편히 쉬게 하라

33. 평강의 하나님께서 너희 모든 사람과 함께 계실지어다 아멘

복음의 핵심(核心)

총 16장의 로마서 가운데 이제 15장을 마무리하는 내용이다. 그리고 마지막 장인 16장은 사도 바울이 편지를 끝내면서 여러 성도에게 "인사"하는 내용이다. 그러나 오늘 본문은 사도 바울이 선

〈로마의 콜로세움(Colosseum)〉

교 일정을 말하면서, 로마교회를 방문코자 하는 열망이 가득 들어있는 겸손한 편지이다. 아무리 읽어보아도 로마교회에 대하여 사도 바울은 극히 겸손하고 정중한 자세를 잃지 않고 있다. 1장에서 사도 바울은 자신을 "다 내가 빚진 자라"고 하고 있다. 그리스도를 부르는 곳에는 복음을 가능한 전하지 않기로 하였지만(롬 15:20), 로마교회에 복음의 진정한 핵심을 매우 논리적으로 잘 전하고 있다. 로마서만큼 죄, 죽음, 율법, 성령의 법, 칭의, 구원의 내용을 체계적으로 잘 나타낸 곳이 없을 정도이다. 그래서 로마서를 보배 중의 보배 서신이라고 말한다.

선교의 일정과 후원(後援) 요청

15장을 마치면서 사도 바울은 그가 로마를 거쳐서 당시에 땅끝이라고 여기던 '서바나', 지금의 스페인으로 가서 복음을 전하려는 소망이 있음을 다시 밝힌다. 그러면서 로마교회가 서바나로 가는 선교에 후원해 주기를 바라고 있다. 로마에 여러 번 가려고 하였지만, 번번이 막혔다고 말하고 있다. 그리고는 자신의 속마음을 털어놓는다. 24절이다. "이는 지나가는

길에 너희를 보고 먼저 너희와 사귐으로 얼마간 기쁨을 가진 후에 너희가 그리로 보내주기를 바람이라"라고 말한다. 사도 바울은 예루살렘으로 가려고 하는데, 복음을 받은 마게도냐와 아가야에 있는 성도들이 큰 가뭄으로 식량이 부족한 예루살렘의 궁핍한 성도들을 위하여 십시일반 헌금한 돈을 전달할 것이라고 한다. 지금 고린도에서 편지를 쓰고 있지만, 곧 에베소, 예루살렘, 로마, 서바나로의 선교 일정이 남아있다.

그리고 로마교회의 성도들이 바라는 귀중한 말을 하고 있다. "내가 너희에게 나아갈 때에 그리스도의 충만한 복을 가지고 갈 줄을 아노라."(29절) 사도 바울은 로마서에서 로마교회 성도들을 책망하거나 언짢은 말을 거의 하지 않았다. 대신 "그리스도의 충만한 복"을 가지고 가겠다고 하니 얼마나 기대가 되는가? 골로새서 1장 19-20절을 보면 "아버지께서는 모든 충만으로 예수 안에 거하게 하시고 그의 십자가의 피로 화평을 이루어 만물 곧 땅에 있는 것들이나 하늘에 있는 것들이 그로 말미암아 자기와 화목하게 되기를 기뻐하심이라"고 말하고 있다. 예수 그리스도 안에 있는 그 충만함은 능력과 복과 은혜이므로, 이를 가지고 로마교회를 방문하겠다고 하니 로마교회의 성도들은 얼마나 크게 기대하고 기뻐하였을까? 라는 생각이 든다.

기도(祈禱)를 부탁하는 사도 바울

그리고 사도 바울은 로마교회의 성도들에게 '나를 위하여 기도해 달라'고 부탁한다. 다음과 같은 세 가지 기도를 요청하고 있다. ① 시기하고 질투하는 유대인들의 핍박으로부터 건짐을 받도록 기도해 달라(31절 上), ②

〈랑별파파 블로그에서 발췌〉

예루살렘교회의 성도들이 바울이 가지고 가는 구제헌금을 기쁘게 받도록 기도해 달라(31절 下), ③ 로마교회에 방문하는 것이 하나님의 뜻 안에서 기쁨이 되고, 서로 간에 복된 교제가 되도록 기도해 달라(32절)는 부탁이다. 사도 바울이 로마교회의 성도들에게 기도를 부탁하는 모습이 이채롭다. 부활하신 주님을 보았고, 음성을 들은 사도 바울이 기도를 부탁하고 있음을 알아야 한다.

그러므로 우리도 서로 기도를 부탁하며 살아가야 한다. 모두 연약하기 때문이다. 사도 바울이 기도를 부탁하는 내용은 구체적이며, 진실한 소망을 담고 있다. 어떤 식으로 로마를 방문하게 될는지 몰랐지만, 사도행전을 보면 가이사랴에서 예루살렘에 가면 결박을 당하게 된다는 예언을 들었다.(행 21:11) 하지만 바울은 자신의 사명을 수행하기 위하여 장엄하게 그 길을 갔다. 결국, 바울은 죄수의 몸으로 로마 황제에게 재판을 받기 위해 로마로 가게 된다. 서바나로 가기를 원하였지만, 바울의 선교 종착지는 순교지인 로마였다. 그렇다! 바울처럼 위대하게 쓰임 받은 사람은 기독교 역사에서 다시는 없을 것 같다.

축도(祝禱)에서의 마무리 내용

이제 사도 바울은 축도로 마무리하고 있다. "평강의 하나님께서 너희 모든 사람과 함께 계실지어다. 아멘!"(33절) 언제나 사도 바울은 편지글 마무리에 축도가 있다. 한국장로교 합동측 에서는 성경에 나타난 축도의 말과 동일하게 "…계실지어다"라고 하지만, 통합 측에서는 "…하기를 축원하옵나이다"라고 축도한다. 성경적으로 본다면 합동 측의 축도가 더 성경적이라고 할 수도 있다. 그러나 다른 면으로 본다면 어찌 우리가 그 위대한 사도 바울과 견주어서 그처럼 할 수가 있겠는가? 라는 겸비한 마음으로 선포보다는 기원형태로 하는 것이다. AI(인공지능)에게 이 차이점에 대하여 문의하니 다음과 같은 답변이 돌아왔다. "어느 축도가 더 적합한지는 교회의 전통과 신학적 입장에 따라 다를 수 있습니다. 합동 측의 축도는 하나님의 권위를 강조하고, 통합 측의 축도는 겸손한 간구를 강조합니다. 개인적으로는 두 방식 모두 각각의 장점이 있으며, 교회의 상황과 성도들의 필요에 따라 적절히 선택될 수 있다고 생각합니다."

두 가지의 내용이 다 들어가는 축도는 없을까? 권위와 겸손은 양립하기 어렵겠지만, 미국교회에서는 성경 구절(민 6:24-26, 고후 13:13, 롬 15:13, 히 13:20-21 등)을 그대로 낭독하는 경우가 많다고 하는데, 내용적으로 역시 교단과 신학에 따라 권위 또는 겸손의 내용이 병립하고 있다. 로마서 15장 13절의 내용도 축도로 분류되고 있으므로, 로마서 15장에는 두 구절(13, 33절)이 축도이다. 15장 13절이다. "소망의 하나님이 모든 기쁨과 평강을 믿음 안에서 너희에게 충만하게 하사 성령의 능력으로 소망이 넘치게 하시기를 원하노라." 이 역시 참으로 아름답고 귀한 축도이다.

[2024.11.29.]

묵상할 내용

최근에 기도를 부탁하거나 받은 내용이 있는가?
서로를 위하여 기도하되 막연하게 기도하는 것이 아니라,
구체적으로 진지하게 부탁하고 받았는지 생각하라

41. 문안 인사와 송영
Greetings and Doxology

─────── 오늘의 성경: 로마서 16:1-27

✝

1. 내가 겐그레아 교회의 일꾼으로 있는 우리 자매 뵈뵈를 너희에게 추천하노니
2. 너희는 주 안에서 성도들의 합당한 예절로 그를 영접하고 무엇이든지 그에게 소용
   되는 바를 도와줄지니 이는 그가 여러 사람과 나의 보호자가 되었음이라
3. 너희는 그리스도 예수 안에서 나의 동역자들인 브리스가와 아굴라에게 문안하라
4. 그들은 내 목숨을 위하여 자기들의 목까지도 내놓았나니 나뿐 아니라 이방인의
   모든 교회도 그들에게 감사하느니라
5. 또 저의 집에 있는 교회에도 문안하라 내가 사랑하는 에배네도에게 문안하라 그
   는 아시아에서 그리스도께 처음 맺은 열매니라
6. 너희를 위하여 많이 수고한 마리아에게 문안하라
7. 내 친척이요 나와 함께 갇혔던 안드로니고와 유니아에게 문안하라 그들은 사도들
   에게 존중히 여겨지고 또한 나보다 먼저 그리스도 안에 있는 자라
8. 또 주 안에서 내 사랑하는 암블리아에게 문안하라
9. 그리스도 안에서 우리의 동역자인 우르바노와 나의 사랑하는 스다구에게 문안하라
10. 그리스도 안에서 인정함을 받은 아벨레에게 문안하라 아리스도불로의 권속에게
    문안하라
11. 내 친척 헤로디온에게 문안하라 나깃수의 가족 중 주 안에 있는 자들에게 문안하라
12. 주 안에서 수고한 드루배나와 드루보사에게 문안하라 주 안에서 많이 수고하고
    사랑하는 버시에게 문안하라
13. 주 안에서 택하심을 입은 루포와 그의 어머니에게 문안하라 그의 어머니는 곧 내
    어머니니라
14. 아순그리도와 블레곤과 허메와 바드로바와 허마와 및 그들과 함께 있는 형제들
    에게 문안하라

15. 벨롤로고와 율리아와 또 네레오와 그의 자매와 올름바와 그들과 함께 있는 모든 성도에게 문안하라

16. 너희가 거룩하게 입맞춤으로 서로 문안하라 그리스도의 모든 교회가 다 너희에게 문안하느니라

17. 형제들아 내가 너희를 권하노니 너희가 배운 교훈을 거슬러 분쟁을 일으키거나 거치게 하는 자들을 살피고 그들에게서 떠나라

18. 이 같은 자들은 우리 주 그리스도를 섬기지 아니하고 다만 자기들의 배만 섬기나니 교활한 말과 아첨하는 말로 순진한 자들의 마음을 미혹하느니라

19. 너희의 순종함이 모든 사람에게 들리는지라 그러므로 내가 너희로 말미암아 기뻐하노니 너희가 선한 데 지혜롭고 악한 데 미련하기를 원하노라

20. 평강의 하나님께서 속히 사탄을 너희 발 아래에서 상하게 하시리라 우리 주 예수의 은혜가 너희에게 있을지어다

21. 나의 동역자 디모데와 나의 친척 누기오와 야손과 소시바더가 너희에게 문안하느니라

22. 이 편지를 기록하는 나 더디오도 주 안에서 너희에게 문안하노라

23. 나와 온 교회를 돌보아 주는 가이오도 너희에게 문안하고 이 성의 재무관 에라스도와 형제 구아도도 너희에게 문안하느니라

24. (없음)

25. 나의 복음과 예수 그리스도를 전파함은 영세 전부터 감추어졌다가

26. 이제는 나타내신 바 되었으면 영원하신 하나님의 명을 따라 선지자들의 글로 말미암아 모든 민족이 믿어 순종하게 하시려고 알게 하신바 그 신비의 계시를 따라 된 것이니 이 복음으로 너희를 능히 견고하게 하실

27. 지혜로우신 하나님께 예수 그리스도로 말미암아 영광이 세세무궁하도록 있을지어다 아멘

금천교회의 발전과 부흥을 축복(祝福)하다

오늘 로마서 묵상 집필이 마쳐지면서 지나간 일들이 아련하게 느껴진다. 필자가 지난 5년 동안(2020-2024) 부목사로 적(籍)을 두고, 가끔씩 설교할 수 있도록 배려해 주신 청주 금천교회(金川敎會)가 참으로 감

사하다. 김진홍 원로목사님이 33세에 개척하여 눈물과 피와 땀을 쏟은 교회이다. 39년 전인 1985년 7월 7일에 서울 세검정교회의 최무송 장로

님의 도움으로 시작된 금천교회는 기
도와 전도가 생활화된 모범적인 대형
교회로 성장하였다. 그러나 2022년 중
순, 김진홍 목사님이 은퇴하는 시점을
기화로 발단된 교회 내분(內紛)으로 8
개월 가까이 엄청난 시련과 고통을 겪
었다. 하지만 주님의 각별하신 은총으
로 교회의 위기가 극적으로 마무리되
었다.

〈금천교회 전경〉

특히 임시당회장으로 파송된 이정우 목사님(청주상현교회)의 원숙한 당회 주재로 교회 안정화가 이뤄질 수 있었으며, 두 분 장로님(장태수, 정도영)들의 변함없는 충성과 네 분 부목사님(임도현, 신민권, 양현락, 김택산)들의 헌신적인 협력, 그리고 남녀선교회의 강력한 결속과 기도로 금천교회는 다시 일어설 수 있었다. 무엇보다 하나님의 뜻 가운데, 김진홍 목사님의 후임으로 가장 적합한 신경민 목사님이 2023년 4월 2일에 제2대 담임으로 부임하시면서 교회는 급속히 안정되고, 이제는 다시 부흥의 가도를 달리고 있다. 금천교회의 그 어려웠던 시기에 필자도 부목사 당회원으로서 함께 할 수 있었다는 점에서 보람과 기쁨을 느끼게 된다. 이제 2024년 12월 15일 부목사 은퇴식을 앞두면서, 금천교회의 무궁한 성장과 부흥을 기도하며, 금천교회의 온 성도들이 개척 시에 선진(先進)들이 가졌던 그 열정(熱情)으로 더욱 전진(前進)해 나가시기를 축

복한다.

성도들의 이름을 낱낱이 기억(記憶)하다

이제 로마서의 마지막 장(章)인 16장에 들어왔다. 오로지 주 예수님으로부터 받은 사명, 이방인을 위한 복음 증거에 온 생명을 바치는 노년의 사도 바울을 보게 된다. 15장에서 로마서를 종료하여도 될 듯한데, 왜 16장이 있는가? 이 장에서는 로마교회의 여러 지인들에게 인사, 문안하는 내용이 주를 이룬다. 어떤 신학자는 바울이 의도적으로 16장을 종결 장으로 한 이유가 있다고 한다. 종결 단락으로서 이 내용이 필요했기 때문이다. 16장에서 사도 바울이 언급한 성도들은 이 편지를 전달하는 사람으로 알려진 겐그리아교회의 뵈뵈 집사를 필두로, 이름이 정확히 기록된 사람만 27명이 나온다. 그 가운데 세 쌍의 부부(브리스가와 아굴라, 안드로니고와 유니아, 빌롤로고와 율리아)도 있고, 두 자매(드루배나와 드루보사, 네레오와 올름바)도 있다.

잊지 못하는 부부(夫婦), '브리스가(Priscilla)와 아굴라(Aquila)'

사도 바울은 자신이 개척하지 않은 로마교회에 각별한 정을 쏟고 있다. 바울이 개척하여 세운 모든 교회와 로마교회가 주안에서 하나의 공동체를 이룬다는 것을 강조하고 있다. 사도 바울과 함께 고린도에서 천막을 지으며 신앙생활을 하였던 '브리스가와 아굴라' 부부에게는 아주 애틋한 마음으로 문안하라고 인사한다.(3절) 부계사회에서 여성인 '브리스가'를 앞세운다는 것은 그녀가 바울의 선교사역에 얼마나 크게 헌신하였는지를 보여주는 내용이다. 특히 이 부부는 예수님을 전하는 유력한 사람인 '아볼로(Apollo)'라는 유대인에게 복음을 정확하게 가르쳤다.(행 18:26)

고린도전서를 보면 '아볼로'는 사도 바울, 사도 베드로와 함께 이름을 올릴 정도로 복음을 전하고 가르치는 일에 앞장선 사람이다. 고린도전서 3장 6절에서 "나는 심었고 아볼로는 물을 주었으되 오직 하나님께서 자라나게 하셨나니"라고 사도 바울은 말하고 있다. 이런 지도자가

〈하베스트 블로그에서 발췌〉

될 '아볼로'를 가르쳤던 '브리스가와 아굴라' 부부이다. 특히 사도 바울은 이 부부에 대하여 4절에서 "그들은 내 목숨을 위하여 자기들의 목까지도 내놓았나니 나뿐 아니라 이방인의 모든 교회도 그들에게 감사하느니라"라고 한다. 얼마나 대단한가? 이렇게까지 헌신적인 성도들이 다 있을까? 자신의 생명까지 내놓을 정도로 사도 바울을 도와주고 헌신한 부부, '브리스가와 아굴라'이다. 나는 과연 이런 헌신과 각오가 되어있는가?

단호(斷乎)한 마지막 권면(勸勉)

바로 16절까지 로마교회에 있는 이전에 만났던 성도들에게 문안하라는 말을 하고 있다. 그리고 17절부터 20절까지는 마지막 권면이 나타나고 있다. 로마교회에 현존하고 있는 문제점을 말하고 있다. 17절에서

"형제들아 내가 너희를 권하노니 너희가 배운 교훈을 거슬러 분쟁을 일으키거나 거치게 하는 자들을 살피고 그들에게서 떠나라"라는 단호한 권면을 하고 있다. 그들은 그리스도를 섬기지 않고, 자기들의 배만 채우고, 교활하며, 아첨하고, 순진한 자들의 마음을 미혹하는 자들이다. 그러므로 이들을 경계(警戒)하며, 멀리하라고 엄하게 권면한다. 교회 안에서도 이런 결단력이 필요할 때가 있다.

이런 권면 후에 사도 바울은 다시 로마교회의 좋은 점으로 마무리한다. "너희의 순종함이 모든 사람에게 들리는지라 그러므로 내가 너희로 말미암아 기뻐하노니 너희가 선한 데 지혜롭고 악한 데 미련하기를 원하노라"(19절)라고 로마교회에게 덕담을 하고 있다. 사탄을 이기게 하시는 하나님을 높이며, 또 축복을 기원하고 있다. "우리 주 예수의 은혜가 너희에게 있을지어다."(20절) 그리고 사도 바울과 함께한 동역자 디모데를 비롯하여 성도들 8명의 이름(디모데, 누기오, 야손, 소시바더, 더디오, 가이오, 에라스도, 구아도)을 거론하여 이들이 로마교회에 문안하는 내용이 나온다.

신비의 계시(啓示)에 충실한 사도 바울의 송영(頌詠, Doxology)

이제 사도 바울은 로마서 전체를 마무리하며, 하나님께 영광을 올려드리는 송영으로 편지를 종결시키고 있다.(25-27절) 필자는 이 구절들을 암기할 말씀으로 생각한다. 복음전파라는 사명의 목적을 말하고 있다. 사도 바울은 하나님으로부터 받은 "신비의 계시"를 말하면서, 송영으로 대단원의 장을 완성시키고 있다. "이 복음으로 너희를 능히 견고하게 하실 지혜로우신 하나님께 예수 그리스도로 말미암아 영광이 세세무궁하도록 있을지어다 아멘"(27절). 로마서와 같은 거대한 복음의 광맥을 관통하면서, '이신칭의'라는 우뚝 서 있는 주제가 상기 된다. 우리의 신앙이 항상 그리스도의 복음에 기초하고 있는지 돌아보아야 할 것이다.

[2024.12.10.]

묵상할 내용

나는 교회 성도들의 이름을 잘 기억하며 존중하고 있는가? 그리고 '브리스가와 아굴라' 부부처럼 헌신적인 사람으로서의 신앙생활을 하는지 생각해 보라

하나님의 뜻이 이 땅에 이루어지이다

'동성애(同性愛)'는 사탄의 술책(術策) 가운데 하나이다

이렇게 로마서에 대한 묵상수필집을 마무리하고 나니 마음이 가벼워지기도 한다. 그러나 현실의 세상을 바라보면 한편으로는 무거워진다. 2,000년 전에 사도 바울이 기록한 당시의 상황은 지금 온 세상에서 일어나고 있는 사회현상과 그리 다르지 않기 때문이다. 특히 로마서 1장에는 동성애 문제에 대한 내용이 적나라하게 기록되어 있다.(롬 1:26-27) 지금의 상황과 조금도 다름이 없다. 지금의 동성애 문제는 가정(家庭)이 파괴되게끔 만들어가는 사탄의 고도의 술책과 연결되어 있다고 생각한다. 동성애에 의한 가정의 파괴는 결국 사회와 인류의 멸절로 나아갈 것이다. 동성애는 무신론과 반기독교의 길로 갈 수밖에 없는 괴이한 사상이기 때문이다.

이와 함께 눈에는 아름답게 보이고 편리하게 보이는 과학기술의 발달로 인간성이 말살(抹殺)되고, 믿음이 소멸(消滅)되는 그런 지경으로 갈 것이다. 주님은 누가복음 18장 8절에서 "그러나 인자가 올 때에 세상에서 믿음을 보겠느냐"라고 말씀하셨다. 재림의 때에는 믿음이 사라진 빈껍데기 신앙인들만이 살아있는 세상일 것이다. 하지만 필자는 로마서를 묵상하면서 사도 바울의 소망(所望)을 보게 되었다. 주님으로부터 받은 이방인 선교 사명과 함께 영원한 나라에 대한 소망도 함께 있는 내용을 보면서, 우리의 다리는 이 땅에 굳건히 두고, 머리는 하늘을 바라보는 그런 사람으로 살아가야겠다고 다짐하게 된다.

기후위기(氣候危機)가 인간의 삶을 위협(威脅)하다

그런데 세상은 점점 더 좋아지는가? 점점 더 나빠지는가? 양면성이 있게 나타나지만, 과학기술의 발달과 산업의 발전을 통하여 인공지능과 같은 신기술이 등장하여 생활의 변혁을 일으키고 있는 것은 사실이다. 2016년의 다보스포럼에서 등장한 4차 산업혁명은 ① 바이오산업 ② 3D 프린터 ③ 로봇 ④ 인공지능 ⑤ 스마트폰이 산업을 주도하게 된다고 하였다. 이와 반비례하여 지구환경은 점점 위태로워지고 있다. 기후변화에 따른 태풍, 홍수, 지진, 산불, 화산폭발 등이 우리 생전에 보았던 것과는 차원이 다르다. 2024년 10월 말에 스페인에서는 1년 치 비가 단 8시간 만에 다 쏟아졌다고 하니 그 피해가 얼마나 컸겠는가! 중국 양쯔강 중하류와 황허강 유역에서의 심각한 피해와 필리핀에서의 태풍과 홍수는 유례없이 큰 타격을 주었다.

그리고 우리나라에서는 최악의 산불이 발생하여 영남지역을 초토화시켰다. 지난 3월 21일에 경북 의성에서 시작된 산불은 안동, 산청, 울주 등으로 번졌으며, 간신히 9일만에 진화되었다. 이 산불로 인해 30명이 목숨을 잃었으며, 서울시 총면적의 약 80% 크기에 해당하는 48,000ha의 산림이 소실되었다. 집과 터전을 잃은 이재민은 4,700명 이상이 되고있다. 앞으로도 기후변화로 인하여 산불이 자주 발생될 것이라고 전문가들은 경고하고 있다.

세계는 전쟁의 와중(渦中)에 놓이다

코로나-19 팬데믹이 지나고 나니, 러시아의 푸틴 대통령은 과거에 같은 소련연방이었던 우크라이나를 2022년 2월 24일 전격적으로 침공하여 지금까지 싸우고 있다. 우리는 TV나 인터넷으로 그 상황을 안전하게 앉아서 보고 듣지만, 그 전쟁에 참여한 양국의 젊은 군인들은 불섶의 지푸라기(草芥)처럼 목숨을 잃고 있다. 후방에서 모니터로 조정되는 드론이 날아가서 그대로 참호 속의 적군들에게 폭탄을 떨어뜨린다. 러시아의 엄청난 위력의 미사일이 우크라이나 수도인 키이우의 아파트나 산업시설에 떨어져 큰 피해를 입힌다. 이 전쟁에서 수십만 명이 죽거나 커다란 상해를 입었다. 더구나 북한의 군인 11,000여 명이 러시아에 용병으로 가서 처절한 전쟁터에서 목숨을 잃고 있다. 러시아의 푸틴 대통령은 러시아정교회 신자로서 무엇을 기도하고 있는지 그의 하나님은 따로 있는지 모를 정도이다. 오히려 그는 핵(核) 단추를 만지고 있다.

뿐만 아니라, 중동에서는 팔레스타인 가자지구의 하마스 군인들이 2023년 10월 7일 안식일, 불시에 이스라엘을 침공하여 이스라엘의 민간인들을 살상하고 납치하는 일이 벌어졌다. 이로 인하여 발생된 전쟁은 이스라엘과 가자지구의 하마스 소탕 전쟁, 연이어 레바논의 헤즈볼라와의 전쟁, 그리고 이란과의 전쟁, 더 나아가 아예 중동전쟁으로 비화(飛火)되어 가고 있었다. 헤즈볼라의 배후인 이란은 2,500년 전에 동방을 제패한

페르시아 제국으로서 당시 고레스 대왕이 포로로 잡혀 온 유대인들을 모두 고국으로 보내주는 은혜를 베풀었다.(대하 36:22-23) 그러나 지금은 서로 원수같이 여기는 사이로 전쟁을 불사하고 있다. 인간사는 이처럼 통합과 분열, 은혜와 배반이 엉켜가는 모양이다. 그래도 전쟁 발발 15개월 만인 2025년 1월 15일 이스라엘과 하마스 간에 휴전이 체결되어 잠시 휴전이 있었으나, 여전히 전쟁은 다시 격화되고 있다. 2025년 1월 20일에 미국의 제47대 대통령으로 취임한 '도널드 트럼프'는 과연 이 시대의 고레스 대왕이 될 수 있는가? MAGA(Make America Great Again: 미국을 다시 위대하게 만들자!)라고 외친 그의 선거 구호에 따라 국가주의에 몰입해서 우방국을 생각하지 않고 마구 밀어붙이기만 해서는 안 될 것이다.

탄핵정국(彈劾政局)속의 정치적 어둠과 빛의 쟁투, 그리고 승리(勝利)의 날이 오리라

그런데 2024년 12월 3일 화요일 오후 10시 30분경, 느닷없는 비상계엄(非常戒嚴)이 윤석열 대통령의 입에서 선포되었다. 계엄에 대하여 엄청난 트라우마를 가지고 있는 많은 국민들은 가슴이 철렁거렸을 것이다. 윤 대통령은 피를 토하는 심정으로 비상계엄 담화를 발표한다고 하면서, 반국가세력척결과 자유헌정질서를 지키기 위한 조치라고 하였다. 그러나 6시간 만에 비상계엄이 졸지에 해제되었다! 국회에 모인 국회의원 190명의 해제 결의를 받아들여야만 했기 때문이다. 대통령은 2차 담화에서 "부정선거(不正選擧)"를 밝히기 위함이라고 하였다. 하지만 거대 야당인 더불어민주당은 대통령의 비상계엄을 내란(內亂)으로 규정하고, 윤석열 대통령을 기어이 탄핵소추(彈劾訴追)해서 업무를 정지시킨 후, 헌법재판소에 탄핵 심판을 청구하였다. 이후 공수처의 대통령 체포 및 구속 등 일련의 사태가 일어났다. 온 나라의 헌정질서와 사법체계가 흔들거리는 상황으로 느껴진다.

다시는 대통령이 탄핵당하고, 구속되는 이런 전철이 되풀이되지 않기를 진정 바란다. 윤 대통령은 두레 김진홍 목사님이 보내준 성경을 서울구치소 안에서 열심히 읽었다고 한다. 그 성경 안에 김 목사님이 시편 37편 23-24절을 친필로 쓰셨다. "여호와께서 사람의 걸음을 정하시고 그의 길을 기뻐하시나니 그는 넘어지나 아주 엎드러지지 아니함은 여호와께서 그의 손으로 붙드심이로다." 얼마나 힘이 되는 말씀인가! 그런데 윤석열 대통령이 2025년 4월 4일 금요일 오전 11시 22분에 헌법재판소의 탄핵심판 선고에서 파면되어 대통령직을 상실하였다. 안타까운 일이 아닐 수 없다! 하지만 우리나라를 향한 하나님의 또다른 선하신 계획이 있음을 필자는 믿는다. 우리는 비록 짙은 어둠과 절망 속이라도 거룩한 빛의 희망을 갖는다. 반드시 하나님의 인도하심으로 우리나라는 올곧게 나아갈 것이다.

그리고 2024년 12월 29일 주일 오전 9시 7분경 태국 방콕에서 성탄휴가를 마치고, 전남 무안국제공항으로 귀국하던 승객 175명과 승무원 6명이 탑승한 제주항공 7C2226편이 '버드 스트라이크(조류충돌)'로 인해 두 개의 엔진이 모두 고장 난 채, 동체착륙을 하였으나 활주로 끝 편에 있는 로컬라이저(방위각 시설)의 콘크리트 둔덕에 충돌하였다. 비행기는 폭파되고 화재가 발생되어 2명의 승무원을 제외한 179명이 모두 사망한 불행한 참사(慘死)가 발생하였다. 마치 탄핵 정국과 끔찍한 항공사고가 연계되는듯하여, 그저 안타까움으로 말을 잊게 한다. 필자는 나이가 들어가면서 점차 보수화(保守化)로 변해간다. 비교적 젊었을 때는 정의롭고 불의에 대항하는 진보적 경향이었다. 그러나 세월이 흐르면서 조금 더 넓고 깊게 사고하며 참다운 정의를 추구하게 된다. 다만 육신적 편안함에 안주하려는 마음을 경계한다. 이제는 한반도의 자유민주적 통일을 염원하고, 나의 조국 대한민국이 하나가 된 통일한국(統一韓國)이 되는 꿈을 꾸며, 진정 애국의 마음으로 전능하신 하나님께 기도하고 있다.

한반도의 자유평화(自由平和) 통일과 재림(再臨)의 날을 간구(懇求)하다

필자는 매일 새벽에 기도회를 다녀오면 하루의 시간이 더 주어지는 신비한 느낌을 받는다. 여러 가지 제목으로 기도하면서 특별히 우리나라의 자유평화 통일이 이루어지기를 간절히 기도한다. 생전에 통일(統一)된 한반도를 보게 되는 기적(奇蹟)을 주십사 기도한다. 그리고 상상해 본다. 얼마나 기쁠 것인가? 북녘 땅에 무너진 교회를 수축(修築)하고, 억압되었던 북한의 백성들, 특별히 지하교회 교인들과 함께 하나님을 드높여 찬양하며 예배드리는 그런 꿈을 가지고 기도하고 있다. 주님 재림 전에 그런 복된 일이 일어나면 좋겠다. 그러나 주님이 오시는 그날은 더 크고 복된 날이 될 것이다. 우리 주여 오시옵소서! "마라나타(מְרָנָא תָא, maranâ thâ)!"

May God's Will Be Done on Earth

Homosexuality is the One of Satan's Schemes

Publishing this meditative essay on Romans has lightened my heart. However, looking at the current world, my heart grows heavy. The societal phenomena described by Apostle Paul 2,000 years ago in Romans are not much different from what is happening globally today. Romans 1 explicitly addresses the issue of homosexuality (Romans 1:26–27), which is no different from today's situation. I believe that the issue of homosexuality is connected to Satan's sophisticated scheme to destroy families. The destruction of families by homosexuality will lead to the downfall of society and humanity. Because homosexuality is a bizarre ideology that inevitably leads to atheism and anti-Christianity.

Along with this, the development of science and technology, which appears beautiful and convenient, will lead to the eradication of humanity and the extinction of faith. The Lord said in Luke 18:8, "However, when the Son of Man comes, will he find faith on the earth?" In the time of the Second Coming, the world will be filled with empty-shell believers devoid of faith. However, while meditating on Romans, I saw Apostle Paul's hope. Seeing his mission to the Gentiles and his hope for the eternal kingdom, I resolved to live with my feet firmly planted on this earth and my head looking towards heaven.

Climate Crisis Threatens Human Life

Is the world getting better or worse? While there are dual aspects, it is true that advancements in science and technology, such as artificial intelligence, are transforming our lives. The Fourth Industrial Revolution, introduced at the 2016 Davos Forum, highlighted that industries would be led by biotechnology, 3D printing, robotics, artificial intelligence, and smartphones. Conversely, the global environment is becoming increasingly precarious. Climate change has led to typhoons, floods, earthquakes, wildfires, and volcanic eruptions of unprecedented scale.

At the end of October 2024, Spain experienced a year's worth of rain in just 8 hours. Imagine how severe the damage must have been! The severe impact in the middle and lower reaches of the Yangtze River and the Yellow River in China, along with the unprecedented devastation caused by typhoons and floods in the Philippines, resulted in significant destruction.

And in our country, the worst wildfire has occurred, devastating the Yeongnam region. The wildfire, which started in Uiseong, Gyeongsangbuk-do on March 21, spread to areas such as Andong, Sancheong, and Ulju, and was barely extinguished after nine days. This wildfire claimed 30 lives and destroyed 48,000 hectares of forest, equivalent to approximately 80% of Seoul's total area. More than 4,700 residents have lost their homes and livelihoods. Experts warn that due to climate change, wildfires are likely to occur more frequently in the future. And in our country, the worst wildfire has occurred, devastating the Yeongnam region. The wildfire, which started in Uiseong, Gyeongsangbuk-do on March 21, spread to areas such as Andong, Sancheong, and Ulju, and was barely extinguished after nine days. This wildfire claimed 30 lives and destroyed 48,000 hectares of forest, equivalent to approximately 80% of Seoul's total area. More than 4,700 residents have lost their homes and livelihoods. Experts warn that due to climate change, wildfires are likely to occur more frequently in the future.

The World Is in the Midst of War

After the COVID-19 pandemic, President Putin of Russia abruptly invaded Ukraine, a former Soviet Union member, on February 24, 2022, and the conflict continues to this day. While we safely watch and listen to the situation on TV or the internet, young soldiers from both countries are losing their lives like fallen leaves. Drones controlled from the rear drop bombs directly into trenches. Powerful missiles strike apartments and industrial facilities in Kyiv, Ukraine's capital, causing significant damage. Hundreds of thousands are killed or severely injured in such wars. Moreover, over 11,000 North Korean soldiers have gone to Russia as mercenaries and are losing their lives in the brutal war zones. Russian President Putin, a follower of the Russian Orthodox Church, seems to be praying to a different god, as he is instead toying with the nuclear button.

Furthermore, on October 7, 2023, Hamas militants from the Gaza Strip unexpectedly invaded Israel, killing and kidnapping Israeli civilians. This led to a war between Israel and Hamas in Gaza, followed by conflicts with Hezbollah in Lebanon and Iran, escalating into a broader Middle Eastern war. Iran, the power behind Hezbollah, was the Persian Empire that conquered the East 2,500 years ago, with King Cyrus showing grace by allowing the Jewish captives to return to their homeland(2 Chronicles 36:22–23).

However, now they are enemies willing to go to war. Human affairs seem to be a mix of unity and division, grace and betrayal. Nevertheless, on January 15, 2025, 15 months after the outbreak of the war, a ceasefire was agreed upon between Israel and Hamas, bringing a brief pause in hostilities. However, the war has since reignited and intensified once again. However, the war has since reignited and intensified once again. Can Donald Trump, who was inaugurated as the 47th President of the United States on January 20, 2025, truly become the King Cyrus of this era? Driven by his campaign slogan 'MAGA (Make America Great Again)', he must not immerse himself in nationalism and recklessly push forward without considering allied nations.

The Political Darkness and Light's Struggle within the Impeachment Crisis, and the Day of Victory Will Come

On Tuesday, December 3, 2024, at around 10:30 PM, President Suk-yeol Yoon suddenly declared martial law. Many citizens, who have significant trauma related to martial law, must have felt their hearts sink. The President, with a heart-wrenching feeling, announced the martial law declaration, stating that it was a measure to eradicate anti-state forces and protect the free constitutional order. However, the martial law was abruptly lifted within six hours! This was because he had to accept the resolution of 190 members of the National Assembly who gathered to lift it. In his second address, the President stated that it was to reveal the 'fraudulent election.' However, the major opposition party, the Democratic Party of Korea, defined the President's martial law as an insurrection and proceeded to impeach President Suk-yeol Yoon, suspending his duties and filing for an impeachment trial at the Constitutional Court. Subsequently, a series of events occurred, including the arrest and detention of the president by the Corruption

Investigation Office for High-ranking Officials. It feels as though the constitutional order and judicial system of the entire country are shaking.

I sincerely hope that the precedent of a president being impeached and imprisoned will never be repeated. President Yoon diligently read the Bible sent by Pastor Jin-hong Kim of Dure while in Seoul Detention Center. Inside the Bible, Pastor Kim has handwritten Psalm 37:23-24. "The steps of a good man are ordered by the Lord: and he delighteth in his way. Though he fall, he shall not be utterly cast down: for the Lord upholdeth him with his hand."(KJV) What a powerful message! But, President Suk-yeol Yoon lost his presidency through the Constitutional Court's impeachment ruling on 11:22 AM, Friday, April 4, 2025. It is undeniably a regrettable event! Therefore, even in the midst of deep darkness and despair, we hold onto the hope of the holy light. However, I firmly believe that God has another benevolent plan for our nation. Our country will surely move forward uprightly under God's guidance.

And then, on Sunday, December 29, 2024 at around 9:07 AM, Jeju Air flight 7C2226, carrying 175 passengers and

6 crew members, was returning to Muan International Airport of Korea from Bangkok, Thailand, after a Christmas vacation. The plane experienced a bird strike, causing both engines to fail. It attempted a belly landing but collided with the concrete wall under the localizer (directional facility) at the end of the runway. The plane exploded and caught fire, resulting in the tragic death of 179 people, with only 2 crew members surviving. It seems that the political turmoil surrounding the impeachment and the horrific airline disaster are connected, leaving me speechless with sorrow.

As I grow older, I find myself becoming more conservative. When I was relatively young, I had a progressive tendency to be just and oppose injustice. As time passed, I began to think more broadly and deeply, pursuing true justice. However, I am wary of the tendency to settle into physical comfort. Now, I hope for the liberal democratic unification of the Korean Peninsula and pray every day to Almighty God with a patriotic heart, wishing for my homeland, Republic of Korea, to become a united and prosperous country.

Pleading for the Free and Peaceful Reunification of the Korean Peninsula and for the Day of the Second Coming

I feel a mysterious sense of having more time in the day whenever I return from the early morning prayer meeting. While praying for various topics, I earnestly pray for the peaceful reunification of Korea. I pray for the miracle of seeing a unified Korean Peninsula in my lifetime. I imagine the joy of rebuilding the fallen churches in the North and worshiping and praising God with the oppressed people of North Korea, especially the members of the underground church. I hope such a blessed event happens before the Lord's return. However, the day the Lord comes will be an even greater and more blessed day. Come, O Lord!, "מָרָנָא תָא! maranâ thâ!"